HARRY ET MEGHAN, LIBRES

OMID SCOBIE
et
CAROLYN DURAND

HARRY ET MEGHAN,
LIBRES

TRADUIT DE L'ANGLAIS
PAR CÉLINE ALEXANDRE ET JESSICA SHAPIRO

ÉDITIONS DU SEUIL
57, rue Gaston-Tessier, Paris XIXe

ISBN 978-2-02-146891-5

www.seuil.com

N'allez pas où le chemin vous mène. Allez plutôt là où il n'y a pas de chemin et tracez la voie.

RALPH WALDO EMERSON

Prologue

C'était un de ces moments fugaces. Meghan a lissé la ceinture de son élégant manteau blanc Line the Label et écarté une mèche de cheveux tombée sur ses yeux. Puis elle a tourné la tête vers Harry, qui avait l'air tendu, et lui a passé la main dans le dos, doucement, à plusieurs reprises. Il avait l'habitude de se retrouver devant la presse, mais cette fois, la situation était différente. Il n'était pas là pour défendre une œuvre de bienfaisance, ni pour exhorter les chefs d'État à prendre au sérieux le changement climatique ; il venait annoncer un événement qui le touchait : ses fiançailles avec Meghan. Main dans la main, ils se sont approchés de la foule de photographes qui les attendait non loin de là.

« Tu vas y arriver », a-t-elle chuchoté au prince, tandis qu'ils passaient un petit portail attenant à Kensington Palace et remontaient la longue allée bordée d'arbres qui mène au Sunken Garden. Le bassin d'ornement couvert de nymphéas entouré de pensées, tulipes et bégonias aux couleurs vives était l'un des endroits préférés de la princesse Diana, lorsqu'elle résidait dans le domaine.

Après un long week-end de détente dans l'Oxfordshire et une course frénétique par l'autoroute, j'étais arrivé avec quelques minutes d'avance seulement à cette importante séance photo organisée pour le couple. Carolyn était déjà sur place au milieu du petit groupe de correspondants qui travaillent au quotidien avec les membres de la famille royale. Appartenant de longue date à ce groupe, Carolyn et moi recevons des informations concernant les membres séniors de la famille royale britannique, qu'ils soient chez eux ou à l'étranger.

Avoir le privilège de les couvrir d'aussi près nous permet d'être aux premières loges pour assister aux événements majeurs de leur vie. Nous nous trouvions ainsi sur les marches de la Lindo Wing[1] quand George, Charlotte et Louis sont nés. On peut facilement considérer de tels moments, qui feront un jour partie des livres d'histoire, comme allant de soi. Pourtant, quand Harry a souri à Meghan, qui serrait sa main, et que les applaudissements de l'assistance réunie au Sunken Garden se sont transformés en un « hip hip hourra ! » enthousiaste, même les journalistes les plus impitoyables se sont réjouis. La magie de l'instant était indéniable.

Carolyn et moi suivions déjà de près le travail de la famille royale bien avant que Meghan ne rejoigne « la Firme ». Des années durant, nous avons voyagé autour du monde avec William, Kate et Harry. De Singapour aux îles Salomon, du Lesotho à l'Inde, des États-Unis à la Nouvelle-Zélande, nous avons partagé les mêmes avions et les mêmes itinéraires extraordinaires que ces jeunes gens. J'ai toujours comparé les tournées royales à une sortie scolaire ou une colonie de vacances, parce qu'on est serrés les uns contre les autres dans de grands autocars et que chacun réclame la meilleure chambre d'hôtel. Il règne par ailleurs une atmosphère de camaraderie, non seulement

1. C'est une aile de l'hôpital St. Mary, à Londres. (NdT)

entre reporters, membres du personnel et agents de sécurité, mais aussi avec les membres de la famille royale.

Un jour où j'ai perdu mon passeport à São Paulo, au Brésil, j'étais en train de fouiller désespérément mon sac à l'aéroport, lorsque j'ai reçu l'appel d'un assistant du palais. J'entendais le rire caractéristique de Harry en arrière-plan. Ils avaient trouvé mon passeport par terre. Ne voulant pas me laisser en plan au Brésil, le prince avait envoyé un de ses responsables de la sécurité me l'apporter en main propre, afin que je puisse me rendre au Chili comme prévu. Lors de notre rencontre suivante, Harry m'a surnommé « Passeport ». Oui, Harry aime bien chambrer.

À l'étranger, soustraits à la surveillance permanente et à la pression, des conversations à cœur ouvert peuvent s'engager. Au cours de ce même voyage, Harry m'a avoué, alors que nous prenions un verre en petit comité à l'hôtel, qu'il aurait aimé être un « mec normal », pouvoir plier bagage et passer un an au Brésil pour se consacrer à ses passions. Il m'a dit qu'il détestait qu'on lui fourre sans cesse des smartphones sous le nez, que le bourdonnement des obturateurs d'appareils photo professionnels le rendait parfois malade.

Carolyn et moi avons toujours su que Harry rêvait d'une vie loin des murs du palais. Quand nous voyagions avec lui, surtout à la campagne, nous avions remarqué que son désir d'être en lien avec la vie rurale au quotidien s'accompagnait souvent d'une certaine tristesse. On sentait qu'il souhaitait communiquer avec les locaux sans tout le tapage que provoquait systématiquement son arrivée.

Harry éprouve toujours ce profond désir pour une vie normale, comme celle que sa mère cherchait à lui faire vivre en l'emmenant dans les parcs d'attractions ou chez McDonald. (Il est d'ailleurs amusant de noter que ce que préférait cet enfant, issu d'une famille incroyablement riche et privilégiée, c'était le jouet en plastique bon marché de son Happy Meal.)

Harry n'est pas comme William, qui a hérité du côté ordonné et pragmatique de leur grand-mère, la reine. Il est émotif et se raccroche à des idéaux utopiques, mais d'une façon admirable. Son désir de vivre détaché des convenances du palais – comme lorsqu'il donne l'accolade lors de rencontres officielles ou au front en tant que membre des forces armées – est une qualité, même si cela pose parfois des problèmes au reste de la famille royale.

Son authenticité lui a permis de commencer un nouveau chapitre de l'histoire royale quand il est tombé amoureux de Meghan Markle.

C'est en partie parce que je suis un Britannique métis que, à l'instar d'une grande fraction de la population plus jeune et plus diversifiée qui a commencé à s'intéresser à la famille royale grâce à Harry et Meghan, le duc et la duchesse de Sussex, j'ai trouvé si fascinant que l'actrice américaine intègre la maison Windsor. Curieusement, j'avais rencontré Meghan avant que Harry lui-même ne la rencontre. En 2015, lors de la Fashion Week de Toronto j'avais discuté avec elle pour la première fois après qu'elle avait été interviewée sur le tapis rouge. J'ai été stupéfait d'apprendre, tout juste un an plus tard, que Meg (comme la surnomment ses amis proches et, à présent, son mari) avait conquis le cœur du célibataire le plus en vue de ce côté-ci de l'Atlantique.

Dès le début de leur relation, il a paru évident que Harry avait trouvé en Meghan une femme qui aiguisait son sens du devoir. Ils avaient en commun leurs élans humanitaires envers les personnes en marge de la société. Le monde suivait avec étonnement l'évolution rapide de leur couple. Et pendant ce temps, Carolyn et moi observions les tabloïds traiter Meghan d'arriviste exigeante et difficile. Une partie de la presse britannique dissimulait à peine des sous-entendus racistes dans ses commentaires et titres sarcastiques.

Le récit qui en découlait surprenait particulièrement Meghan. Celle-ci, dernière venue au sein de la famille royale, abordait ses activités philanthropiques et ses obligations officielles avec la même détermination que celle dont elle faisait preuve à 11 ans, lorsqu'elle écrivait des lettres de protestation à des leaders nationaux – dont Hillary Clinton – au sujet d'une publicité sexiste pour le liquide vaisselle. Avant certains événements il lui arrive souvent de se coucher tard afin d'effectuer ses propres recherches et de préparer ses notes, bien qu'elle ait des employés qui s'occupent de cela. « Je ne sais pas faire autrement », m'a-t-elle expliqué. C'est une des raisons pour lesquelles le prince a déclaré avoir trouvé la « coéquipière » qu'il avait toujours cherchée.

Il était donc surréaliste de serrer Meghan dans nos bras pour lui dire adieu, en mars 2020, alors qu'elle honorait sa dernière obligation royale en solo dans l'une des salles d'apparat de Buckingham Palace. Harry et elle avaient pris la difficile décision de renoncer à leur rôle de membres séniors de la famille royale afin de protéger leur famille. Nous ne nous étions rendus dans l'opulente « salle de 1844 » que lors d'heureux événements tels que des rencontres avec la reine ou des réceptions de presse. À présent, même les candélabres de malachite qui illuminaient les portraits au mur projetaient une lumière lugubre, tandis que le duc et la duchesse de Sussex disaient adieu non seulement à leurs employés, mais aussi à tout un mode de vie.

Carolyn et moi, qui avions pourtant suivi Meghan au cours de ses ultimes engagements, avions encore du mal à croire que celui-ci serait le dernier. Les employés qui accompagnaient le couple depuis le premier jour pleuraient la fin de ce qui aurait dû être une belle histoire : un homme et une femme tombent amoureux, se marient, ont un bébé, servent la reine, fin. Au lieu de quoi, ils quittaient le pays. Au moment de me dire au revoir, Meghan m'a confié : « Les choses auraient pu se passer autrement. »

Oui, Carolyn et moi avons été témoins des nombreuses difficultés rencontrées par Harry et Meghan sur le plan privé et public au cours de leurs deux premières années de mariage. Ce n'était cependant pas là la fin du livre que nous pensions écrire – ni celle que le couple pensait vivre.

En principe, la règle veut qu'aucun membre de la famille royale britannique n'ait le droit d'autoriser une biographie. Malgré cela, Carolyn et moi avons pu nous entretenir avec les personnes les plus proches du couple : amis, fidèles assistants, principaux courtisans, ainsi que nombre de ceux qui font partie du cercle fermé des Sussex. Nous avons par ailleurs accompagné Harry et Meghan à des centaines de rencontres liées à leurs engagements, voyages d'affaires et tournées, de l'Irlande aux Tonga, afin de dresser un portrait intime et précis de ce couple royal résolument moderne – ce sont des jeunes gens qui, quels que soient les éloges ou les critiques que leur ont valus leurs décisions, sont toujours restés fidèles à leurs convictions.

Introduction

Lorsque leurs derniers bagages sont arrivés à Mille Fleurs, la propriété canadienne de 1,6 hectare située à Victoria, sur l'île de Vancouver, et dans laquelle ils allaient passer les six semaines suivantes, Harry et Meghan ont tous deux poussé un soupir de soulagement. La plupart de leurs affaires avaient déjà été installées dans leurs immenses dressings respectifs, au sein de ce manoir de mille mètres carrés, loué à une connaissance. Ils se trouvaient certes à des années-lumière de Frogmore Cottage, leur maison de Windsor, mais ce n'était pas une mauvaise chose.

Malgré les sourires qu'ils affichaient toujours en public lors des préparatifs de départ, les semaines qui avaient précédé leur envol de l'aéroport londonien de Heathrow à bord d'un avion Air Canada, mi-novembre, avaient été tout sauf joyeuses. Ayant déjà intenté des actions en justice contre trois tabloïds britanniques pour atteinte à la vie privée et allégations de piratage téléphonique, le duc et la duchesse de Sussex semblaient plus que jamais la cible de la presse.

Pour Harry, en particulier, cela devenait trop pénible. « La reine ne mérite-t-elle pas mieux ? » osait un titre du *Daily Mail*, que le prince avait lu en ligne. Il ne comprenait pas pourquoi les médias étaient aussi déterminés à les descendre en flammes. « Ces gens-là ne sont que des trolls rémunérés, avait-il dit à un ami. Rien d'autre que des trolls… Et c'est écœurant. »

Quand il consultait son iPhone, il ne pouvait s'empêcher de lire les commentaires sur l'article.

H&M me dégoûtent.

Ils font honte à la famille royale.

Le monde serait meilleur sans Harry et Meghan.

Ce dernier commentaire avait récolté plus de 3 500 votes positifs.

Harry avait aussitôt regretté d'avoir ouvert le lien. Son estomac se nouait chaque fois qu'il lisait ce genre de propos. « Nous vivons actuellement dans une société malade, et personne ne fait rien pour la changer, disait-il. Où est la positivité ? Pourquoi les gens sont-ils tous si malheureux et mécontents ? »

Il n'y avait pas que la presse et les trolls sur internet qui agaçaient Harry. L'institution monarchique aussi. Il ne se passait pas une semaine sans que des affaires internes ou des discussions d'ordre privé soient déformées et divulguées à la presse. Ils avaient l'impression que peu d'employés du palais étaient dignes de confiance. Les relations de Harry avec son frère, tendues depuis un moment, ne faisaient qu'empirer.

Cela confirmait qu'ils avaient pris la bonne décision en choisissant de s'éloigner de ce que Meghan appelait le « bruit ». Les grands espaces et l'isolement relatif de la propriété de ce quartier de North Saanich sur l'île de Vancouver leur feraient du bien – surtout après les six mois mouvementés qui avaient suivi la naissance de leur enfant, en mai. Les jeunes parents avaient travaillé sans relâche, tout en restant sous les projecteurs qui sont le lot de la famille royale britannique.

Malgré la nature immaculée qui les entourait, Harry et Meghan étaient tout sauf sereins. « C'était loin d'être de vraies vacances », confiera une source proche du couple. Ce que le monde extérieur considérait comme une escapade idyllique était en réalité un moment de fortes angoisses, durant lequel Harry et Meghan passaient des heures à planifier différents scénarios pour leur avenir. Le prince a été durement touché par les disputes et rumeurs quotidiennes et les échanges pénibles avec le palais.

L'année du couple a été marquée par un certain nombre de grands événements personnels, le plus important étant la naissance de leur fils, Archie. Le numéro de septembre du *Vogue* britannique, exceptionnellement chapeauté par Meghan, s'est vendu à une vitesse record, et la collection capsule qu'elle a créée dans le but de lever des fonds pour Smart Works, un organisme caritatif destiné aux femmes sans emploi, a aussitôt été en rupture de stock chez Marks & Spencer et d'autres détaillants. Harry a récemment lancé Travalyst, un projet de tourisme durable à l'échelle mondiale qui, espère-t-il, changera à jamais ce secteur d'activité.

Harry et Meghan comptaient travailler pendant leur séjour au Canada. Leur longue liste de tâches comprenait notamment la finalisation de leur organisation à but non lucratif ou la défense des œuvres de bienfaisance dont ils étaient les mécènes en Grande-Bretagne. Tout cela semblait plus facile à faire dans le bureau lambrissé de la propriété canadienne qui donnait sur les épinettes blanches et les bouleaux du grand jardin parfaitement entretenu (même si, en réalité, ils finissaient souvent par travailler dans la cuisine, autour d'une tasse de thé ou de café).

Leur décision de se rendre à l'étranger et d'y fêter Noël – plutôt que de participer aux traditionnelles festivités à Sandringham, la résidence de la reine dans la campagne du Norfolk, en compagnie d'autres membres séniors de la famille royale – n'avait fait que renforcer l'image négative du couple au Royaume-Uni. Les journaux qualifiaient cela d'« affront majeur » à la reine, bien que Harry ait obtenu l'accord de sa grand-mère – et patronne – avant leur départ. La reine, qui voyait régulièrement Harry et Meghan, puisque tous vivaient à Windsor, l'avait même encouragé à entreprendre ce voyage. Après tout, cela faisait deux ans qu'ils passaient Noël dans son refuge du Norfolk, et d'autres membres de la famille, parmi lesquels les Cambridge, Kate et William, avaient parfois passé les fêtes ailleurs, eux aussi.

Les décorations de Noël n'étaient pas encore installées. Il fallait d'abord fêter Thanksgiving ; Doria, la mère de Meghan, se préparait à quitter son domicile de Los Angeles pour rejoindre la propriété de Victoria. Impatiente de voir Archie, elle avait échangé une multitude de SMS avec sa fille avant le voyage. Son petit-fils avait beaucoup grandi depuis qu'elle l'avait vu, l'été précédent. « Il est en haut de la courbe de taille », se vantait Meghan auprès de ses amis, avant de s'empresser de sortir son téléphone pour leur montrer quelques-unes des nombreuses photos de son petit garçon.

Même si leur séjour au Canada était temporaire, Harry et Meghan s'étaient assurés que la maison était adaptée aux enfants. Les coins pointus avaient été protégés par des pièces en caoutchouc très discrètes et certains meubles avaient été placés hors d'atteinte. Avec un bébé de six mois qui préférait désormais se tenir debout et marcher en s'aidant du mobilier plutôt que de se déplacer à quatre pattes, ils ne voulaient prendre aucun risque. Ils avaient également tenté de se préserver des paparazzi. Des palissades supplémentaires avaient été installées tout autour de la propriété afin d'éviter que de puissants téléobjectifs n'interrompent leurs promenades quotidiennes avec Archie dans les bois ou sur le sable du front de mer.

La protection d'Archie et le maintien de sa vie privée représentaient une priorité absolue pour le couple. Cela avait commencé lorsqu'ils avaient choisi de ne pas donner à leur fils de titre royal. Harry avait très tôt découvert le côté négatif d'une vie passée dans une maison de verre lorsqu'il avait vu sa mère constamment pourchassée par les paparazzi. Meghan avait rapidement fait le même constat ; tous deux souhaitaient donc que leur fils puisse choisir son propre destin plutôt que de se le voir imposé par la famille dans laquelle il était né.

Ces premiers jours passés dans la maison au bord de l'eau leur avaient apporté la tranquillité qu'ils recherchaient ardemment. Cela faisait des mois que Harry et Meghan – qui commençaient chacune de leurs journées par une séance de yoga avant de préparer ensemble le petit déjeuner – n'avaient pas ressenti un tel calme. Pourtant, malgré le silence environnant, ils ressentaient un profond désarroi. Une lourde décision pesait sur leurs épaules. Après presque trois années d'attaques incessantes de la presse britannique, et face à une famille qui, selon eux, ne les avait pas suffisamment soutenus, il était temps que les choses changent. Il leur restait encore à déterminer comment s'y prendre, mais ils savaient qu'ils devaient agir selon leur cœur.

CHAPITRE I

Londres

Le matin de son arrivée à Londres en juin 2016, Meghan s'est rendue directement chez Selfridges. La jeune actrice américaine avait un objectif : s'acheter des chaussures.

Dans le grand magasin d'Oxford Street, elle a sillonné les trois mille deux cents cinquante mètres carrés du rayon chaussures – le plus grand au monde – à la recherche de ses stylistes préférés, Stella McCartney, Chloé ou Marc Jacobs, pour voir si elle dénicherait une paire de chaussures qui vaille son prix exorbitant. Même si *Suits*, la série dramatique à succès dans laquelle elle jouait, en était désormais à sa sixième saison, Meghan faisait toujours attention à ses dépenses. Ayant passé une partie de son enfance à Los Angeles dans un garage exigu converti en appartement, fille unique dont les parents avaient divorcé et connaissaient des difficultés financières, elle n'aimait pas dépenser de l'argent inutilement en vêtements qui seraient vite démodés. Elle préférait donc investir dans des pièces durables, comme ses talons Sergio Rossi. Meghan, qui petite était de nature anxieuse, avait parfois encore le sentiment que les bonnes choses qui lui arrivaient pouvaient disparaître à tout moment.

On pardonnait toutefois l'enthousiasme qu'elle manifestait en ce matin de juin, au milieu de ces talons aiguilles et sandales hors de prix.

Elle revenait tout juste d'un week-end luxueux entre filles sur l'île grecque d'Hydra, qu'elle avait organisé pour fêter le mariage imminent de Lindsay Roth, une de ses meilleures amies, rencontrée à l'université. Meghan prenait au sérieux ses devoirs de demoiselle d'honneur : randonnées, baignades, siestes et cuisine locale étaient au programme sur cette île située à deux heures de bateau d'Athènes où l'on ne peut circuler qu'à pied ou à dos d'âne.

Ce séjour n'avait rien à voir avec les enterrements de vie de jeune fille classiques célébrés à Las Vegas, où les invitées louent des limousines pour aller se saouler en boîte en arborant ce que Meghan appelle des « serre-tête phallus ». Les jeunes femmes avaient préféré rester entre elles s'adonner aux plaisirs plus raffinés de la mer et du soleil méditerranéens, des salades grecques, du poisson frais et de bonnes quantités de vin.

Ce week-end était du Meghan tout craché : simple mais généreux, d'une tranquillité et d'une intimité plaisantes – le tout méticuleusement planifié. Meghan avait toujours des projets plein la tête, que ce soit lorsqu'elle jonglait entre l'université et les boulots alimentaires, ou qu'elle passait casting sur casting pour décrocher des petits rôles, ou encore lorsque, devenue une star de la télévision, elle a continué de développer sa carrière en créant un site dédié à la mode et au bien-être. Elle mettait un point d'honneur non seulement à élaborer ces projets mais aussi à les mener à bien.

Le voyage à Londres ne faisait pas exception. Les chaussures ne constituaient que la première étape du programme qu'elle s'était concocté avant son arrivée. Meghan avait dressé une liste de restaurants, de bars et de gens à rencontrer.

C'était une période palpitante dans la vie de cette jeune femme de 34 ans. Le succès qu'elle rencontrait dans le monde compétitif du show-biz, qui lui avait offert toutes sortes d'opportunités, résultait de son aplomb, de sa persévérance et de son goût pour le travail. Elle faisait preuve de ces qualités depuis l'enfance, et travaillait plus que les autres.

Sa confiance en elle lui venait en partie du dévouement de ses parents. Sa mère, Doria Ragland, et son père, Thomas, s'étaient rencontrés sur le plateau de la série *Hôpital Central*, où ils travaillaient respectivement en tant qu'intérimaire dans l'équipe maquillage et régisseur lumière. Séparés après deux ans de mariage, ils ont néanmoins su rester unis afin de s'occuper au mieux de leur fille, évitant les disputes, partageant la garde et célébrant ensemble les fêtes.

Le dévouement de Doria et Thomas était sans faille quand il était question de l'éducation de Meghan. Doria avait fait partie d'un club pour élèves à haut potentiel au lycée de Fairfax, à Los Angeles. Pourtant, ni elle ni Thomas d'ailleurs, n'avaient pu suivre d'études supérieures. Après le lycée, elle avait travaillé dans le magasin d'antiquités de son père, Alvin Ragland, et dans une agence de voyages – le début d'une longue série de petits boulots. Doria n'était allée à l'université que bien plus tard car sa famille n'en avait pas eu les moyens. En raison des difficultés financières qu'elle avait rencontrées par manque de diplômes, elle avait toujours souligné l'importance pour Meghan de faire des études.

En termes d'éducation, Thomas et Doria voulaient le *nec plus ultra* pour leur fille. Ils l'avaient inscrite à la Little Red Schoolhouse, une prestigieuse école élémentaire privée qui accueille l'élite hollywoodienne (comme Johnny Depp et Scarlett Johansson) depuis les années 1940. Puis Meghan avait fréquenté Immaculate Heart, un collège lycée de filles catholiques à Los Feliz.

Tout à fait consciente des sacrifices qu'avaient faits ses parents afin de lui permettre d'intégrer de telles institutions, Meghan se sentait investie d'une certaine responsabilité. « Mes parents, qui ont tous deux grandi avec peu, ont choisi de donner beaucoup… par des actes de bonté discrets – une accolade, un sourire, une caresse dans le dos pour montrer aux nécessiteux que tout irait bien, écrivait-elle en 2016 sur son blog, *The Tig*. C'est ce dont j'ai été témoin dans mon enfance, c'est ce que je suis devenue en grandissant. »

Meghan faisait preuve d'une grande motivation. Elle était toujours la première à lever la main quand son enseignant posait une question ou cherchait un volontaire pour lire à voix haute ; ses notes étaient excellentes et son assiduité, exemplaire. Son sens des responsabilités ne s'arrêtait d'ailleurs pas à l'école. Un jour, après avoir croisé un sans-abri dans la rue, elle a supplié sa mère de lui venir en aide. Il n'est pas rare que les enfants veuillent aider les gens dans le besoin quand ils sont confrontés à la misère, mais Meghan, elle, n'avait pas oublié cette rencontre. Et longtemps après, cette question la taraudait toujours : « Qu'est-ce que je peux faire ? »

Meghan s'est rendue à l'étranger pour la première fois à l'âge de 10 ans. Loin des villages vacances de Jamaïque, sa mère l'a emmenée voir les bidonvilles afin qu'elle prenne conscience de la vie des plus démunis. À 13 ans, elle faisait du bénévolat dans une soupe populaire de Skid Row, à Los Angeles. « J'ai eu très peur, le premier jour, a-t-elle expliqué. J'étais jeune, et c'était un quartier chaud. Je suis tombée sur un groupe de bénévoles formidables, pourtant je me sentais dépassée. »

Hésitant à poursuivre cette mission, elle s'est tournée vers son professeur de théologie, Maria Pollia. Celle-ci, bénévole du Mouvement catholique ouvrier, avait souvent travaillé avec des personnes en marge de la société et tenait à encourager cette jeune élève sérieuse à faire de même.

« Ce qui compte, dans la vie, a-t-elle confié à Meghan, c'est de faire passer les besoins des autres avant nos propres craintes. » La fillette est donc retournée à la soupe populaire.

« Je n'ai jamais oublié ces paroles », a-t-elle dit plus tard.

En raison de son désir d'aider les autres et sa recherche de l'excellence, ses camarades de classe la traitaient souvent d'hypocrite, estimant qu'il était impossible d'être aussi « parfaite ». Pourtant, la jeune fille ne pensait pas être parfaite. Elle trouvait au contraire qu'elle devait faire ses preuves. Parce qu'elle était métisse et ne se sentait pas toujours à sa place, elle tenait à montrer aux gens qu'elle réussissait haut la main tout ce qu'elle entreprenait. Elle n'aimait pas l'idée d'être considérée comme une perdante.

Au lycée, son ambition n'a fait que croître. Elle faisait partie de tous les clubs, que ce soit le comité en charge de l'annuaire scolaire ou la troupe de théâtre des Genesian Players. Elle a été élue reine du bal du lycée. Naturellement douée pour le théâtre et toujours en quête d'éloges, Meghan commençait à être reconnue à sa juste valeur.

Gigi Perreau, son professeur d'art dramatique, a dit d'elle : « Elle était incroyablement dure à la tâche. Une telle conscience professionnelle à un si jeune âge me stupéfiait. » Meghan s'investissait corps et âme dans le moindre rôle, comme lorsqu'elle avait incarné une secrétaire dans la comédie musicale *Annie*, au lycée.

Thomas prenait souvent part à la scénographie des pièces de théâtre dans lesquelles jouait Meghan et, selon Perreau, « il assistait à presque toutes les représentations. On voyait toujours son visage dans le public, rayonnant de fierté pour sa petite fille ».

Il a aussi largement contribué à faire d'elle une féministe et une « militante », comme elle aimait à se décrire. À l'âge de 11 ans, sa classe regardait une émission télévisée, quand une publicité pour du liquide vaisselle a été diffusée, avec pour slogan : « Partout en Amérique, les femmes se battent contre la vaisselle grasse. » Un garçon assis tout près d'elle a alors crié : « C'est ça, la place des femmes est dans la cuisine ! »

Thomas a alors encouragé Meghan, que l'incident avait bouleversée, à protester contre cette publicité. Elle a envoyé des lettres « aux personnes les plus puissantes » qu'elle connaissait, parmi lesquelles la première dame de l'époque, Hillary Clinton, Linda Ellerbee, présentatrice d'un programme d'informations pour enfants sur la chaîne Nickelodeon, et le fabricant du liquide vaisselle. Tous lui ont répondu : elle a reçu une lettre de la Maison-Blanche, Nickelodeon l'a interviewée et le fabricant a changé le slogan, remplaçant « les femmes » par « les gens ».

C'est au lycée que l'intérêt de Meghan pour l'art dramatique s'est mué en une véritable vocation ; mais sa mère lui a conseillé de poursuivre ses études. Elle voulait que sa fille puisse faire carrière si jamais le métier d'actrice ne se concrétisait pas. Cela ne posait aucun problème à Meghan, qui avait décidé de ne pas passer de castings professionnels avant de finir le lycée et d'être acceptée à Northwestern.

Alors qu'elle était inscrite dans cette université privée de la banlieue de Chicago – l'une des plus prestigieuses du pays –, elle a été choisie pour sa toute première silhouette dans le clip de la chanson *1 000 Oceans*, de Tori Amos. Ouvrez bien l'œil pour ne pas manquer sa brève apparition, pour laquelle elle a tout de même touché 600 dollars : elle joue une passante qui observe une boîte en verre dans laquelle se trouve la chanteuse. Au bout de quelques semaines, elle a auditionné pour un autre rôle dans un clip de Shakira. (Elle n'a pas été retenue – d'ailleurs, elle ne décrocherait de nouveau rôle que lors de sa dernière année à l'université, quand elle ferait une apparition dans *Hôpital Central*).

À Northwestern, Meghan était entourée d'étudiants aisés. En plus de tous ses cours, elle travaillait à temps partiel par le biais de la fac pour rembourser ses frais de scolarité et d'hébergement. Elle faisait aussi du baby-sitting, jouait dans des pièces de théâtre dans le cadre de ses cours principaux et travaillait également comme bénévole.

Un jour où elle se rendait au bureau de la scolarité pour recevoir sa prochaine affectation de travail, l'amie qui l'accompagnait s'était exclamée : « Les journées ne sont pas assez longues pour caser un tel programme ! » Elle était impressionnée par la façon dont Meghan parvenait à concilier les rigueurs de son cursus avec tout le reste.

« Où est-ce que tu trouves le temps de faire tout ça ? » lui avait demandé sa copine.

Meghan avait le temps parce qu'elle ne faisait pas la fête, comme la plupart des étudiants. Jamais ses amis ne croisaient Meg dans un bar en plein milieu de la semaine. Le vendredi soir, quand les filles de sa sororité partaient en soirée, elle allait faire du baby-sitting chez ses professeurs. Recrutée par Kappa Kappa Gamma, elle s'est ensuite installée dans la résidence réservée à cette sororité. C'est là qu'elle a rencontré quelques-unes de ses amies les plus proches, dont Genevieve Hillis et Lindsay. Mais sa vie sur place tenait moins de la comédie *American College* que de celle d'Elle Woods dans *La Revanche d'une blonde*. En tant que présidente du recrutement, elle s'occupait de chercher et d'accueillir de nouveaux membres. Elle levait par ailleurs des fonds pour des œuvres de bienfaisance en organisant des événements, comme un marathon de danse auquel ses « sœurs » et elle ont participé. Les jeunes femmes ont dansé trente heures durant, reversant les bénéfices à la Team Joseph, une association à but non lucratif qui cherche un remède à la myopathie de Duchenne. « C'était vraiment très fatigant », avouera Meghan.

En troisième année, ayant validé la plupart de ses modules, elle a trouvé un stage à l'ambassade américaine de Buenos Aires avec l'aide du frère aîné de son père, Mick. Personne dans sa famille ne savait exactement ce que faisait l'oncle Mick, ni si son travail dans la communication à Buenos Aires lui servait de couverture pour un poste à la CIA. Quoi qu'il en soit, grâce à ses relations, la jeune femme de 21 ans a pu élargir ses horizons.

« À l'université de Northwestern, on me considérait comme la mordue de théâtre. Je savais que je voulais en faire mon métier, mais détestais l'idée d'être un stéréotype – celui de la fille venue de LA qui rêve de devenir actrice, a expliqué Meghan au magazine *Marie Claire*. Je voulais aller plus loin. Comme j'aimais la politique, j'ai choisi d'étudier à la fois le théâtre et les relations internationales. »

Meghan a donc passé le concours ultra-compétitif d'agent du service diplomatique, nécessaire pour décrocher un emploi au ministère des Affaires étrangères. Quand elle a appris qu'elle n'avait pas été reçue, elle a été extrêmement déçue. Elle n'avait pas l'habitude d'échouer. Sa confiance en elle en a pris un sacré coup.

C'est ainsi qu'en 2003, enfin diplômée de Northwestern, Meg s'est retrouvée à Los Angeles. La jeune actrice cherchait à percer dans le milieu, vivant de petits boulots entre deux castings. Elle a même appris la calligraphie : en 2004, après avoir été embauchée par The Paper Source, une papeterie haut de gamme de Beverly Hills, elle a suivi une formation de deux heures pour apprendre la calligraphie ainsi que l'art de la reliure et de l'emballage des cadeaux. À ce poste, elle s'est d'ailleurs occupée des faire-part de mariage de Paula Patton et du chanteur compositeur Robin Thicke, en 2005.

Ces années à « courir » les castings, comme elle le décrirait par la suite, ont été marquées de longues périodes de chômage. Et quand enfin elle décrochait des rôles – tels que « la fille canon » dans la comédie romantique *7 Ans de séduction*, avec Ashton Kutcher, en 2005 –, ceux-ci n'étaient pas du genre à lui faire gagner un Oscar.

En 2006, elle est devenue un des « mannequins à la mallette » de la version américaine du jeu télévisé *À prendre ou à laisser*, une des vingt-six jeunes femmes qui tiennent chacune une valise renfermant entre un *cent* et un million de dollars. En dehors du salaire fixe qu'il lui procurait, ce jeu de la chaîne NBC remportait un succès fou. Diffusée à partir de décembre 2005, la première saison a battu des records d'audience, comptabilisant entre dix et seize millions de téléspectateurs par épisode. Malgré la nette baisse d'audience des saisons suivantes, le jeu a été racheté par d'autres chaînes et a donné lieu à une multitude de produits dérivés tels que des jeux vidéo et des jeux de société.

« Bonjour, mesdames ! » lançait le présentateur, Howie Mandel, aux « mannequins à la mallette » parfaitement alignées sur le plateau.

« Bonjour, Howie ! » répondaient-elles à l'unisson.

C'est ainsi que commençait chacun des trente-quatre épisodes dans lesquels Meghan est apparue entre 2006 et 2007. À l'instar de ses camarades, le mannequin n° 24 ouvrait sa mallette dès qu'un candidat appelait son numéro dans l'espoir de gagner un million de dollars.

La chaîne enregistrait jusqu'à sept épisodes par jour. À la fin de ces journées très chargées, la plupart des autres mannequins aimaient sortir ensemble, sans même parfois prendre la peine de se démaquiller avant d'aller profiter du happy hour. Sauf Meghan. Elle se montrait aimable, mais ne sortait pas avec ses collègues. « Les filles l'appréciaient beaucoup, s'est souvenue Leyla Milani, l'un des mannequins. Mais dès qu'on avait terminé, elle partait faire autre chose. » Comme à l'université, Meghan travaillait pendant que ses amies se défoulaient. Même sur le tournage du jeu, elle s'occupait pendant la pause. « Alors que les autres filles papotaient ou échangeaient des ragots, a ajouté Leyla, elle était dans son coin en train de lire des scénarios et de préparer des auditions. »

Après deux saisons, Meghan était prête à poser sa mallette argentée. Pendant les trois années qui avaient suivi, elle avait continué à passer des castings, décrochant une publicité pour les chips Tostitos ainsi que des petits rôles dans quelques films et séries, dont *Comment tuer son boss ?*, *Les Experts : Manhattan*, *Knight Rider*, *FBI : portés disparus* et *Pour le meilleur et pour le pire*. Dans un arc narratif en deux épisodes du reboot de la série *Beverly Hills* sur la chaîne CW, en 2008, le personnage qu'elle incarnait, Wendy, se faisait surprendre dans un parking en train de faire une fellation à Ethan

Ward, le play-boy du lycée. Meghan a hésité à tourner cette scène, mais les actrices néophytes ne peuvent pas se permettre de chipoter.

Elle n'a jamais baissé les bras, même quand elle pensait avoir raté son audition pour le rôle de Rachel Zane, la sublime et audacieuse assistante juridique de la nouvelle série *Suits* sur la chaîne USA Network. Meghan n'a pas pleuré ; elle n'est pas non plus rentrée chez elle pour engloutir un pot de crème glacée. Elle a appelé son agent.

« Je ne pense pas m'en être très bien sortie au casting, lui a-t-elle dit. Il faut que je recommence.

– Tu ne peux rien faire de plus, a-t-il répondu, que de te concentrer sur ta prochaine audition. »

CHAPITRE 2

Quand Harry rencontre Meghan

Quand Meghan est arrivée à Londres, cela faisait cinq ans qu'elle vivait à Toronto pour jouer dans *Suits*. Sa vie n'avait plus rien à voir avec celle de la jeune actrice de Los Angeles qui se rendait aux castings dans une Ford Explorer déglinguée – elle n'avait pas eu les moyens de la faire réparer quand la fermeture automatique des portes avait lâché (et pendant cinq mois, elle entrait dans sa voiture par le coffre).

Si son rôle dans la série ne faisait pas d'elle une star à Los Angeles ni à New York, Meghan avait en revanche très vite été adoptée par le Canada. L'étoile montante n'avait cessé de travailler pour élargir son horizon. Après avoir fait appel à l'agence de relations publiques londonienne Kruger Cowne pour la représenter, elle a commencé à être rémunérée plus de 10 000 dollars par séance pour des apparitions sur le tapis rouge. Comme lors du lancement de la collection Marchesa Voyage pour ShopStyle à New York en septembre 2014, ou pour faire un discours au Dove Self-Esteem Project à Toronto en 2015, ou encore au Women in

Cable Telecommunications Signature Luncheon[1] à Chicago, la même année.

Quand elle a rejoint Kruger Cowne, Meghan est aussi entrée en contact avec APA, l'une des plus grandes agences artistiques au monde, pour donner de l'ampleur à sa carrière d'influenceuse menée via *The Tig*. Ce blog, créé en 2014, était consacré à ses passions (gastronomie, mode, voyages), mais aussi aux questions sociales telles que l'égalité des sexes. Il avait un côté « jeune fille rangée mais pleine d'ambition ». Le nom venait du tignanello, un vin charnu qui l'avait conquise dès la première gorgée.

« C'était la première fois que je saisissais – je comprenais enfin ce qu'on appelle le corps, la structure, la longueur, la robe du vin, écrivait-elle. *The Tig* est le surnom que j'ai donné au moment où j'ai eu cette révélation. Il est valable pour tout, pas seulement le vin. »

Meghan avait déjà utilisé internet pour s'exprimer et venir en aide aux autres. Entre 2010 et 2012, elle tenait un blog anonyme, *The Working Actress*, qui rapportait les embûches et les victoires d'une actrice cherchant à percer à Hollywood. Elle aimait déjà écrire à l'école, et avait même caressé l'idée de devenir journaliste, ce qui aurait canalisé sa créativité et sa frustration. Le blog décrivait les moments de joie véritable quand elle décrochait un rôle, ainsi que le désespoir que ressentent les acteurs devant chaque échec, dans une industrie plus motivée par l'apparence que par le talent. Bien qu'elle n'ait jamais admis être l'auteure de ce blog à succès, ce n'était un secret pour personne dans le milieu. Ses conseils astucieux et ses anecdotes pleines de sincérité lui avaient très vite valu une certaine notoriété.

Alors que *The Working Actress* était un peu brut de décoffrage, *The Tig* était optimiste et plus raffiné. Qu'il présente Meghan en promenade sur la côte sauvage dans un manteau beige parfaitement

1. Déjeuner annuel de l'Association au service des femmes dans les médias câblés. (NdT)

coupé, un « Tig Talk » avec des amis célèbres – comme avec l'actrice Priyanka Chopra – ou encore une recette de « brocoli épicé et fricassée aux graines de chanvre », le site, conçu pour le plaisir des yeux, se voulait « un vivier d'idées et d'enthousiasme pour un mode de vie inspiré ».

Elle avait récemment collaboré avec Violet von Westenholz, chargée de communication chez Ralph Lauren, qui avait organisé plusieurs événements à l'occasion de son séjour à Londres, où l'actrice représentait la marque. Violet était connue dans le monde de la mode et dans la haute société anglaise. En effet, son père, le baron Frederick Patrick Piers von Westenholz, ancien skieur olympique, était un ami de longue date du prince Charles, dont il était très proche, si bien que Violet et ses frères et sœurs avaient l'habitude de skier en Suisse avec le prince William et le prince Harry quand ils étaient enfants.

L'emploi du temps de Meghan prévoyait une visite à Wimbledon, dont Ralph Lauren était le sponsor officiel. Violet avait obtenu les billets et les pass. Le deuxième jour du tournoi, Meghan se trouvait dans les tribunes pour soutenir son amie Serena Williams. Elle avait rencontré la championne de tennis lors d'une fête pour le Super Bowl à Miami, en 2010. Dès ce soir-là, Meghan et Serena avaient « tout de suite accroché », comme le décrirait plus tard la jeune actrice. Discuter de « bons vieux trucs de fille » les avait rapprochées, et toutes deux s'étaient prises en photo sur leur téléphone et s'étaient moquées de leur talent de footballeuse.

À Wimbledon, en revanche, Meghan regardait avec le plus grand sérieux le match de Serena contre Amra Sadiković. Elle était la première à brandir le poing quand son amie marquait et à applaudir quand elle remportait un set. Elle qui ne connaissait pas grand-chose au tennis avant de rencontrer Serena était devenue fan.

Meghan a toutefois pris le temps de se rendre au bar VIP, où elle a aperçu l'acteur britannique Dominic Cooper. Elle avait un petit faible pour la star de *Preacher*, alors elle a été tentée d'aller lui parler, puis s'est ravisée. Elle s'amusait trop avec ses amies.

Violet n'était pas la seule à avoir arrangé des rendez-vous pour Meghan. Quelques mois avant qu'elle n'arrive à Londres, Jonathan Shalit – qui a aidé Simon Cowell, Mel B et d'autres célébrités de la télévision anglaise à bâtir leur carrière – avait engagé Meghan dans son agence artistique, Roar. Il voulait lui permettre de conquérir un nouveau territoire, et peut-être même de présenter une émission de télévision culinaire.

Jonathan avait eu cette idée d'émission sur la cuisine, les voyages et la culture en suivant *The Tig*. C'était exactement le genre d'avenir dont Meghan rêvait pour son site.

« Un projet est en cours, et il est très ambitieux, disait-elle au sujet de *The Tig*, dont elle avait à cœur de tirer un livre de recettes ou une marque consacrée à l'art de vivre. Les possibilités sont infinies. »

Si Meghan s'est bien évidemment inspirée de l'actrice Gwyneth Paltrow, devenue un véritable gourou de l'art de vivre en transformant son site internet, *Goop*, en un empire à 250 millions de dollars, elle a aussi eu pour modèle une personne dont elle était très proche : Jessica Mulroney, la plus grande influenceuse canadienne dans ce domaine.

Jessica et son mari, Ben – fils aîné de l'ex-Premier ministre canadien Brian Mulroney et présentateur de l'émission de divertissement *eTalk* –, formaient le jeune couple influent le plus en vue de Toronto. Elle faisait fructifier la marque de sa belle-famille et mettait à profit son sens de la mode pour développer sa carrière d'influenceuse, de styliste et d'organisatrice de mariages. Son compte Instagram regorgeait de photos sur sa vie domestique parfaite – Jessica, avec sa longue chevelure brune et ses yeux bleus bordés de cils noirs, assise par terre pour lire une histoire à ses adorables jumeaux, Brian et John, croisant ses jambes fuselées, et chaussée d'une paire d'interminables talons aiguilles noirs.

Après qu'un chargé des relations publiques local les a présentées l'une à l'autre, Jessica a non seulement encouragé Meghan à suivre le même chemin, mais lui a également ouvert les portes d'une scène locale fascinante et trépidante, pleine de galas de bienfaisance ultra-médiatisés, d'inaugurations de boîtes de nuit, de restaurants fabuleux, et d'illustres amis tels que Michael Bublé. Jessica et Ben étaient de bons amis du chanteur compositeur canadien et de sa femme, Luisana Lopilato, actrice et mannequin originaire d'Argentine dont les petites soirées organisées dans sa maison de Vancouver étaient très convoitées. Quand Meghan a pu être invitée à sa table, un soir de novembre 2015, cela a donné lieu sur son blog à un article intitulé « Tig chante Noël avec Michael Bublé », qui recensait ses chants de Noël préférés.

En 2016, *The Tig* et son compte Instagram bénéficiaient déjà d'une telle audience que Meghan se sentait en mesure de réfléchir à des opportunités autres que *Suits*. Ayant soif de changement, elle a rejoint une agence littéraire américaine et projetait de publier un livre culinaire en tirant profit de sa nouvelle plateforme. Pendant qu'elle se trouvait à Londres, Jonathan Shalit, vêtu de ses éternels gilet noir, chemise blanche, cravate à rayures et chaussettes de couleurs vives, soumettait un projet d'émission dans lequel Meghan voyagerait à travers le monde à la découverte de nouveaux plats, dans une optique de développement durable. Une sorte de croisement entre Padma Lakshmi et Anthony Bourdain.

Hormis Jonathan, Meghan a été en contact avec d'autres figures de ce milieu au cours de son séjour dans la capitale anglaise. Elle a également rencontré Piers Morgan, le présentateur de *Good Morning Britain*, au Scarsdale Tavern, un pub de Kensington. « Je passe une semaine à Londres pour assister à des réunions et aller à Wimbledon, lui avait-elle écrit sur Twitter en message privé au moment de son arrivée. J'aimerais beaucoup vous voir ! » Ils ne s'étaient jamais rencontrés, mais Meghan se réjouissait de faire la connaissance du présentateur franc et controversé, responsable des *tweets* scandaleux sur Donald Trump, devenu son « meilleur ennemi » au cours de l'émission de téléréalité de la chaîne NBC, *Celebrity Apprentice*.

Meghan est donc arrivée dans le pub douillet et sombre. Piers l'a décrite ainsi au *Daily Mail* : « Une superstar hollywoodienne jusqu'au bout des ongles, toute mince, tout en jambes, très élégante et incroyablement glamour. Elle portait même l'inévitable paire de lunettes noires tant adorée des comédiens de LA. »

Pendant deux heures, tout en sirotant des dirty Martini, Meghan a discuté du contrôle des armes à feu, de sa carrière, du rêve qu'elle caressait, petite, de devenir présidente des États-Unis ou journaliste télé, et de son enfance au sein d'une famille mixte. Piers était sous le charme.

Peu avant 20 heures, Meghan s'est excusée auprès de Piers car elle avait un dîner de prévu au 5 Hertford Street avec Misan Harriman, fils du chef Hope Harriman (l'un des pères fondateurs du Nigeria actuel). Misan – qui a fondé le site whatwesee.com et dirige le réseau British Polo Day – a souvent côtoyé le prince William et Kate Middleton aux matchs de polo.

Misan avait invité Meghan au restaurant de Mayfair, réservé aux membres d'un des clubs les plus prestigieux au monde. Parmi les membres ayant passé la porte bordeaux anonyme du 5 Hertford Street pour un dîner aux chandelles dans les salles privées avec service à l'anglaise, on compte George et Amal Clooney, Mick Jagger et la princesse Eugenie, cousine de Harry. Meghan se réjouissait certes de siroter un gin-fizz dans la lueur tamisée du club, mais elle était surtout impatiente de découvrir avec qui elle avait rendez-vous le lendemain soir pour son *blind date*.

Cet été-là, Meghan était célibataire. Bien que sa dernière relation amoureuse (et la première relation sérieuse depuis son divorce, trois ans auparavant), qui avait duré deux ans, ait pris fin tout récemment, la jeune femme était encore persuadée de trouver un jour l'amour. Au cours de sa visite à Londres, elle a dit à une amie, sur le ton de la plaisanterie, qu'elle s'accommoderait « d'un sympathique gentleman anglais avec qui flirter ».

Mais elle n'avait pas rendez-vous avec n'importe qui. Lors d'un déjeuner, le 1er juillet, elle a révélé l'identité de l'homme mystère à son agent de Londres, Gina Nelthorpe-Cowne. Gina et Meghan, qui s'étaient rencontrées en 2014 à l'occasion du One Young World Summit, se rendaient souvent ensemble à l'étranger pour le travail et s'étaient même octroyé des vacances au cours d'un voyage d'affaires à Malte, en mars 2015. L'actrice, qui considérait son agent comme une amie, n'a donc pas hésité à se confier à elle. « J'ai un *blind date*, ce soir, a-t-elle dit avec une timidité feinte après avoir terminé sa salade chez Delaunay, un restaurant près de Covent Garden.

– Qui est-ce ? a demandé Gina. Je le connais ? »

Meghan s'est alors penchée, tout excitée, pour chuchoter : « Je suis sûre que oui. C'est le prince Harry.

– Tu sais à quoi tu t'exposes ? a répondu Gina, stupéfaite.

– Eh bien, ce sera une bonne expérience et, au moins, je m'amuserai.

– Ça risque d'être de la folie. » Gina cherchait à faire comprendre à l'actrice américaine la délirante culture des tabloïds propre au Royaume-Uni et la façon dont ceux-ci couvrent les relations amoureuses des membres de la famille royale. « Tu seras la femme la plus recherchée du pays. »

Meghan ne se projetait pas aussi loin, d'autant plus que la personne qui avait organisé le rendez-vous avec le prince lui avait dit : « Commençons déjà par vous présenter l'un à l'autre, et voyons comment ça se passe. »

Malgré les rumeurs selon lesquelles Violet von Westenholz avait été à l'origine de leur rencontre, c'étaient en réalité Misha Nonoo et Markus Anderson, des amis de Meghan, qui s'étaient occupés du premier rendez-vous. (Le couple a préféré taire l'identité de l'entremetteur, y compris auprès de leurs proches. Meghan s'est à l'époque contentée de dire à ses amis que sa première rencontre avec Harry avait été « fortuite ».)

Originaire du Canada, Markus, responsable des adhésions aux clubs Soho House, veillait à ce que Meghan se sente toujours comme chez elle dans l'antenne torontoise du club très fermé, qui en comptait plusieurs à travers le monde. Barrée d'un cordon de sécurité en velours, la porte de ce bâtiment georgien du XIXe siècle – rénové par le club pour la somme de 8 millions de dollars – abritait une oasis ultra-privée. Meghan y avait son alcôve réservée au deuxième étage quand elle s'y rendait pour boire un verre ; elle aimait y passer ses après-midi, pelotonnée dans l'un des fauteuils club en cuir de la bibliothèque, avec son MacBook, pour travailler sur son blog ou papoter avec les autres acteurs de *Suits*.

Markus présentait souvent à Meghan l'élite du monde des affaires et de la culture – au Canada ou ailleurs. Lors d'un déjeuner au Soho House de Miami, il l'avait installée à côté de Misha, une exubérante jeune créatrice de mode au parcours impeccable. Les deux femmes se trouvaient à Miami en décembre 2014 à l'occasion d'Art Basel, une prestigieuse foire d'art contemporain qui attire les grands de ce monde, qui participent, pendant une semaine, à toutes sortes de soirées et d'événements. Markus avait invité Meghan, amatrice d'art, à rester à Soho Beach House, à l'épicentre de l'action, pour profiter du soleil, admirer les œuvres d'art et s'amuser.

Dans un tel contexte, Soho House était l'endroit idéal pour se faire de nouveaux amis et de nouvelles relations. Misha et Meghan ont immédiatement sympathisé. Née au Bahreïn mais ayant grandi en Angleterre, la joyeuse styliste aux cheveux blonds, qui passait son temps entre New York et Londres, a étudié dans une école de commerce parisienne avant d'intégrer le monde de la mode. Son mari, le bel Alexander Gilkes, a figuré au classement des cent personnalités les plus influentes du monde de l'art établi par le magazine *Art + Auction* après avoir fondé Paddle8, une société de vente aux enchères en ligne. Ancien camarade du prince William et du prince Harry à Eton, Alexander a rencontré Misha quand celle-ci avait 17 ans ; lorsqu'ils se sont mariés, sept ans plus tard à Venise, Lana Del Rey elle-même a chanté au moment de la cérémonie des vœux.

Le charisme naturel de Misha a aussitôt intrigué Meghan, tandis que Misha ressentait la même chose face à la curiosité spontanée de l'actrice : « C'est un grand plaisir de passer du temps avec cette femme impressionnante », a-t-elle déclaré.

Avant la fin du déjeuner, les deux femmes ont échangé leurs coordonnées et se sont *taguées* sur Instagram.

Aussi belle qu'intelligente, la styliste a évoqué de nouvelles opportunités commerciales avec Meghan, impatiente d'élargir ses horizons sur le plan social et professionnel. Meghan adorait fréquenter Misha, qu'une amie a décrite comme « l'une de ces riches aristocrates branchées qui circulent incognito ». Chaque fois qu'elle était de passage à New York, Meghan résidait dans le duplex de West Village, où Misha et son mari accueillaient constamment des personnes intéressantes.

Leur amitié était réciproque. Quand Misha a été nommée finaliste des prestigieux CFDA/*Vogue* Fashion Fund Awards au cours de la Fashion Week de New York en novembre 2015, Meghan a fait sensation sur le tapis rouge dans une tenue créée par son amie pour se rendre au dîner de remise des prix. La photo de Meghan posant dans la mini-robe argentée, fluide comme du métal liquide, au décolleté plongeant, était visible partout le lendemain – un très beau coup de pouce pour Misha et sa ligne de vêtements en plein essor.

Lors de leur première rencontre, Meghan, qui avait divorcé un an et demi plus tôt, vivait une histoire d'amour sérieuse.

Elle est tombée amoureuse de son premier mari, Trevor Engelson, quand elle avait 23 ans. Le jeune producteur impétueux et prometteur a fait partie du classement des trente-cinq personnalités de moins de 35 ans du *Hollywood Reporter* en 2009. Ils se sont fréquentés pendant sept ans avant de se marier, le 10 septembre 2011, lors d'une cérémonie romantique sur une plage de la Jamaïque. Meghan avait alors 30 ans et Trevor, 34.

Alors qu'ils sortaient encore ensemble, Meghan s'inquiétait auprès de ses amis du fait que Trevor ne semblait pas toujours soutenir sa carrière d'actrice. Après tout, il connaissait beaucoup de monde dans l'industrie cinématographique. Elle avait l'impression qu'il aimait la voir dépendante de lui. C'est ainsi que fonctionnait leur couple ; Trevor était l'individu dominant. « Il avait l'habitude d'être le soutien de famille, celui dont Meghan avait besoin pour faire des rencontres dans le monde de l'audiovisuel », a expliqué un ami. Cependant, quelques mois seulement après la demande en mariage de Trevor lors de vacances au Belize, en 2010, elle décrochait un rôle principal dans *Suits*, la série dramatique à succès. « Soudain, la dynamique a commencé à changer, a ajouté l'ami en question, et ça ne plaisait pas à Trevor. »

Le fait que Meghan vive une grande partie de l'année à Toronto a accéléré la détérioration de leurs rapports. Au début, ils s'efforçaient tous deux de passer du temps ensemble. Mais au fil des mois, les visites sont devenues moins fréquentes. Quand Trevor a été invité aux Oscars en février 2013, il n'a pas demandé à Meghan de l'accompagner, lui expliquant qu'il n'avait qu'un seul billet. La jeune femme a alors pensé qu'il n'avait peut-être pas envie de partager la vedette. Six mois plus tard, les deux époux, qui avaient paru fous amoureux vingt-trois mois plus tôt sur une plage de la Jamaïque, divorçaient. Meghan n'a cependant jamais perdu l'espoir de trouver l'homme de sa vie, même si elle s'était trompée la première fois.

Quand l'actrice a décidé de tenter de nouveau sa chance en amour, elle a porté son dévolu sur le célibataire le plus en vue de Toronto, Cory Vitiello, décrit par le magazine *Toronto Life* comme un homme « connu aussi bien pour ses talents de cuisinier que pour avoir figuré sur les listes de célibataires les plus convoités ». Originaire de Brantford, en Ontario, le jeune homme au visage fin avait toujours une femme sublime à son bras. Ayant créé sa propre entreprise de traiteur chez lui alors qu'il n'avait que 15 ans, Cory était le propriétaire de l'un des restaurants préférés de Meghan, The Harbord Room, où ils se sont rencontrés en juin 2014. Peu de temps après, Meghan écrivait un article dans *The Tig* : « Le charme provincial et le sens moral d'une personne qui ne vient pas d'une grande ville mais nourrit de grands rêves et les concrétise font que ses plats sont aussi accessibles qu'inspirés. »

D'abord attirée par la beauté de Cory, elle a très vite apprécié sa sensibilité, sa gentillesse et son talent d'entrepreneur. Bien entendu, la nourriture les a également beaucoup rapprochés. Meghan avait beau être une cuisinière passionnée et un fin gourmet avant sa rencontre avec Cory, celui-ci « lui a ouvert les yeux dans ce domaine, à un tout autre niveau », d'après une amie. À la fin de l'été, ils étaient officiellement en couple ; au bout d'un mois, Meghan a confié à des amis qu'elle était en train de tomber amoureuse. « Elle est prudente, mais quand elle aime bien quelqu'un, elle tombe vite amoureuse, a expliqué l'un d'eux. C'est son côté fleur bleue. »

Que ce soit au lycée, à l'université ou après son divorce, Meghan ne s'intéressait pas aux histoires sans lendemain. Elle cherchait une relation sérieuse. En cela, Cory ne dérogeait pas à la règle ; Meghan voulait vivre une union saine, se marier et avoir des enfants. La famille de Cory, avec laquelle elle a passé Noël en 2015, était aux anges. Tous l'appréciaient beaucoup, y compris Joanne, la mère de Cory. Ils étaient convaincus que les tourtereaux se fianceraient bientôt.

Pourtant, leur couple commençait à battre de l'aile. Au début de l'année 2016, Meghan avouait à ses amis qu'elle regrettait la vitesse à laquelle les choses s'étaient passées. Ceux qui la connaissaient bien s'en doutaient déjà, ayant constaté qu'elle avait conservé la maison qu'elle louait alors qu'elle avait emménagé avec le chef cuisinier. Mais ce n'est que début mai que leur idylle de deux ans a officiellement pris fin. Le problème, selon une source proche du couple, venait de Cory : il n'avait pas envie de se ranger. Meghan a rompu avec lui sans donner de raisons particulières, et Cory n'a pas cherché à la retenir. « Cette période n'a pas été des plus joyeuses pour elle », a ajouté la source.

Malgré tout, la tristesse s'est vite muée en soulagement. Si bien qu'à l'arrivée de l'été, Meghan attendait avec impatience de partir à l'étranger et était prête à s'amuser. Quant à sa nouvelle amie, Misha, elle pensait que c'était le moment idéal de lui arranger un ou deux rendez-vous galants.

Le prince Harry semblait être un type sympa, même s'il faisait partie d'une famille royale enracinée dans les protocoles, très loin de ce que connaissait une Américaine telle que Meghan. Il a acquis une réputation d'insolent dès l'âge de 3 ans, quand on l'a photographié en train de tirer la langue dans les bras de sa mère, qui se tenait à côté de la reine sur le balcon de Buckingham Palace lors du Salut aux couleurs. Tirer la langue aux photographes, comme il lui arrivait parfois de le faire quand il était petit, représentait un véritable acte de rébellion ; en effet, avant William et Harry, on représentait systématiquement les enfants de la famille royale comme des êtres parfaits, silencieux, relégués à l'arrière-plan.

Sa mère ne cherchait pas à entamer sa bonne humeur. À l'époque où les garçons fréquentaient le pensionnat de la Ludgrove School, dans le comté du Berkshire – d'abord William, puis Harry –, Diana leur apportait clandestinement des bonbons glissés dans leurs chaussettes, quand elle leur rendait visite pour les voir jouer au foot. Elle qui aimait tant écrire des lettres leur envoyait des cartes de vœux un peu rebelles. « Tu peux faire des bêtises, a-t-elle écrit à Harry. Mais ne te fais pas prendre. »

Harry a suivi ces conseils à la lettre. Il s'intéressait plus à l'équitation et au sport qu'à l'école et partageait le penchant de sa mère pour l'humour et l'espièglerie. Un jour, alors qu'il jouait avec le garde du corps personnel de Diana, Ken Wharfe, il a trompé la vigilance des agents de sécurité, sortant en douce du palais avant d'appeler Ken sur son talkie-walkie.

« Où es-tu ? » lui a demandé Ken. Ni lui ni les gardes du palais n'avaient réussi à le trouver.

« Je suis devant Tower Records », a répondu Harry. Ken s'est alors précipité à Kensington High Street, à près d'un kilomètre de là, où il a trouvé le jeune prince dans sa minuscule tenue de camouflage.

Diana pardonnait sans doute à Harry son indifférence pour les règles du fait que, dans l'ordre de succession au trône, son frère William avait un titre plus important que le sien. Depuis l'âge de 4 ans, il était conscient de leurs destins respectifs d'« héritier et de pièce de rechange ». Diana s'attachait donc à souligner qu'elle aimait ses deux fils autant l'un que l'autre. L'égalité était un thème récurrent au sein de leur famille, car ce n'était pas le cas en dehors.

En grandissant, la différence de statut des garçons est devenue plus apparente. William rencontrait la reine en tête-à-tête afin de se familiariser avec son rôle à venir. Harry, non. Diana avait cherché à faire comprendre à son fils cadet qu'il ne devait jamais laisser personne lui faire croire qu'il n'avait rien d'exceptionnel sous prétexte qu'il ne serait pas roi. Au contraire, disait-elle, Harry était chanceux parce qu'il avait l'occasion de trouver sa propre voie. Les titres sont à la fois une bénédiction et un fardeau.

Rien d'étonnant que Harry soit devenu un jeune homme plus à l'aise, entouré d'amis proches et de personnes que son statut n'impressionnait pas plus que cela. L'apparat le laissait indifférent ; il ne raffolait pas de ces obligations guindées comme les banquets d'État à Buckingham Palace ou les tenues formelles à l'excès que les convives devaient parfois porter. Aujourd'hui encore, Harry n'aime pas porter de cravate. « Il faut animer un peu les choses, a-t-il confié aux auteurs de ce livre, rendre ces événements plus amusants et intéressants. »

Sa première vraie petite amie, Chelsy Davy, était aussi passionnée d'aventure que lui et ne semblait pas particulièrement impressionnée par son lignage royal ; c'était une des raisons pour lesquelles elle lui avait tant plu. Il a rencontré cette jeune blonde, intelligente et pleine d'entrain, lors de son année sabbatique en 2004, après avoir terminé le lycée. Née au Zimbabwe, elle était la fille de Charles Davy, riche propriétaire terrien et organisateur de safaris, et de Beverley Donald Davy, ancienne Miss Rhodésie. Chelsy montrait autant d'aisance à monter à cru ou à se promener dans les plaines d'Afrique qu'à participer à des soirées mondaines à Londres. Pendant sept ans, Harry et elle ont vécu une histoire d'amour certes compliquée, mais indubitablement passionnée. Chelsy aimait s'amuser, mais elle était fidèle. Harry et la famille royale appréciaient beaucoup l'amour sincère qu'elle vouait à son petit ami sans se soucier de son statut. Discrète, loyale, elle était au côté de Harry pour tous les moments importants de sa jeune vie, comme la remise de diplôme de l'élitiste Académie royale militaire de Sandhurst en 2006, le concert à la mémoire de Diana en 2007 ou le mariage de son frère et de Kate Middleton en 2011. Pourtant, à terme, Chelsy n'a pas supporté de voir sa vie privée constamment exposée.

Les paparazzi tapis dans les coins et les articles peu flatteurs de la presse à scandale ont également sonné le glas de la relation de Harry avec l'actrice Cressida Bonas, que sa cousine, la princesse Eugenie, lui avait présentée au printemps 2012. La jeune blonde élancée fréquentait les mêmes cercles aristocratiques que Harry ; sa mère, lady Mary-Gaye Curzon, était l'une des héritières de la famille Curzon, qui a fait fortune dans la banque, tandis que son père, Jeffrey, était un entrepreneur.

En 2016, l'été venu, Harry se sentait prêt à se lancer dans une nouvelle histoire d'amour. Chelsy et lui s'étaient brièvement retrouvés avant qu'il ne fasse la connaissance de Meghan – qui, d'après certains tabloïds, sortait encore avec Cory au moment de leur première rencontre. Cory n'a jamais parlé de son ex à la presse, sinon pour couper court à cette rumeur : « J'ai trop de respect pour elle et pour sa vie privée. C'est une fille formidable. »

Misha pensait que Meghan et Harry feraient un beau couple. Son premier mari, Alexander, connaissait le cercle de jeunes gens de l'élite que fréquentaient les princes, et que les tabloïds avaient surnommé la *Glosse Posse*[1]. Charlie, le frère d'Alexander, faisait également partie de ce cercle ; il sortait avec Pippa, la sœur de Kate Middleton, en 2008, quand tous deux étudiaient à l'université d'Édimbourg. Alexander était invité au mariage de William et Kate, en 2011 ; en 2014, Harry a quant à lui assisté au mariage, en Italie, de Charlie et d'Anneke von Trotha Taylor (la mère de Kate, son frère James et sa sœur Pippa étaient également présents, mais les nausées matinales de la duchesse de Cambridge, enceinte à l'époque, étaient si fortes qu'elle n'a pas pu les accompagner).

Comment une jeune Californienne comme Meghan trouverait-elle sa place dans un environnement pareil ? Un ami de Harry et Meghan les décrit ainsi : « Ils ont tous deux une certaine innocence dans le regard. » Leurs amis respectifs pensaient que les faire se rencontrer leur serait bénéfique.

Les deux participants de ce *blind date* ont, bien entendu, effectué des recherches minutieuses sur Google avant de se lancer. Harry, qui avait suivi Meghan sur les réseaux sociaux, semblait intéressé. Un ami lui avait montré sur Instagram une photo de Meghan

1. La Bande de la haute.

dans la mini-robe argentée des CFDA/*Vogue* Fashion Fund Awards. Prendre un verre avec elle était pour lui l'occasion de rencontrer une femme qu'il trouvait attirante, rien de plus. Il n'aurait jamais imaginé qu'il l'épouserait un jour.

Quant à Meghan, ce qu'elle a découvert sur internet aurait aisément pu la convaincre de tout annuler.

Quand il avait une vingtaine d'années, Harry était un habitué des boîtes de nuit londoniennes. Il a connu de folles soirées dans des lieux branchés comme Jak's, Funky Buddha et le Wellington Club. Mais sa réputation de « prince de la fête » datait de l'adolescence, quand les tabloïds ont commencé à rapporter ses facéties éthyliques (dont certaines étaient vraies, et d'autres moins). D'innombrables histoires circulaient autour d'un Harry de toute évidence incontrôlable. Il a été flanqué à la porte d'un pub qu'il fréquentait, à quelques kilomètres de la résidence familiale de Highgrove, dans le Gloucestershire, parce qu'il s'était mal comporté. Il paraissait tenir compte de la première partie du message de sa mère – faire des bêtises –, mais ne pas trop savoir comment mettre en application la seconde – ne pas se faire prendre.

Harry a touché le fond le jour où il est apparu sur la couverture du *Sun*, en 2005, un verre et une cigarette à la main – arborant un brassard à croix gammée. Le gros titre du tabloïd britannique allait droit au but : « Harry le Nazi. » Le jeune homme faisait partie des deux cent cinquante invités d'une soirée costumée organisée par Richard Meade, l'un des cavaliers les plus connus de Grande-Bretagne, pour l'anniversaire de son fils. Harry s'est excusé d'avoir choisi un costume d'un tel mauvais goût, mais la fête ayant eu lieu juste avant le soixantième anniversaire de la libération d'Auschwitz, cela rendait la chose plus choquante encore.

Autre grand scandale qui refait surface chaque fois que l'on recherche le prince sur internet : son voyage à Las Vegas en 2012 avec ses amis de longue date, Tom « Skippy » Inskip et Arthur

Landon. Quelques journées imbibées d'alcool (durant lesquelles Harry a mis au défi le nageur Ryan Lochte, douze fois médaillé olympique, de faire la course lors d'une fête au bord d'une piscine) ont brusquement pris fin quand TMZ a publié des photos floues de Harry, nu, cachant ce que le site du tabloïd a appelé ses « bijoux de famille » au cours d'une partie de « strip billard » dans sa suite d'hôtel. Les photos, qui ont aussitôt fait le tour du monde, ont forcé le palais à s'interroger sur ce qui s'était passé et qui devait être tenu pour responsable. « C'était un moment difficile, s'est souvenu un ancien garde du corps royal. On a tous eu de gros ennuis. »

Pourtant, ces récits sur le « Windsor débridé » n'ont pas effrayé Meghan. Hormis le fait que l'incident de Las Vegas remontait à quatre ans, l'actrice, qui avait elle-même eu droit à un aperçu de la presse à scandale pendant son divorce et son histoire avec Cory, était bien placée pour savoir que les médias déforment parfois la réalité.

« Elle ne connaissait vraiment pas grand-chose de lui, en dehors de ce qui avait été écrit à son sujet, a expliqué un ami. Elle voulait découvrir qui était le vrai Harry, et non pas ce que TMZ et les autres tabloïds en disaient. »

Le soir de son premier rendez-vous avec Harry, Meghan se préoccupait davantage de ce qu'elle allait porter que de la réputation du jeune homme. Une fois sa tenue choisie, elle a commencé à se maquiller dans sa suite du Dean Street Townhouse, propriété de Soho House. On avait proposé à Meghan une très belle ristourne au Dorchester Hotel, un établissement cinq étoiles, mais elle avait préféré s'installer dans la luxueuse chambre que Markus lui avait réservée. En tant que star et influenceuse, on lui offrait souvent des séjours gratuits, des remises sur les voyages et autres. En l'occurrence, elle avait refusé la proposition du Dorchester car l'hôtel était boycotté par Hollywood depuis que le propriétaire de la chaîne, le sultan de Brunei, avait instauré la charia dans son pays, loi qui stipule notamment la mort par lapidation des homosexuels.

Markus s'était aussi occupé de la logistique de la soirée. Il avait par exemple invité d'autres amis à cette rencontre informelle, « pour éviter tout malaise, a expliqué une source proche de Meghan. Si ce premier rendez-vous se passait bien, alors ils prévoiraient un vrai tête-à-tête ».

Le bâtiment georgien du XVIIe siècle qui abritait Soho House était l'endroit idéal pour cette soirée. Avant que le club ne s'y installe en 2008, il avait été longtemps un lieu de rencontre d'artistes et d'intellectuels – au XVIIe siècle déjà, la comédienne Nell Gwynn, maîtresse du roi Charles II, aimait y passer du temps. Dans les années 1920, baptisé le Gargoyle Club, il était fréquenté par le dramaturge Noël Coward, le danseur Fred Astaire et Tallulah Bankhead, légende du grand écran. Dans les années 1950, il a été de nouveau transformé, cette fois-ci en bar où traînaient des sommités, parmi lesquelles Lucian Freud et d'autres artistes.

Le club tel qu'il existe actuellement offrait suffisamment d'intimité pour permettre au prince de se détendre. Avec ses nombreuses salles sur quatre niveaux et ses deux bâtiments reliés entre eux, il était facile de dissimuler Harry à la vue des curieux. Markus a choisi une salle à manger privée dissimulée derrière des rideaux de velours.

Dans l'une des trente-neuf chambres de l'hôtel (dont beaucoup sont équipées de lits à baldaquin et de baignoires victoriennes pattes de lion), son second chez-soi pendant son séjour londonien, Meghan se décidait pour une robe d'été bleu marine et des talons assortis.

Une fois en bas, elle est entrée dans la pièce à l'éclairage chaleureux et aux banquettes confortables, où elle a été accueillie par des visages familiers. Elle s'est assise brièvement, jusqu'à ce que Harry – vêtu de ses éternels chemise blanche et chino – entre à son tour et se présente aussitôt. *Et c'est parti.*

Une amie de Meghan a admis que l'actrice se sentait un peu nerveuse à l'idée qu'ils venaient de deux mondes si différents. Mais, selon une source, Misha aurait dit à Meghan de ne pas s'inquiéter

– tous deux avaient « très bon cœur ». Et si la soirée se passait mal, Markus n'était pas loin.

Harry, pourtant difficilement impressionnable, a failli rester figé sur place en apercevant Meghan pour la première fois. Il savait qu'elle était belle – il avait vu des photos d'elle en ligne et sur son compte Instagram –, mais elle était encore plus éblouissante en chair et en os. « Ouah, a-t-il confié par la suite à un ami. C'est la plus belle femme que j'aie jamais vue. »

Meghan n'était pas qu'une belle femme. Elle était aussi très différente de celles que Harry rencontrait habituellement ; cette situation inédite l'intimidait. En raison de son appartenance à la famille royale, beaucoup de choses que faisaient les gens ordinaires au quotidien lui étaient interdites, comme de prendre le métro de Londres ou se rendre quelque part sans garde du corps. Harry vivait dans une sorte de bulle.

Une bulle dans laquelle évoluaient les femmes qu'il fréquentait habituellement. Celles-ci appartenaient pour la plupart à son petit monde. La simple vue du prince Harry suffisait à impressionner les filles qu'il rencontrait chez Jak's ou au Funky Buddha. Il n'avait même pas besoin d'ouvrir la bouche.

Meghan, elle, l'a complètement déstabilisé.

Ce n'étaient pas seulement ses charmantes taches de rousseur, son sourire parfait ou son accent américain. Meghan est très charismatique. Elle aimante tous les regards. Elle rit un peu plus fort, brille un peu plus que les autres. Sa confiance en elle attire l'attention.

Harry s'est vite aperçu qu'il faudrait plus qu'un grand sourire pour impressionner Meghan. « J'ai vraiment intérêt à assurer, a-t-il pensé. Je vais m'asseoir et engager une vraie conversation ! »

Elle sentait sans doute qu'il était nerveux : tous deux se sont d'abord montrés timides. Pourtant, ils ont très vite commencé à papoter avec aisance. Beaucoup d'aisance. Assis sur deux fauteuils club en velours, ils étaient « dans leur petit monde », a indiqué une source.

Autour d'un verre (bière pour lui, Martini pour elle), ils se sont questionnés sur leur travail. On avait sans doute posé de quoi grignoter sur la table basse devant leurs grands fauteuils, mais ni l'un ni l'autre n'y a touché. Trop absorbés par leur conversation, et trop hypnotisés l'un par l'autre, ils n'ont même pas remarqué les murs couverts d'un papier peint un peu osé aux motifs suggestifs.

Harry lui a parlé de son travail pour les œuvres caritatives, racontant avec beaucoup d'enthousiasme ses voyages coûteux en Afrique. Leur « forte envie de changer les choses durablement », comme l'a décrit le jeune homme, était, selon les dires de Meghan, « l'un de nos premiers points communs ». Le visage de celle-ci s'est illuminé quand la conversation s'est portée sur les deux chiens qu'elle avait adoptés. Elle a d'ailleurs très vite sorti son téléphone afin de lui montrer des photos, comme une mère montre fièrement des photos de ses enfants.

À la fin de la soirée, qui a duré près de trois heures, Harry et Meghan sont partis chacun de leur côté. Malgré l'évidente attirance mutuelle, ils n'ont échangé ni baiser ni promesses ; tous deux avaient simplement le sentiment qu'il s'était passé quelque chose entre eux et espéraient se revoir bientôt.

Sans perdre une minute, Harry a envoyé un SMS à Meghan, qui venait de rejoindre sa chambre d'hôtel.

Il avait l'habitude d'écrire des messages brefs et pleins d'émoticônes – en particulier celui représentant un fantôme, qu'il utilisait en lieu et place du smiley. Pour quelle raison ? Personne ne le sait. Mais Meghan trouvait son style drôle et adorable, comme lui.

« Il n'a certainement pas cherché à lui cacher qu'elle lui plaisait, a dit un ami de Meghan. Il voulait qu'elle sache qu'il était très intéressé. »

CHAPITRE 3

Une idylle en pleine nature

Tout le monde espérait que Harry et Meghan passeraient une bonne soirée, mais personne ne s'attendait à ce qui allait se dérouler ensuite.

« Presque tout de suite, ils ont été quasi obnubilés l'un par l'autre, s'est souvenu un ami. On aurait dit que Harry était en transe. »

Misha elle-même a avoué à des amis que la soudaine intensité de leur attirance l'avait surprise.

Le lendemain de son rendez-vous avec le prince, Meghan a appelé une de ses copines. « Je pense que ça peut marcher. Tu crois que je suis folle ? » lui a-t-elle demandé.

Harry et Meghan avaient prévu de se revoir. Sans amis pour faire diversion cette fois-ci – lors d'un vrai tête-à-tête. Ils sont donc retournés au Dean Street Townhouse le lendemain soir pour un dîner romantique organisé par Markus, que le personnel avait surnommé amicalement « Lady A » parce qu'il chipotait sur les moindres détails.

Les deux jeunes gens n'entreraient pas par la porte principale ; on leur avait expliqué comment passer par une porte dérobée, loin des regards indiscrets – seulement connue du personnel et des livreurs de fruits et légumes et de poisson frais en provenance de Billingsgate Market. Pas très glamour, comme entrée en matière.

Le personnel a fait son possible pour garder secrets les détails du dîner, ne laissant qu'un seul serveur de confiance s'occuper d'eux toute la soirée. Comme aiment à dire les clients de ce club très fermé : « Ce qui se passe à Soho House reste à Soho House. »

Selon un ami, Harry et Meghan ont « beaucoup discuté », ce soir-là, puis le jeune prince est chastement rentré au palais. Malgré tout, le courant passait très bien, et tous deux avaient flirté au cours du repas. Une caresse sur le bras par-ci, une œillade par-là.

« Harry se doutait déjà qu'ils sortiraient ensemble, a confié un ami. Elle répondait à tous ses critères. »

Meghan, qui postait beaucoup d'informations sur son séjour londonien sur les réseaux sociaux, savait qu'elle devait taire ses rendez-vous avec celui qui occupait alors le cinquième rang dans l'ordre de succession au trône. Mais les indices étaient là. Au moment de leur première rencontre, elle avait commencé à suivre sur Instagram un mystérieux @SpikeyMau5. La photo de profil ne montrait pas de visage mais un simple casque en forme de souris ; elle n'aurait rien évoqué de particulier à la plupart des gens. Mais il s'agissait du compte privé de Harry. Grand fan de house music, il avait créé ce pseudonyme à partir du nom de son DJ préféré, DeadMau5. « Spikey » provenait d'un compte Facebook qu'il utilisait sous le nom de Spike Wells. Il était parfois surnommé « Spike », surtout par les agents de Scotland Yard. La photo de profil de ce compte Facebook (avant qu'il ne le ferme après le scandale de Las Vegas) représentait trois jeunes hommes de dos, coiffés d'un panama, dans une suite de l'hôtel MGM Grand Las Vegas. Le compte précisait que Spike venait de Maun, au Botswana. Avant cette photo, Harry avait utilisé une image du roi Julian, le lémurien excentrique du dessin animé *Madagascar*, des studios Dreamworks.

Le post public de Meghan sur Instagram, le soir de leur premier tête-à-tête, était bien plus audacieux : une photo d'un bonbon Love Hearts, sur lequel était inscrit « Embrasse-moi », et légendé : « Lovehearts in #London ».

Que cela ait été compris ou non par les autres, Harry, lui, a bien reçu le message.

Le lendemain soir, un 3 juillet, Meghan a quitté son hôtel et pris un taxi comme une personne ordinaire. Mais la destination de son taxi, qui se faufilait dans les rues sinueuses et sombres de Londres, n'avait rien de banal : Kensington Palace.

La voiture a quitté la route principale pour emprunter Palace Avenue, une rue privée coupée par une barrière de sécurité métallique devant le bureau d'un gardien. C'était très différent des portails dorés qu'elle s'était représentés. Mais cette entrée banale, utilisée principalement par le personnel ou par ceux qui se rendaient au palais pour des réunions, était de loin la plus discrète. Après avoir donné un pourboire au chauffeur, comme à son habitude, Meghan est entrée dans le bureau, où l'attendait un garde du corps.

On l'a fait entrer par un chemin pavé bordé de maisonnettes. Elle expliquera plus tard que celles-ci étaient si minuscules et si bien aménagées, avec leurs pots de fleurs soignés, qu'elles lui avaient paru à peine réelles. Meghan n'aurait jamais cru qu'autant de personnes vivaient sur le domaine de Kensington Palace, or cette résidence officielle héberge une douzaine de membres de la famille royale ainsi que plusieurs courtisans à la retraite.

« C'est mignon ! » a-t-elle dit plus tard de Nottingham Cottage, la maison de Harry.

Là encore, la charmante maison anglaise n'avait rien de comparable avec l'imposant palais de pierre qu'elle s'était imaginé, inspiré des images des contes de fées de son enfance. Lorsque Harry a ouvert la porte, il n'y avait pas d'escalier grandiose ni de somptueux tapis rouge, pas de lustre en cristal ni de grande hauteur sous plafond, pas de tableaux dans de lourds cadres en or ni de majordomes. Le prince l'attendait dans un petit couloir au mur duquel étaient accrochés une multitude de manteaux et où était rangée une paire de bottes, comme dans une maison ordinaire.

Si Meghan avait eu le trac avant d'arriver, il se serait dissipé en entrant dans cette maison très douillette. Si Nottingham Cottage, ou Nott Cott, comme l'appellent les habitués des lieux, est sans conteste un bel endroit, il n'en reste pas moins modeste pour un héritier du trône. De toute évidence, Harry n'était pas matérialiste. Par ailleurs, il avait un sourire si doux.

Meghan avait fréquenté suffisamment d'hommes pour reconnaître un séducteur, ce que Harry n'était pas du tout. Au contraire, il s'exprimait sans filtre. Il cherchait certes à l'impressionner en lui donnant des détails sur son travail, mais parlait sans trop réfléchir – et n'avait pas évoqué une seule fois le fait d'être un prince ou un membre de la famille royale, se contentant d'admettre que sa vie était « parfois un peu dingue ».

Harry faisait preuve d'une franchise inhabituelle pour quelqu'un de son rang, mais il se montrait aussi parfait gentleman. Partout où ils allaient – et aujourd'hui encore –, il faisait signe à Meghan de passer en premier. Il a donc sans doute fait de même pour la raccompagner à la porte.

Le voyage de Meghan prenait malheureusement fin avec cette visite à Nott Cott. Elle a passé sa dernière journée à Wimbledon, pour encourager son amie Serena Williams depuis la loge des joueurs (où les photographes n'ont pas vraiment fait attention à Meghan, s'intéressant plutôt à Anna Wintour, rédactrice en chef de *Vogue*, et à Pippa Middleton, qui s'y trouvaient, elles aussi). Puis elle a repris l'avion pour Toronto, laissant dans son sillage ces quelques mots postés sur Instagram : « Dégoûtée de quitter Londres. » Là encore, seuls quelques initiés ont saisi l'allusion.

Doria en faisait partie. Meghan avait presque aussitôt raconté son histoire d'amour naissante à sa mère. Elle était sans doute celle qui avait le plus d'influence sur la jeune actrice. « Elle a aidé Meghan à devenir une femme forte, puissante et indépendante », a déclaré Joseph, le demi-frère de Doria. Leur lien étroit remontait à l'enfance de Meghan. Que ce soit les séances de yoga, le jogging dans leur quartier de Los Angeles, les balades à vélo jusqu'aux La Brea Tar Pits[1] après l'école, le temps passé à concocter des repas avec des ingrédients frais et sains, ou les voyages, Meghan a appris à aimer les mêmes choses que Doria. La mère et la fille ont toujours été très proches et cela n'a pas changé quand Meghan est devenue adulte.

Dans les semaines suivantes, il n'était pas rare de voir Meghan tapoter sur l'écran de son téléphone et sourire ou glousser toute seule. Elle s'est rendue à New York et à Boston promouvoir la nouvelle saison de *Suits*, puis à Madrid pour un bref séjour avec Misha et Markus, où ils ont bu beaucoup de vin à la Taberna Carmencita, ont visité le Prado et dansé dans les bars. Elle écrivait des SMS à son nouveau chéri. Harry et Meghan s'échangeaient des selfies – rien de grivois, de simples clichés de leur quotidien. Meghan envoyait aussi des photos des plats qu'elle préparait ou des photos d'elle maquillée et habillée pour un tournage.

Harry et Meghan étaient en train de tomber amoureux, même si tous deux avaient du mal à faire confiance aux gens – pour des raisons tout à fait différentes. Meghan cherchait à se protéger. Elle préférait feindre l'indifférence et apprendre à connaître son partenaire avant de s'engager sérieusement. Cela étant dit, une fois sûre de lui, elle plongeait tête baissée dans la relation. Meghan avait toujours rêvé de nouer des liens d'amitié avant de tomber amoureuse.

1. C'est un gisement de fossile situé au cœur de Los Angeles. Tar Pits veut dire « puits de goudron ». (NdT)

Harry, lui, ne dissimulait pas ses sentiments à ceux dont il était proche. C'est pourquoi il se protégeait pour éviter de souffrir. Gagner sa confiance prenait beaucoup de temps, parce qu'il n'était jamais sûr de ce qui motivait les gens qui voulaient devenir ses amis – une inquiétude particulièrement exacerbée quand il était question des femmes. S'intéressaient-elles à lui pour se tisser un réseau dans la haute société ? Voulaient-elles juste pouvoir se vanter de fréquenter un prince ? Ou désiraient-elles vendre une histoire à la presse ? Il se montrait toujours méfiant, surveillant les questions qu'on lui posait sur le palais ou sur la reine. Si ça ne tenait qu'à lui, Harry n'aurait pas hésité, si une femme lui plaisait, à passer ses journées à l'appeler et à lui envoyer des SMS. Mais en tant que prince, on lui avait appris à se méfier des motivations des autres.

La correspondance entre les tourtereaux s'est poursuivie jusqu'au début du mois d'août, quand Meghan s'est rendue à New York pour le mariage de son amie d'université, Lindsay, avec l'homme d'affaires britannique Gavin Jordan. De New York, Meghan s'est ensuite envolée pour la côte amalfitaine pour des vacances prévues de longue date avec Jessica. Installées à l'hôtel Le Sirenuse, un cinq-étoiles chic de Positano, Meghan et Jessica ont passé une grande partie de leur séjour à prendre le soleil et à siroter des Negroni, des Bellini et du champagne au bord de la piscine. Les deux amies, qui appelaient cela « l'heure du cocktail », en profitaient pour se raconter ce qui se passait dans leurs vies respectives. Avec les eaux bleu azur et cristallines de la mer Tyrrhénienne et Capri à l'horizon, Meghan parlait de tout, y compris du prince. Alors qu'elle décrivait sur les réseaux sociaux chaque moment de son séjour – qu'elle appelait sa tournée « Mange, Prie, Aime » de la côte amalfitaine, un petit clin d'œil à sa nouvelle histoire d'amour – Meghan a posté une photo d'un livre relié de cuir intitulé *Amore Eterno*.

Jessica était l'une des seules personnes au monde à connaître le secret de Meghan ; celle-ci allait bientôt revoir Harry dans sa ville natale. Six semaines seulement après leur premier rendez-vous, le prince l'emmenait en voyage. Harry avait tout prévu pour cette aventure de cinq jours. Il lui a simplement demandé de le rejoindre à Londres, ajoutant qu'il s'occupait du reste.

Il comptait l'emmener en Afrique, chère à son cœur, où il allait tous les étés.

Quelques semaines plus tôt, Harry avait demandé à Meghan si elle avait envie de l'accompagner là-bas. Il pensait que ce serait l'occasion idéale de passer du temps ensemble dans un endroit où il était sûr qu'on ne les suivrait pas.

Lorsque Meghan l'avait interrogé sur les détails du voyage, comme l'hébergement, le prince avait répondu : « Je m'en occupe. »

Ce n'était pas la première fois que Meghan partait pour l'Afrique. En janvier 2015, elle s'était rendue au Rwanda avec des représentants des Nations unies afin de visiter le camp de réfugiés de Gihembe et de passer du temps à Kigali avec des femmes parlementaires.

Ce voyage avait été inspiré par un article du *Tig* datant du 4 juillet 2014, où Meghan établissait un parallèle entre la fête de l'Indépendance et fêter son indépendance : « Levez un verre en votre honneur, aujourd'hui – pour le droit à la liberté, à l'émancipation des femmes (et des hommes) qui ont lutté pour elles, au fait de vous connaître, de vous accepter, de vous honorer, de vous éduquer et de vous aimer. »

Cet article a attiré l'attention d'un responsable de HeForShe – la campagne de solidarité des Nations unies pour l'égalité des sexes – qui a fait appel à elle. Meghan considérait que sa notoriété croissante allait au-delà des invitations à fouler le tapis rouge ou porter des vêtements gratuits. Elle voulait se dépasser intellectuellement et moralement. Elle avait vu comment les actrices comme Angelina Jolie avaient fait avancer des projets humanitaires et tenait à « utiliser [son] statut d'actrice pour avoir un impact tangible ». C'est pourquoi elle a accepté la proposition des Nations unies – offrant même de faire un stage d'une semaine quand le tournage de *Suits* s'interromprait avant la saison suivante. Meghan aimait être bien préparée avant de s'engager.

Le Rwanda est le seul pays au monde à avoir une majorité féminine au Parlement (64 %). Cette émancipation des femmes a été l'une des conséquences du génocide de 1994, où huit cent mille à un million de personnes ont été tuées. Les femmes représentent désormais 60 à 70 % de la population. Adoptée en 2003, la nouvelle Constitution du pays déclarait que 30 % des sièges au Parlement devaient être détenus par des femmes. Lors des élections, les votes ont dépassé ce quota, pour un total de 48 % des sièges, puis 64 % aux élections suivantes.

Près d'un an après son premier voyage, Meghan est retournée au Rwanda en février 2016, cette fois-ci avec World Vision, une association humanitaire chrétienne dédiée aux enfants. Le but était de constater sur place l'importance pour la population de disposer d'une eau propre. Meghan a visité une école, où elle a appris aux élèves à peindre à l'aquarelle avec l'eau d'un pipeline récemment installé. Les enfants ont peint leurs espoirs pour l'avenir. « Utiliser l'eau qu'on avait installée pour permettre aux enfants de peindre leurs rêves d'avenir était une expérience incroyable, a déclaré Meghan. J'ai vu que l'eau n'était pas juste une source de vie pour la communauté, mais aussi une source d'imagination et de créativité. »

Cette expérience, Meghan l'a racontée à Harry lors de leur première rencontre. En retour, Harry lui a confié combien l'Afrique comptait pour lui – il a, en effet, souvent dit qu'il s'y sentait « plus lui-même qu'ailleurs dans le monde ».

Harry est tombé amoureux de l'Afrique après le décès tragique de sa mère en 1997. Au fil des ans, le continent était devenu son deuxième chez-lui, mais sa première visite resterait gravée dans sa mémoire. Quelques jours après que William et Harry, alors âgés respectivement de 15 et 12 ans, avaient suivi le cercueil de leur mère de St. James's Palace à Westminster Abbey, le prince Charles, qui devait se rendre pour la première fois en Afrique du Sud, avait encouragé ses fils à l'accompagner afin d'échapper à l'atmosphère de deuil qui les entourait.

La mort de Diana a représenté un tournant important dans la relation de Charles avec ses fils. Le prince de Galles s'efforçait d'être le meilleur père possible, mais il avait lui-même reçu une éducation stricte et formelle. Si, comparé à sa propre expérience d'héritier du trône, il témoignait beaucoup d'affection aux deux garçons, Charles n'en était pas moins incroyablement rigide et n'était pas du tout familier avec le monde que Diana avait créé pour eux.

En raison du divorce de ses propres parents et de son enfance difficile, Diana tenait à fonder à Kensington Palace un foyer normal plein de rires et d'amour pour ses enfants. Diana, l'un des premiers membres de la famille royale à faire de la cuisine un endroit familial, et non plus seulement réservé au personnel, adorait regarder le chef cuisinier, Carolyn Robb, préparer des plats avec les garçons. Carolyn, qui connaissait une recette de gâteau à base de biscuits écrasés, recrutait Harry et William pour les broyer à l'intérieur de sacs en plastique.

Charles ne remplacerait jamais la mère de ses enfants, mais, après la mort de Diana, il s'était rendu compte qu'il devait poursuivre leur éducation. Cela passait avant le reste, y compris sa relation avec son grand amour, Camilla Parker-Bowles. Diana avait trouvé la mort dans des circonstances tragiques deux semaines avant que Charles et Camilla n'aient prévu leur première apparition publique à l'occasion d'une réception donnée par l'Osteoporosis Society. On ne les a vus ensemble en public que deux ans plus tard, Charles ayant focalisé son attention sur ses enfants.

Au cours de ce voyage en Afrique avec son père, Harry a participé à un safari et a pu rencontrer Nelson Mandela (ainsi que les Spice Girls). À ce moment de sa vie où il était des plus vulnérables, il s'était rendu pour la première fois au Lesotho et au Botswana. Jamais le garçon de 12 ans n'oublierait la beauté des animaux et leur habitat naturel.

Dès que Harry a eu l'âge de voyager seul, il a fait en sorte de passer au moins deux ou trois semaines en Afrique chaque été. Il a aussi axé son travail pour les œuvres de bienfaisance sur la protection de la faune et des habitats indigènes qui font de ce continent un endroit si particulier. « Nous devons veiller sur eux, a-t-il dit, sans quoi nos enfants n'auront pas la chance de voir ce que nous avons vu. Il s'agit d'un test. Si nous ne sommes pas capables de sauver des animaux dans la nature, que pouvons-nous faire d'autre ? »

Grâce à son père, Harry était écologiste avant que l'écologie ne devienne populaire. Le prince Charles parlait déjà du changement climatique et du plastique dans les années 1970, notant qu'on le trouvait « un peu zinzin » quand il évoquait ces questions. Lui qui milite pour une agriculture durable, gère sa propriété de Highgrove selon « les principes durables les plus stricts », notamment par le traitement des eaux usées en roselière et la récupération des eaux de pluie dans des citernes afin d'alimenter certaines toilettes et arroser les champs.

Quand Harry et William étaient petits, le prince de Galles leur rappelait sans cesse d'éteindre les lumières et les emmenait ramasser les déchets quand ils étaient en vacances. « À cause de ça, on se payait ma tête, à l'école », a dit Harry dans un documentaire qui célébrait le soixante-dixième anniversaire de son père. Malgré les moqueries, les deux frères ont suivi les traces de ce militant écologiste, lançant leurs propres projets dans ce domaine.

En Afrique, Harry ne travaillait pas seulement à la sauvegarde de l'environnement. Il poursuivait également les efforts de sa mère dans la lutte contre le sida. Cinq mois seulement avant sa mort, Diana s'était rendue en Afrique du Sud pour rendre visite à son frère, Charles Spencer, qui vivait là-bas à l'époque. Sur place, elle a réalisé un vœu qui lui tenait à cœur depuis longtemps : rencontrer Nelson Mandela au Cap pour discuter de la menace que représentait cette maladie. « Elle se dévouait aux œuvres et aux associations que tout le monde craignait d'approcher, comme les mines antipersonnel dans le tiers monde, a évoqué Harry. Elle s'impliquait dans des combats auxquels personne avant elle ne s'était intéressé, comme la lutte contre le sida. Elle avait plus de cran que n'importe qui. »

« Je veux poursuivre ce qu'elle n'a pas eu le temps de terminer », a ajouté Harry, qui avait passé une partie de son année sabbatique, en 2004, au Lesotho, un pays dont le taux de malades du sida est l'un des plus élevés au monde.

Quand le prince a affirmé vouloir en apprendre davantage sur le travail de Diana, qu'il considérait comme son mentor, c'est ce pays pauvre que le capitaine Mark Dyer – un ancien écuyer du prince Charles qui a servi de seconde figure paternelle aux deux garçons après le décès de leur mère – lui a suggéré de visiter.

Les statistiques du Lesotho n'avaient rien de réjouissant. Le taux de chômage était de 50 % et l'espérance de vie de moins de 40 ans pour presque 70 % de la population. Près de 25 % de la population adulte était infectée par le VIH – un taux qui montait à 35 % pour les femmes enceintes. La pauvreté, l'inégalité des sexes et la stigmatisation associée au virus faisaient obstacle à la prévention et au traitement.

Harry – qui, pendant deux mois passés avec les orphelins du Lesotho, a pu constater en personne les conséquences de la crise du sida – a rencontré le prince Seeiso. Celui-ci avait récemment perdu sa mère, la reine Mamohato. Ensemble, en 2006, ils ont officiellement fondé Sentebale, une association de soutien à « la santé mentale et au bien-être des enfants et des jeunes affectés par le VIH au Lesotho et au Botswana ». Les deux princes considéraient Sentebale, qui signifie « ne m'oublie pas » (le nom anglais des myosotis) dans la langue du Lesotho, comme un moyen de rendre hommage à leurs défuntes mères. Le myosotis était la fleur préférée de Diana.

De tous les sujets de conversation abordés par Harry et Meghan lors de cette première soirée au Soho House, l'Afrique est celui qui les a instantanément rapprochés. Meghan a dit qu'elle aimerait retourner découvrir le continent plus avant – ce qui n'était pas tombé dans l'oreille d'un sourd.

Un ami de Meghan se souvient que celle-ci, après avoir accepté la proposition de Harry, était « surexcitée », mais se demandait également si partir ainsi en voyage était raisonnable.

« Elle n'avait jamais fait une chose pareille, a expliqué cet ami. Mais, dans le peu de temps qu'elle avait passé avec lui et grâce à leurs conversations téléphoniques et échanges de SMS quotidiens, elle savait que c'était un homme bon. Et un gentleman, par-dessus le marché. Il faut parfois se laisser porter par les événements – c'est donc ce qu'elle a fait. »

Arrivée de Toronto, Meghan a passé une nuit avec Harry à Kensington Palace, avant de prendre l'avion pour Johannesbourg le lendemain matin – un vol de onze heures, suivi de deux heures à bord d'un petit appareil jusqu'à l'aéroport international de Maun.

De là, ils ont sauté dans un 4x4 pour un trajet de cent vingt kilomètres le long de la nationale A3 pour s'enfoncer dans ce que beaucoup appellent le dernier Éden d'Afrique.

Pour Harry, aucune des beautés de la nature africaine n'arrivait à la cheville du delta de l'Okavango – cette incroyable zone humide qui s'étend sur 15 000 kilomètres carrés au centre du Botswana, pays des safaris, et l'un des derniers refuges de la faune sauvage ; c'était là qu'il emmenait Meghan, sans que celle-ci s'en doute. Il s'y était déjà rendu en compagnie de Chelsy, descendant le cours d'eau à bord de la péniche *Kubu Queen*, en 2005, puis en 2009, quand il avait passé trois nuits au Shakawe River Lodge, un établissement cinq étoiles. Pour cette escapade romantique avec

Meghan, il a choisi Meno A Kwena (qui se traduit par « dents du crocodile »), un camp luxueux à la lisière du parc national de Makgadikgadi.

Situé à dix kilomètres des autres camps (ce qui est rare, à cet endroit), Meno A Kwena offrait au couple la plus grande intimité, les tenant ainsi à l'écart de la presse, mais aussi des touristes. Au mur du camp est accrochée une photo encadrée des grands-parents de Harry, la reine Élisabeth et le prince Philip, datant de leur visite d'État au Botswana en 1979. Y est accroché également un portrait de sir Seretse Khama, premier président du Botswana, et de sa femme, Ruth Williams, anglaise et blanche. Le couple avait provoqué un véritable scandale quand ils s'étaient mariés, en 1948. (Leur histoire a d'ailleurs été adaptée au cinéma : *A United Kingdom*, avec David Oyelowo et Rosamund Pike, en 2016.)

Harry et Meghan ont passé une grande partie de leur voyage dans l'une des luxueuses tentes à 2 000 dollars la nuit. Le mot « tente » décrit mal le lodge Meno A Kwena. Avec leurs immenses lits en teck recouverts de confortables édredons tissés main pour les nuits fraîches, les chambres du campement se rapprochent bien plus de cabanes de luxe. Chaque tente possède sa terrasse privée ainsi qu'une salle de bains attenante tout équipée, qui inclut l'eau chaude par solarisation, des douches avec pression et des serviettes en coton égyptien, ce qui en fait un camping plutôt somptueux. Après une journée de safari, un tel confort était toujours apprécié par le couple.

Une journée typique commençait par un petit déjeuner de bon matin, servi sur la terrasse devant leur chambre – du bacon et des œufs pour Harry, des fruits et du yaourt pour Meghan, en règle générale. Puis ils préparaient leurs affaires pour la journée, y compris un pique-nique préparé par les cuisiniers du camp. Meghan n'oubliait pas de prendre de la crème solaire (surtout pour Harry, sujet aux coups de soleil et qui oubliait souvent d'en emporter).

Ils ont aussi passé plusieurs nuits loin du camp lors d'un safari organisé spécialement pour eux au pan de Makgadikgadi, un désert de sel. Meghan, qui avait beaucoup voyagé et avait le sens de l'aventure, a avoué à une amie qu'il lui avait fallu un certain temps pour s'habituer à dormir à la belle étoile. Difficile de passer une bonne nuit au milieu des cris des oiseaux, des grognements d'un hippopotame ou d'autres animaux. Habitué aux bruits de la brousse, Harry était le compagnon parfait.

Si elle avait tout d'abord eu du mal à dormir en plein cœur de cette région sauvage et isolée d'Afrique, Meghan n'en restait pas moins une voyageuse pleine de ressources – ce qu'appréciait énormément Harry. Elle n'avait d'ailleurs apporté qu'un seul sac à dos pour tout le séjour (même si celui-ci était grand). Très organisée, l'adresse avec laquelle elle faisait les bagages – un talent dont elle a toujours tiré une grande fierté – a aussitôt impressionné le jeune homme. Elle allait même jusqu'à insérer des lingettes pour sèche-linge entre ses vêtements afin qu'ils sentent bon, et à emporter de l'huile essentielle d'arbre à thé contre les piqûres d'insectes, les coupures et les boutons, quelle que soit sa destination – autant d'astuces que le prince appréciait.

« Harry aime beaucoup le fait que Meghan n'a jamais eu de mal à se passer de luxe ni à apprécier la nature, a révélé un ami du couple. Meghan a un jour dit pour plaisanter qu'elle se débrouille pour emporter encore moins d'affaires que lui quand ils partent en voyage ! »

S'il s'était inquiété de faire un safari avec une actrice hollywoodienne aux goûts de luxe, Harry a été agréablement surpris de découvrir qu'elle avait les pieds sur terre. Quand ils campaient, elle se nettoyait le visage avec des lingettes pour bébé et s'éloignait sans hésiter dans les bois quand elle avait besoin d'une pause pipi. Ces cinq jours passés ensemble sans interruption ont donné au jeune couple une occasion d'apprendre à se connaître et de découvrir qu'ils avaient en commun la même curiosité pour le monde et la même décontraction.

« C'est cet amour de l'aventure et le fait d'avoir partagé ces expériences passionnantes qui les ont rapprochés, a dit un bon ami. Le simple fait de prendre un sac à dos et de partir en exploration les rend heureux… Je crois sincèrement que ces expériences ne s'arrêteront jamais. »

Après leur visite au Botswana, Meghan est rentrée seule chez elle tandis que Harry est allé au Malawi, où il a passé trois semaines avec l'association African Parks, qui dirige des parcs nationaux africains très diversifiés sur le plan écologique.

Sur place, Harry a travaillé aux côtés de bénévoles, de vétérinaires et d'experts dans le cadre de la relocalisation de cinq cents éléphants, l'une des plus importantes opérations de ce genre.

Harry a aidé à déplacer des troupeaux d'éléphants en toute sécurité de Majete et Liwonde, afin de repeupler la réserve de faune sauvage de Nkhotakota. « Les éléphants ne peuvent plus se déplacer librement comme avant, sans entrer en conflit avec les communautés ou s'exposer au braconnage et à la persécution, a expliqué Harry. On est de plus en plus amené à mettre en place des barrières afin de permettre la coexistence entre humains et animaux ; il faut les séparer les uns des autres pour préserver la paix. »

Le docteur Andre Uys, vétérinaire et défenseur de la nature, est monté avec Harry à bord d'un hélicoptère, poussant les troupeaux hors des bois vers la plaine inondable. Andre les alors endormis afin de les déplacer à plus de trois cents kilomètres de là, dans un endroit plus sûr, et Harry marquait les éléphants à l'aide d'une peinture temporaire et non toxique en bombe. « Le dévouement de Harry pour la protection de la nature est admirable. C'est une passion qui vient du cœur », a remarqué Andre, ajoutant que Harry « a mis la main à la pâte comme tout le monde. Il faisait partie de l'équipe ».

Un ami a dit de Meghan, à son retour d'Afrique : « Elle est rentrée avec un grand sourire et complètement envoûtée. » Son téléphone regorgeait de photos de la nature qu'ils avaient admirée, de portraits d'elle pris sur le vif et de selfies avec Harry. Selon l'ami en question, si Meghan n'avait pas dû rentrer au Canada pour le travail et si Harry n'avait pas dû retrouver sa vie à Londres, « ils auraient volontiers passé tout l'été en Afrique ensemble ». Ce voyage idyllique ne tenait pas qu'à la beauté des lieux. Meghan et Harry avaient aussi beaucoup parlé, notamment de sujets que la jeune femme partageait rarement avec d'autres.

« Je ne me suis jamais sentie aussi à l'aise, a raconté Meghan à son ami, aussi proche de quelqu'un en si peu de temps. »

CHAPITRE 4

Le monde est au courant

Quand son avion en provenance de Londres s'est posé à l'aéroport international de Pearson, à Toronto, le 28 octobre, Harry s'est senti gagné par l'excitation. Après un mois de séparation qui lui avait semblé atrocement long, il allait retrouver sa petite amie.

Leur relation secrète était désormais bien rodée, maintenant qu'ils avaient passé des mois entiers à se voir dans la plus grande clandestinité. Le prince avait pris un vol commercial, comme toujours. (Il était en général le dernier à monter à bord et le premier à en descendre.) Cependant, pour plus de discrétion, seul un garde du corps en civil l'accompagnait à Toronto, au lieu de deux. Il s'était par ailleurs arrangé pour qu'une berline ordinaire l'attende devant le terminal afin de l'emmener au plus vite chez Meghan, vingt kilomètres plus loin. Située dans le quartier de Seaton Village, la maison de ville lie-de-vin à un étage était leur havre de paix.

Depuis leur séjour en Afrique, leur histoire d'amour était passée à la vitesse supérieure. « Il ne s'agissait que de leur troisième rendez-vous, a précisé un ami au sujet du voyage au Botswana, mais l'idée d'une relation durable germait déjà dans leur esprit. »

Meghan était partante. Rien ne tempérait ses ardeurs, pas même un ami britannique qui lui avait déconseillé de fréquenter le prince à cause des tabloïds. « Ils détestent les épouses et les petites amies des membres de la famille royale, avait-il expliqué. Ils s'en prendront à toi. Regarde ce qui s'est passé avec Diana. » Mais tant de choses avaient changé depuis l'époque de Diana que Meghan en avait conclu : « Ça ne peut pas être si terrible que ça. »

Un autre ami l'a aussi mise en garde contre la presse à scandale, mais pour une tout autre raison : la réputation douteuse de Harry établie par les médias. La presse britannique, qui lui prêtait des liaisons différentes tous les mois, donnait l'impression qu'il n'avait aucune intention de se ranger. Il n'en fallait pas davantage pour que cet ami l'incite à la prudence. Mais pour Meghan, le personnage dépeint par les tabloïds n'avait rien à voir avec le jeune homme sérieux dont elle se sentait si proche. « Il est vraiment très gentil, a-t-elle insisté. C'est quelqu'un d'adorable, de tout à fait authentique. »

Harry est certes un prince, mais il a, comme tous les jeunes gens, traversé des épreuves qui l'ont obligé à affronter l'âge adulte. Au moment où il a rencontré Meghan, son expérience dans l'armée l'avait déjà complètement transformé.

Le service militaire est un rite de passage pour tous les hommes de la famille royale britannique. Le prince Charles a servi dans la Royal Navy, tout comme son père, le prince Philip. Le prince William a passé plus de sept ans dans l'armée. (Quand il a épousé Kate, il était pilote d'hélicoptère dans une équipe de surveillance et de sauvetage.) Mais pour Harry, l'armée était bien plus qu'un simple rite de passage – c'était à la fois l'occasion de voir le monde comme un être humain ordinaire et une véritable vocation.

Depuis que, petit, il était monté dans un tank alors qu'il accompagnait ses parents pour une visite officielle, Harry voulait servir son pays. Une fois sa formation à Sandhurst achevée, on a débattu, dans la sphère publique comme dans la sphère privée, pour savoir s'il pouvait rejoindre les troupes britanniques en Irak, où la guerre durait depuis sept ans déjà. Il y avait alors un réel besoin de contrôleurs aériens avancés dans la zone de conflit, mais son statut posait une multitude de problèmes. Pourtant, Harry refusait catégoriquement d'être « retenu chez [lui] à [se] tourner les pouces ». En février 2007, tout semblait indiquer qu'il allait partir pour le front quand, dans un communiqué, le ministère de la Défense et le palais ont annoncé qu'il irait en Irak en tant que « commandant de troupe à la tête d'une unité de douze soldats à bord de quatre véhicules blindés de reconnaissance Scimitar, à raison de trois hommes par véhicule ». Mais la réponse des insurgés irakiens a rapidement mis le holà à ce projet.

« Nous attendons avec impatience l'arrivée de ce beau prince pourri gâté et avons la certitude qu'il se montrera à découvert sur le champ de bataille, avait déclaré Abou Zaïd, le commandant de la brigade Malik al-Achtar. Nous ferons preuve d'indulgence. Nous le renverrons à sa grand-mère – mais sans les oreilles. »

En public, Harry a dû faire bonne figure. Mais son rêve venait de partir en fumée. Tout ce qu'il avait entrepris avait été compromis par son appartenance à la famille royale. Harry était effondré. Ses supérieurs savaient qu'il fallait y remédier.

Le jeune patriote ne serait envoyé au Moyen-Orient qu'un an plus tard – après s'être assuré du silence des médias pour que les talibans ignorent tout de sa position sur le terrain. Ce n'est autre que sa grand-mère la reine, également chef des forces armées britanniques, qui lui a annoncé la nouvelle. « Elle m'a appris que je partais pour l'Afghanistan », a déclaré Harry. Le 14 décembre 2007, dans l'Oxfordshire, il a donc pris un avion de transport C-17 en partance pour Kandahar.

Deux jours plus tard, il rejoignait, avec les forces spéciales, la base opérationnelle avancée de Dwyer, dans la province de Helmand, à bord d'un hélicoptère Chinook. Proche de la frontière pakistanaise, c'était l'un des endroits les plus dangereux de la planète. Au sein de l'armée, Harry se faisait appeler second lieutenant Wales. Une fois en Afghanistan, il utilisait le nom de code « Widow Six Seven ».

Comme tous les autres soldats, Harry pouvait être appelé en mission à n'importe quel moment, et quitter précipitamment, en plein milieu de la nuit, la tente de fortune à laquelle avait été accroché le drapeau britannique. « Vous êtes dans votre lit en train de dormir, et six minutes trente plus tard, vous parlez à quelqu'un qui essuie des tirs sur le terrain », a-t-il raconté.

À l'approche de Noël, les médias gardant toujours le silence, le reste du monde ne se doutait pas que Harry était sur le point de rejoindre les Gurkhas sur la base opérationnelle avancée de Delhi, une base militaire du corps expéditionnaire des marines américains, à Garmsir.

Pendant que Harry patrouillait le terrain poussiéreux de la province de Helmand, détruite par les bombardements – depuis que les Britanniques s'étaient installés sur cette base, le camp avait été attaqué à maintes reprises au lance-roquettes, au mortier et à la mitrailleuse, par les talibans – lors de sa traditionnelle allocution de Noël, sa grand-mère avait fait l'éloge des troupes britanniques en Afghanistan. « Je souhaite attirer votre attention sur ceux qui méritent que l'on pense à eux en cette période de Noël, avait-elle déclaré. Nous avons tous conscience que certains ont donné leur vie ou ont été grièvement blessés au service des forces armées en Irak et en Afghanistan. » Un prince britannique n'était pas en sécurité là-bas, et encore moins s'il était troisième dans l'ordre de succession au trône.

Au bout de dix semaines – sur les quatorze semaines que devait durer sa mission –, un tabloïd australien a violé l'embargo médiatique en révélant que Harry servait secrètement en Afghanistan. Évacué dans l'heure de la zone de combat, le jeune homme, dépité, avait été accueilli par son père et son frère à son arrivée à la RAF Brize Norton, au Royaume-Uni.

S'il s'est dit consterné à l'idée d'abandonner ses soldats, il a aussitôt tout mis en œuvre pour retourner en première ligne – comme pilote d'hélicoptère Apache, cette fois.

Au début de l'année 2009, Harry s'est enrôlé dans l'Army Air Corps pour suivre une formation de pilote d'hélicoptère au centre d'aviation RAF Middle Wallop, dans le comté de Hampshire. Le prince s'est consacré à l'entraînement et aux examens éprouvants nécessaires à l'obtention de sa licence de pilote. En milieu d'année, il a réussi la première phase de l'entraînement, qu'il a décrite comme « le moyen le plus simple de retourner au front – et le moyen le plus sûr, ou peut-être pas, je l'ignore ». La deuxième phase a commencé au cours de l'été 2010. Ses supérieurs, impressionnés par ses performances, lui ont permis de recevoir une formation pour piloter un Apache, que seuls 2 % des pilotes britanniques peuvent entreprendre. Cet hélicoptère d'attaque particulièrement efficace, équipé de missiles antichar, de roquettes et d'une mitrailleuse, a été utilisé dans des milliers de combats et d'opérations de sauvetage en Afghanistan.

En octobre 2011, Harry a pris l'avion pour les États-Unis afin d'achever la dernière phase de son entraînement. Il a passé les derniers jours à la base de la Naval Air Facility d'El Centro, au nord de San Diego (souvent surnommée l'école Top Gun) et à la Gila Bend Auxiliary Air Force Base dans le sud de l'Arizona, près de la frontière mexicaine. L'entraînement dans le désert, qui prépare les pilotes aux bombardements air-sol, aux tirs de roquettes et aux cibles terrestres mobiles, les place dans un contexte le plus proche possible des véritables combats aériens. NAF El Centro propose la formation la plus rigoureuse au monde et s'adresse au personnel militaire de la Navy et des marines, ainsi qu'aux bérets verts et aux pilotes alliés de Grande-Bretagne, de France, d'Allemagne et d'Italie. À la fin de son entraînement, Harry a reçu le feu vert pour repartir en Afghanistan.

En septembre 2012, il est donc retourné en République islamique d'Afghanistan en tant que copilote-artilleur, au sein de l'escadron 662 du 3e régiment de l'Army Air Corps. Cette fois-ci, le public le savait ; dans la semaine qui a suivi son arrivée au camp de base fortifié, celui-ci a été pris d'assaut par dix-neuf talibans, armés de lance-roquettes, de mortiers et d'armes automatiques. Une fois à l'intérieur du camp, les assaillants ont commencé à tirer avec leurs lance-roquettes et leurs kalashnikovs AK-47. Le combat a duré plus de cinq heures.

Quelques jours plus tôt, les talibans avaient annoncé le début des « Opérations Harry » qui, comme leur nom l'indique, avaient pour but de tuer ou de blesser le prince. À la faveur de la nuit, les insurgés, se faisant passer pour des fermiers d'une plantation de maïs voisine, avaient échappé à la lumière des projecteurs et à la vigilance des gardes armés en faction en haut des tours, avant de forcer la barrière métallique haute de dix mètres, surmontée de barbelés. « Nous avons attaqué cette base parce que le prince Harry s'y trouvait », a annoncé un porte-parole des talibans.

On aurait pu croire qu'un plan d'urgence avait été mis en place pour mettre Harry à l'abri dans une pièce sécurisée, mais une source proche du prince a affirmé qu'aucune mesure particulière n'avait été prévue pour lui, ni sur la base ni sur le théâtre des opérations. En cas d'attaque, il devrait réagir comme n'importe quel autre militaire. Après tout, il était formé pour faire feu en cas de besoin. « Harry était conscient des risques qu'il encourait ; le black-out médiatique avait été négocié pour que l'ennemi n'ait aucune idée de sa position, pour qu'il ne le cible pas lui, en particulier », a expliqué la source.

Malgré le danger évident, Harry était heureux d'aller jusqu'au bout de ces vingt-deux semaines d'affectation. L'armée lui offrait la structure, la camaraderie et l'anonymat dont il avait tant besoin.

En Afghanistan, il a vécu comme tous les autres soldats au Camp Bastion où il était stationné. Dans l'espace confiné de sa tente militaire poussiéreuse, le prince faisait son lit et passait le temps en jouant aux Uckers, un jeu de société très apprécié des membres de la Royal Navy, ou à FIFA 07 sur la Xbox. Harry s'efforçait de faire profil bas ; il préférait notamment se rendre à la cantine quand la plupart des soldats étaient partis, pour éviter que les gens ne le regardent manger.

« Mon père cherche toujours à me rappeler qui je suis, a-t-il dit à son retour, en janvier 2013, mais c'est très facile de l'oublier quand je suis dans l'armée. » Harry – ou plutôt le capitaine Wales –, qui n'appréciait pas le côté guindé des obligations royales, se sentait chez lui dans le monde simple et terre à terre des soldats.

Il n'est donc pas surprenant qu'il se soit retrouvé désœuvré quand, en 2015, il a pris la « difficile décision » de mettre un terme à sa carrière militaire après dix ans de service dans l'armée britannique. Colère et anxiété ont commencé à faire surface, des émotions incompatibles avec l'image officielle d'un prince. Il souffrait de crises de panique lors des cérémonies royales. Son instinct de survie de pilote d'Apache refaisait surface dans les contextes les plus austères, tels que la réception organisée par MapAction, une organisation non gouvernementale spécialisée dans l'aide humanitaire d'urgence que Harry venait de parrainer. Une source se souvient qu'en quittant la réception donnée à la Royal Society de Londres, « il a commencé à prendre de profondes inspirations. Tous ces gens, ces caméras, toute cette attention – il ne l'a pas supporté. Il était sur les nerfs ».

Harry a décrit ses symptômes à la chaîne militaire britannique, Forces TV : « Dans mon cas, chaque fois que je me trouvais dans une pièce bondée, ce qui m'arrive souvent, je dégoulinais de sueur. Mon cœur tambourinait – boum, boum, boum, boum – comme une machine à laver. »

Au cours de ses deux missions, Harry a été témoin d'événements qui restent longtemps gravés dans la mémoire d'un soldat, même après son retour. Dans le cadre de sa première affectation en Afghanistan, au poste de contrôleur aérien avancé depuis le sol, il a dirigé les avions d'appui d'une évacuation médicale d'urgence, lorsque les talibans ont ouvert le feu sur l'Armée nationale afghane, qui a essuyé de lourdes pertes.

Alors qu'un hélicoptère Chinook évacuait les blessés graves jusqu'au camp, la base de Harry a été attaquée à son tour par les talibans. Le jeune homme a alors reçu l'ordre de se retrancher et de s'abriter, tandis que les roquettes pleuvaient autour de lui, l'une d'elles explosant à seulement cinquante mètres de là, avec des effets désastreux.

Le photographe John Stillwell, qui faisait partie d'une équipe de la Press Association implantée en Afghanistan pendant que Harry menait des opérations, a d'abord cru qu'on éviterait au prince les missions les plus dangereuses. Cette idée a été vite balayée quand lui-même et tous ceux qui étaient présents dans le tank de Harry ont été la cible d'un sniper, alors qu'ils attendaient des renforts dans le lit d'une rivière.

Stillwell s'est souvenu que leur tank, qui venait de quitter la périphérie d'une ville, s'apprêtait à traverser la rivière, quand le véhicule de tête de leur convoi a repéré sur la route un engin explosif artisanal.

« Avant de partir en Afghanistan, je me disais : "Oh, Harry sera au Camp Bastion, à dix mètres sous terre, à des kilomètres de tout danger", a confié le photographe. J'avais tort. Il courait très souvent un réel danger, mais il l'acceptait sans sourciller.

« Quand on pense qu'il est prince, qu'il est le petit-fils de la reine, on se dit qu'il pourrait avoir un travail de bureau pépère, a ajouté Stillwell. Pourtant, il n'a pas cédé à la facilité, il a choisi d'aller au front. »

Si l'héroïsme de Harry lui a valu les éloges du public et de ses camarades militaires, il y a eu un prix à payer. Après avoir pris sa retraite de l'armée, quand il ne souffrait pas d'anxiété, il avait des accès de colère. « J'ai commencé à boxer, parce que tout le monde me disait que la boxe me ferait du bien et que c'était un bon moyen de se décharger de son agressivité, a-t-il expliqué. Ça m'a vraiment sauvé ; j'étais sur le point de frapper quelqu'un, alors il valait mieux que ce soit quelqu'un qui portait des protections. »

Pourtant, la boxe ne suffisait pas à apaiser le conflit qui faisait rage en lui. Comme il l'a dit lui-même, il s'était senti « tout près de la dépression nerveuse à de nombreuses occasions, quand toutes sortes de soucis, de mensonges et d'idées fausses [lui] tombaient dessus de tous les côtés ».

Si ses expériences au front étaient en partie responsables de son état émotionnel, il y avait également d'autres raisons à ses problèmes – le pire étant qu'il ne savait pas exactement ce qui se passait. « Je n'arrivais pas à mettre le doigt dessus, a-t-il dit. J'ignorais ce qui n'allait pas chez moi. »

Celui qui en souffrait le plus, hormis Harry, c'était William. Les frères n'étaient pas liés que par le sang et les titres royaux, ils l'étaient aussi par la tragédie si particulière d'avoir perdu leur mère à un âge si jeune et sous les yeux du monde entier. « Nous nous rapprochons chaque année, a confié Harry à des reporters en 2005. Depuis que notre mère est morte, nous sommes proches, bien sûr. Mais c'est la seule personne sur terre à qui je peux vraiment… on peut parler de tout. On se comprend et on se soutient. »

Ce soutien mutuel entre frères se manifestait sous différentes formes : ils avaient loué un cottage ensemble quand ils suivaient une formation à l'école de pilotage du Shropshire en 2009, ils sont tous deux devenus pilotes d'hélicoptère, ont créé, la même année, la Royal Foundation – l'organisation faîtière dédiée à leur travail philanthropique. Même quand William s'est marié et a fondé sa famille, les deux frères trouvaient encore le temps de s'amuser ensemble. Selon une source, ils aimaient sortir en douce pour aller boire un verre ou manger un morceau chez Mari Vanna, à moins de deux kilomètres du palais. Ce restaurant russe est un des lieux de prédilection de certains des oligarques les plus riches au monde, mais c'est aussi un endroit très privé. « La plupart des m'as-tu-vu vont en face, chez Mr. Chow », a expliqué un employé. À l'intérieur du restaurant à la décoration voyante – lustres en verre, poupées russes, immenses bibliothèques pleines de livres anciens et grands fauteuils –, les frères avaient droit à un peu d'intimité, un luxe si rare pour eux. Un soir, au début de 2016, ils étaient tous deux « complètement ivres », a raconté une source. Mais ce n'est que lorsque Harry est sorti fumer une cigarette qu'il a rencontré un problème. « Il est tombé dans un buisson. Quelqu'un a essayé de prendre une photo avec son téléphone portable, mais le garde du corps de Harry a bondi pour l'en empêcher, se rappelle la source. Harry s'en est à peine rendu compte. Il est tout simplement allé rejoindre William pour continuer à boire. »

Chacun des frères voulait que l'autre soit heureux. Voilà pourquoi, en 2015, William a parlé à Harry de sa santé mentale. « C'est quelque chose qu'il faut affronter, a plus tard confié Harry lors d'une interview pour un podcast à la chroniqueuse Bryony Gordon, qui est également son amie et souffre de troubles obsessionnels compulsifs. Il n'est pas normal de croire que rien ne vous touche. »

Ces mots ont été une véritable révélation pour Harry qui l'ont poussé à amorcer un processus intimidant : celui d'un examen de conscience, notamment à travers la psychothérapie, ce qui n'est pas rien pour un membre de la maison Windsor.

Avec la franchise qui le caractérise, le prince a révélé comment, avant d'accepter enfin son chagrin, il s'était senti complètement accablé par les contraintes de la vie publique. Pendant deux ans, a-t-il avoué, il a vécu dans « le chaos le plus total ».

Il ne lui a fallu que quelques séances pour se rendre compte qu'il n'avait pas fait le deuil de sa mère. C'était là un traumatisme qu'il n'avait pas encore eu l'occasion – ou qu'il n'avait pas encore été capable – d'affronter. Quand il avait perdu sa mère à l'âge de 12 ans, son chagrin avait aussitôt été englouti par celui du pays tout entier, qui avait fait du décès de Diana l'objet de conspirations et autres obsessions nationales. Pendant ce temps, Harry et William devaient se montrer forts devant l'Angleterre et le monde. Harry ne s'était laissé aller à pleurer qu'une seule et unique fois : lors des funérailles, le 6 septembre 1997, sur l'îlot du lac de la propriété d'Althorp Park, la maison natale de Diana.

Harry a expliqué avoir « enfoui » pendant près de vingt ans tout ce qu'il pensait et ressentait au sujet de la mort de sa mère : « Je croyais que penser à elle ne ferait que me rendre triste, et que ça ne la ramènerait pas. Ne jamais laisser ses émotions s'immiscer dans quoi que ce soit, n'est-ce pas. »

Mais parler de ses sentiments s'est avéré le meilleur des remèdes – et a été à l'origine du plus gros projet que les princes aient jamais entrepris ensemble.

En avril 2016, William, Kate et Harry ont lancé Heads Together, une campagne visant à venir à bout des clichés autour de la santé mentale. Le but était de changer la façon d'aborder le sujet afin que des millions de personnes puissent solliciter de l'aide sans être stigmatisées. En s'exprimant sur la santé mentale, tous trois espéraient que d'autres au Royaume-Uni, où la retenue est la règle, se sentiraient capables d'en faire autant.

William et Harry ont attribué le mérite de cette initiative à Kate, expliquant que l'idée de base avait été griffonnée un soir au dos d'un paquet de cigarettes. Une grande partie de son travail humanitaire se concentrant sur les addictions et l'éducation des jeunes enfants, la duchesse de Cambridge défendait ardemment des actions de sensibilisation à la santé mentale. Elle pensait que de nombreux problèmes rencontrés par les adolescents trouvaient leur source dans des troubles mentaux qui, sans traitement, pouvaient se transformer plus tard en problèmes plus graves encore.

Si Heads Together, projet vedette de la Royal Foundation, était effectivement une idée originale de Kate, c'est l'aveu public de Harry sur ses propres difficultés, dans l'une des périodes les plus sombres de sa vie, qui a eu un réel impact sur la campagne. Un an après le lancement, Harry a stupéfié le monde entier lorsqu'il a courageusement partagé la façon dont il avait réprimé son chagrin pendant des décennies, les problèmes de colère et d'anxiété qui avaient suivi et la confusion qu'il avait ressentie lors de l'interview avec Bryony, dont le podcast avait permis d'attirer l'attention sur sa cause, mais contrevenait également aux usages.

William et Harry n'avaient jamais parlé aussi ouvertement de leur mère ; ils n'avaient assurément jamais confié à la presse la douleur immense qu'ils avaient ressentie après son décès. C'était un moment charnière qui allait à l'encontre du stéréotype de la famille royale.

Révéler ainsi l'angoisse qui l'a rongé pendant des années était une décision courageuse et audacieuse. Cet aveu sincère a aidé des millions de personnes. Malgré tout, des courtisans du palais se demandaient si pareille mise à nu ne constituait pas un précédent regrettable et ne risquait pas de fragiliser William et Harry à l'avenir. Après tout, la famille royale divulguait généralement très peu d'informations personnelles et certainement pas les difficultés d'ordre privé.

À l'époque, le prince Charles n'a fait aucun commentaire sur l'aveu de son fils, bien qu'en 2019 il se soit dit « fier » du travail accompli par lui dans le domaine de la sensibilisation aux problèmes de santé mentale. Quant à la reine, si elle n'a pas non plus rebondi sur le sujet en public, le simple fait que Harry ait lancé sa campagne avec son frère et sa belle-sœur implique qu'elle lui avait donné son accord tacite. Les révélations personnelles de Harry ne représentaient pas une entorse au protocole, mais plutôt un pas en avant pour la monarchie, dans les limites de ses règles.

Pourtant, seul Harry pouvait se sortir impunément d'une telle situation. Et ce n'était pas une question de favoritisme. Son frère, lui, obéissait à des règles plus strictes, car il était l'héritier direct du trône. La même dynamique s'appliquait au prince Andrew, qui avait toujours eu droit à une nouvelle chance après d'importants faux pas et erreurs de jugement. Jusqu'à ce qu'on découvre ses liens avec Jeffrey Epstein, financier américain et délinquant sexuel reconnu, Andrew a pu continuer à travailler pour la famille royale malgré un comportement qui n'aurait jamais été toléré pour Charles. Le protocole s'applique différemment aux héritiers directs du trône.

Harry était fier d'avoir passé deux ans et demi à privilégier ses devoirs royaux tout en « prenant au sérieux [sa] vie privée ». Trois mois plus tard, lorsqu'il a rejoint son frère à Althorp House à l'occasion d'une cérémonie privée en hommage à Diana, le jour de ce qui aurait dû être son cinquante-sixième anniversaire, Harry pouvait affirmer en toute honnêteté qu'il était un autre homme. De son propre aveu, il a « consacré des efforts colossaux à des projets qui font une réelle différence », pour lui-même comme pour autrui.

Mais, alors même qu'il trouvait son rythme de croisière dans la sphère publique, Harry avait encore des difficultés à trouver l'âme sœur. Son frère, William, a eu la chance de se marier avec une femme qu'il avait rencontrée à l'âge de 19 ans, alors que Harry avait à son actif deux histoires d'amour qui s'étaient soldées par des échecs et des gros titres peu flatteurs. Pourtant, le couple formé par William et Kate ne devait pas son succès au hasard. William est allé à l'université, ce qui lui a permis de se faire des amis dans un environnement protégé. À St. Andrews, dans la région de Fife en Écosse, il s'est construit une vie sociale loin du regard intrusif de la presse, grâce à un accord passé avec les médias britanniques – y compris la presse à scandale –, stipulant qu'on le laisserait tranquille pendant ses études universitaires. C'est donc en toute sécurité qu'il a rencontré Kate sur qui, abstraction faite d'une rupture de trois mois en 2007, il a toujours pu compter.

William, qui vivait une relation sérieuse, ne comprenait pas l'intérêt de Harry pour la vie nocturne londonienne. Il lui arrivait parfois de sortir le soir à Londres avec Kate, mais, en couple, les choses étaient différentes.

Pendant son affectation en Afghanistan, en 2013, Harry a avoué être « très jaloux de [son] frère… Il a la chance de pouvoir rentrer chez lui, retrouver sa femme et son chien ». Qu'il soit « coincé dans une tente pleine de soldats à jouer à la PlayStation » en plein service actif ou occupé à jouer à *Call of Duty* et à commander des pizzas chez PizzaExpress (très apprécié des deux princes) dans le modeste appartement de Kensington Palace où il avait emménagé à son retour, Harry menait une vie relativement solitaire. Quand William et Kate ont accueilli leur deuxième enfant, la princesse Charlotte, le 2 mai 2015, son désir de fonder sa propre famille n'en est devenu que plus fort.

Harry avait donc changé : il n'était plus le prince impulsif que l'ami de Meghan décrivait, lui conseillant de ne pas le fréquenter. L'homme qu'elle avait sous les yeux était prêt à trouver l'amour.

Emmener Meghan au Botswana, l'un des endroits les plus sacrés à ses yeux et chers à son cœur, était un symbole de ses sentiments à son égard. Elle était intelligente, indépendante, aventureuse, optimiste et belle. Mais ce qui comptait sans doute le plus pour Harry était qu'elle lui paraissait authentique. Il savait qu'elle ne cherchait pas à l'impressionner. Dès leur première rencontre, il a senti qu'il avait affaire à la vraie Meghan.

Une amie de la jeune actrice a affirmé que trois mois seulement après le début de leur relation, ils ont commencé à échanger des mots d'amour. C'est Harry qui, le premier, a prononcé les trois petits mots chargés de sens, et Meghan a aussitôt répondu : « Je t'aime aussi. » De là, ils ont très vite évoqué leur avenir, sans détour.

En témoignage de son affection, le compte Instagram de Meghan était constellé d'allusions et de petites blagues que seul Harry pouvait comprendre. En juillet, par exemple, elle a fait référence à une « soirée en solitaire », ayant passé la nuit seule dans sa chambre d'hôtel après avoir rencontré Harry. Ou encore, en juillet 2017, elle a posté une photo de deux allumettes qui s'embrassent avec pour légende : « Amours dominicales ». Puis sont apparus les jolis bouquets de pivoines, vraisemblablement offerts par le capitaine Wales. « En admiration devant ces fleurs », a-t-elle écrit le 1er juillet. D'autres fleurs étaient arrivées deux semaines plus tard. « Parce que je suis pourrie gâtée », disait-elle, ajoutant le *hashtag* #jenemenlassepas.

Harry a lui aussi fait montre de ses sentiments en se rendant trois fois à Toronto entre le mois d'août et le mois d'octobre. Craignant que ses célèbres boucles rousses ne soient trop facilement repérables, ils évitaient les lieux de prédilection de Meghan, comme Bar Isabel et Terroni, préférant se réfugier dans la maison qu'elle louait depuis l'été 2013, au moment de son divorce.

Quand Meghan y a emménagé, c'était la première fois qu'elle habitait seule un endroit aussi grand – et qu'elle devait meubler. Elle l'a décoré à l'image de son style vestimentaire : en mêlant le haut de gamme au bas de gamme. Si elle accrochait de beaux tableaux au mur (il lui arrivait parfois de se faire plaisir, après un jour de paye, en achetant une petite peinture pour sa collection grandissante), certains de ses meubles et accessoires pour la maison venaient de magasins aux prix abordables, tels que HomeSense, IKEA ou Home Depot. « Avoir de l'argent ne veut pas dire qu'il faut le dépenser », lui avait dit son père quand elle était adolescente – un conseil qu'elle suivait encore à la lettre.

Elle a tout de même fini par s'offrir le barbecue kamado en céramique Big Green Egg qu'elle avait ajouté à ses favoris internet un an auparavant ; le vaste patio était le lieu parfait pour recevoir des invités. Avec sa terrasse, sa décoration d'ambiance bord de mer et les grandes fenêtres ouvertes à l'arrière, il lui rappelait un peu la Californie. De sympathiques voisins – des familles, pour la plupart – vivaient dans des maisons groupées autour d'une école publique et d'un parc où Bogart, son chien, aimait gambader.

Bien que Meghan n'ait pas eu d'animaux domestiques quand elle était enfant, Bogs était devenu l'objet de sa dévotion et une figure très présente sur son compte Instagram. Mais elle affirme que c'est grâce à Ellen DeGeneres qu'elle a adopté le croisé labrador.

En effet, Meghan était en train de câliner Bogart au refuge de Los Angeles qui avait secouru Bogart et son frère, quand l'animatrice de talk-show est entrée avec son épouse, l'actrice Portia de Rossi.

« C'est votre chien ? a demandé Ellen.

– Non », a répondu Meghan.

Les deux femmes ne s'étaient jamais rencontrées. Et si, bien sûr, Meghan connaissait Ellen, Ellen n'avait pas la moindre idée de l'identité de son interlocutrice. La célèbre humoriste lui a dit : « Vous devez le prendre.

– Je ne sais pas…

– Adoptez-le ! » lui a ordonné Ellen.

En sortant, l'animatrice a tapé sur la vitre et a crié : « Prenez ce chien ! »

Comment Meghan pouvait-elle refuser ? « C'est un peu comme si Oprah vous disait de faire quelque chose, a-t-elle expliqué. Je l'ai ramené chez moi. Parce qu'Ellen me l'avait ordonné. »

Elle n'a pas regretté sa décision. D'ailleurs, deux ans plus tard, elle a adopté un autre chien, un beagle, qu'elle a appelé Guy, après l'avoir rencontré lors d'une journée d'adoption organisée par l'organisme caritatif A Dog's Dream Rescue, établi en Ontario.

Ses adorables chiens couraient donc autour de Meghan tandis qu'elle préparait son fameux poulet rôti pour le prince, assis dans sa cuisine épurée et entièrement blanche.

Harry et Meghan avaient beau faire profil bas, la présence du jeune homme ne passait pas inaperçue dans le quartier. Très vite, les visites de Harry sont devenues un secret de polichinelle parmi les résidents de Seaton Village. Comme l'a indiqué l'un des voisins de Meghan : « Quand un SUV noir était garé, avec à l'intérieur des types qui portaient des casques audio et qui mangeaient des burritos, on disait : “Hé, Harry est en ville !” » Mais la nouvelle n'allait jamais plus loin que la page Facebook de la communauté de Seaton Village, généralement dédiée à des problèmes de neige à déblayer ou de crottes de chien. Contrairement à New York, Los Angeles ou Londres, Toronto n'est pas envahi par les paparazzi, l'industrie médiatique des célébrités canadiennes n'étant pas très importante.

Mais Harry et Meghan ne se voyaient pas qu'à Londres ou au Canada. Ils avaient dévoilé leur secret à leurs plus proches amis : ainsi, n'ayant plus à se soucier que ceux-ci vendent la mèche, ils se sont retrouvés avec une multitude de complices prêts à les aider à se cacher.

Arthur Landon, un ami de longue date de Harry, a par exemple prêté au couple sa maison de Los Angeles. Le fils de feu le général de brigade Tim Landon – surnommé le Sultan blanc ou encore Landon d'Arabie, en raison du coup d'État pacifique qu'il aurait aidé à orchestrer à Oman, et de la fortune qu'il a accumulée sur place – compte parmi les jeunes hommes les plus riches de Grande-Bretagne. Cet ancien mannequin et réalisateur s'est toujours efforcé de veiller sur Harry depuis qu'ils s'étaient rencontrés à Eton College ; il a traité d'« abjecte » la femme qui a vendu les photos du prince nu pendant leur voyage à Las Vegas.

Sachant d'expérience jusqu'où les gens étaient prêts à aller pour obtenir une photo de Harry et de sa vie privée, Arthur a suggéré que le prince loge chez lui quand il rendait visite à Meghan à Los Angeles. Sa villa, à West Hollywood, de style bohémien, se trouvait au pied de Hollywood Hills, avait une piscine et donnait sur

Sunset Boulevard. Un environnement d'exception, très intime, qui a permis à Harry de visiter la ville natale de Meghan. C'est d'ailleurs à l'occasion de ce voyage – passé en grande partie à la maison à se cacher – que Harry a rencontré Doria pour la première fois.

Devant l'impossibilité de se risquer jusqu'à la petite maison de Doria, dans le quartier de Windsor Hills, Harry et Meghan l'ont invitée dans leur pied-à-terre. (Être ainsi retranchés n'empêchait pas Meghan de se faire livrer des plats de ses restaurants préférés – comme Sushi Park, qui propose selon elle « de délicieux sashimis » – afin de les faire goûter à Harry.) Si Meghan était un peu nerveuse à l'idée que sa mère rencontre Harry, Doria, elle, était on ne peut plus détendue. Il en fallait beaucoup plus pour décontenancer ce professeur de yoga, bien qu'elle ait raconté plus tard à un collègue de la clinique de santé mentale où elle travaillait que rencontrer un prince qui, par-dessus le marché sortait avec sa fille, avait quelque chose d'« un peu surréaliste ».

Meghan avait l'habitude de parler à sa mère des hommes qu'elle fréquentait, mais ne les lui présentait que si la relation devenait sérieuse. En l'occurrence, elle tenait à la rassurer et à lui montrer que même si Harry était une figure publique connue dans le monde entier, il n'en restait pas moins quelqu'un de bien. « Meghan ne voulait pas qu'elle s'inquiète, a expliqué une source. Elle désirait que sa mère voie le vrai Harry, l'homme dont elle était en train de tomber amoureuse. »

Harry aussi voulait impressionner la mère de Meghan. Non pas avec des cadeaux, mais par ses paroles et ses actions. Lui qui se préoccupait souvent de ce que les autres pouvaient penser de lui souhaitait prouver qu'il n'avait rien à voir avec la description que font les tabloïds des membres de la famille royale. Et cela a fonctionné. Sa compassion, son empathie et son militantisme ont beaucoup touché Doria. « Elle voyait bien qu'il était sincère », a rapporté une amie.

Au cours de ces premiers mois de leur histoire d'amour, alors que celle-ci était encore tenue secrète, Meghan s'est rendue au moins trois fois au Royaume-Uni. Chaque fois qu'elle arrivait à l'aéroport, Harry envoyait quelqu'un la chercher – pas de Rolls-Royce ni de chauffeur en uniforme, mais tout simplement une compagnie de taxi locale à laquelle la famille royale et lui-même faisaient appel de temps à autre.

Markus Anderson, de Soho House, était quant à lui toujours disposé à leur trouver quelque luxueux logement à l'abri des regards. Il les a ainsi hébergés dans un cottage privé de quatre chambres, à distance de Soho Farmhouse. Situé dans l'Oxfordshire, à une heure et demie à peine de Londres, c'était l'endroit idéal pour se retrouver loin de la ville. Bien que la maison en pierre se dresse au milieu de quarante hectares en pleine campagne anglaise, ils pouvaient néanmoins déguster des sashimis et autres plats japonais livrés par Pen Yen, l'un des restaurants présents sur la propriété.

À l'automne, Markus leur a fait passer un week-end à Babington House, un manoir du XVIIIe siècle situé dans le Somerset, que Soho House a converti en lieu de villégiature. La presse n'avait pas connaissance de cette propriété, qui disposait de son propre maître d'hôtel et d'une belle cheminée au feu ronflant.

Bientôt, Meghan, suffisamment confiante dans son couple et enhardie par leur capacité à se cacher au nez et à la barbe de tous, a même emmené Harry promener ses chiens le long de leurs sentiers favoris dans le parc Trinity Bellwoods de Toronto. Un sweat-shirt à capuche et une casquette suffisaient à dissimuler le visage de Harry quand il visitait la ville. De toute façon, la plupart des Canadiens ne s'intéressaient pas à ces jeunes gens qui portaient au poignet des bracelets de perles bleues identiques achetés au Botswana. (Chacun de ces accessoires fétiches a son importance et une signification propre aux yeux du prince. Celui qu'il porte invariablement depuis 2001, un bracelet en argent gravé, provient du voyage qu'il a effectué en Afrique en 1997, après la mort de sa mère. Des photos de William le montrent avec un bracelet similaire.)

Les tourtereaux ne voulaient surtout pas passer Halloween à se cacher au lieu de s'amuser. Depuis quatre mois environ que durait leur histoire, ils étaient follement amoureux et impatients de célébrer leur fête préférée. Le 29 octobre au soir, le couple a décidé de se rendre à une grande fête costumée organisée par Soho House à Toronto. Des masques vénitiens dissimulaient leur véritable identité aux autres invités.

Au milieu de la clientèle huppée de l'établissement et rassurés par la règle décourageant les personnes présentes de prendre des photos avec leur téléphone, Harry et Meghan se sentaient à l'aise. Ce n'était pas la première fois qu'ils venaient dans ce club. Au cours d'une visite précédente, ils avaient fait des photos dans le Photomaton du bar qu'ils avaient gardées en souvenir.

D'ailleurs, ils n'étaient pas venus seuls. Le couple était accompagné de la princesse Eugenie, la cousine de Harry, et de son petit ami de longue date, Jack Brooksbank, venu à Toronto en tant qu'ambassadeur de la marque de tequila de George Clooney et Rande Gerber, Casamigos. Harry et Meghan étaient déjà sortis deux fois avec eux.

Eugenie a toujours été plus qu'une simple cousine pour Harry. Ils étaient aussi des amis très proches. De tous les petits-enfants de la reine, le lien qui unit Harry et Eugenie est le plus naturel. Comme Harry, Eugenie est fidèle, franche et très drôle. Tous deux ont passé beaucoup de soirées à Londres ensemble ; ils se glissaient en boîte de nuit par la porte de derrière – comme à Mahiki, autrefois dirigée par Jack, ou à Tonteria, dans la cave VIP où ils ont avalé des shots dans des verres mexicains en forme de crâne et siroté une *frozen margarita* géante (avec plusieurs pailles). Harry s'amusait si bien dans cette boîte, dont un de ses amis d'enfance, Guy Pelly, était copropriétaire, qu'en juillet 2014 il y a fait la fête quatre fois en une semaine.

Bien qu'Eugenie ait grandi à Royal Lodge, le manoir de Windsor Great Park, et Harry à Londres, à Kensington Palace, les liens étroits qu'entretenaient leurs mères respectives les ont rapprochés. Sarah Ferguson et ses filles venaient souvent prendre le thé avec Diana, William et Harry à Kensington Palace. Une fois leur divorce finalisé en 1996, les deux mères célibataires emmenaient leurs enfants passer des vacances ensemble dans le sud de la France. (C'est Harry qui, plus tard, s'est arrangé pour que sa tante Sarah soit invitée à la cérémonie de mariage et à la première réception – un exploit quand on pense que le prince Philip aurait dit qu'il ne voulait plus jamais se retrouver dans la même pièce que son ex-belle-fille.) Comme Harry, Eugenie s'est aussi battue pour forger sa propre identité. N'étant pas un membre senior, elle a dû trouver sa voie, ce qu'elle a fait en s'installant à New York en 2013 pour travailler chez Paddle8, la société de vente aux enchères dirigée par Alexander, le mari de Misha et l'ami de Harry.

Harry a toujours parlé à sa cousine des femmes qui partageaient sa vie. En dehors de la confiance totale qu'elle lui inspirait, Eugenie avait la réputation de donner d'excellents conseils, d'une « sagesse étonnante » pour son âge. Il n'est donc pas surprenant qu'elle ait été l'un des premiers membres de la famille à apprendre sa relation avec Meghan. Le fait qu'elle ait présenté Harry à son amie Cressida (Jack et elle sortaient souvent avec eux aussi) ne l'a pas empêchée d'encourager sa nouvelle histoire d'amour. De fait, Eugenie, qui depuis longtemps rêvait de voir son cousin se poser et trouver le bonheur, a dit à des amis qu'elle adorait Meghan et que celle-ci était « le remède » dont il avait tant besoin.

Ce soir d'octobre à Toronto, Harry était heureux, et Meghan aussi.

Après un cocktail ou deux, ils se sentaient détendus et profitaient de l'ambiance d'Halloween.

C'était sans doute la soirée idéale – jusqu'à ce qu'ils reçoivent un appel d'un des assistants de Harry, à Kensington Palace. Les nouvelles n'étaient pas bonnes.

Le *Sunday Express* comptait publier un article sur leur couple. Le tabloïd avait semble-t-il été prévenu par un employé d'Eugenie et du prince Andrew, son père.

La nouvelle selon laquelle le célibataire le plus convoité au monde n'était plus un cœur à prendre menaçant ainsi de se répandre sur internet comme une traînée de poudre, la soirée de festivités a viré au cauchemar pour Harry et Meghan.

Ils ont donc quitté la fête et sont rentrés chez Meghan, surtout inquiets à l'idée que sa maison serait assiégée par les photographes d'ici vingt-quatre heures. Comme il n'y avait que quelques paparazzi à Toronto, ils avaient un peu de temps pour réfléchir. (L'un de ces paparazzi a d'ailleurs envoyé un SMS à Meghan pour savoir si la rumeur était fondée ; elle n'a pas répondu.) Mais, bientôt, des photographes arriveraient de New York et de Los Angeles, dans l'espoir d'obtenir le tout premier cliché des tourtereaux. *US Weekly* avait également confirmé la nouvelle et savait qu'ils se trouvaient ensemble à Toronto, mais avait passé un accord avec le palais, acceptant d'attendre que Harry soit rentré avant de publier l'article.

Le téléphone de Harry ne cessait de sonner. Les assistants du palais lui conseillaient d'écourter son séjour et de rentrer discrètement à Londres ; le fait qu'il n'était accompagné que d'un seul garde du corps pouvait poser problème. Mais le prince n'avait aucune envie de rentrer. Il ne bougerait pas. Si la situation se compliquait, il voulait être au côté de Meghan, et nulle part ailleurs.

CHAPITRE 5

Un prince s'engage

Quand Harry et Meghan sont arrivés chez Jessica et Ben Mulroney, le 30 octobre au matin, ils avaient pu dormir pendant que le monde était pris de frénésie à l'annonce de la nouvelle.

La veille au soir, ils avaient décidé de rejoindre la maison des Mulroney dans la province du Haut-Canada, après qu'un assistant du palais avait conseillé à Harry de se retrancher dans un endroit discret, là où les médias n'auraient pas l'idée de le chercher. Pendant la soirée, Meghan avait échangé des SMS avec Jessica (ou Jess, comme l'appellent ses amis) pour un soutien moral et son amie leur avait proposé de se cacher chez elle. L'idée était excellente : Harry et Meghan ont donc quitté Seaton Village le lendemain matin avec leurs bagages.

Ce n'était pas leur premier séjour chez les Mulroney. Avant que le monde entier n'apprenne qu'ils formaient un couple, ils s'étaient souvent rendus dans cette maison d'un quartier chic de Toronto, où les gardes du corps de Harry passaient plus facilement inaperçus.

C'est d'ailleurs là-bas que Meghan a pu observer quel genre de père Harry ferait. En effet, celui-ci a su facilement gagner le cœur des enfants Mulroney – les jumeaux Brian et John, qui avaient 6 ans, et Ivy, qui en avait 3. Déjà expert dans l'art de charmer les bambins, il n'arrivait jamais les mains vides, apportant de petits cadeaux à chaque visite. Mais sa générosité n'était pas l'unique raison pour laquelle les enfants l'appréciaient autant. Harry s'asseyait aussi volontiers par terre avec eux pour jouer ou écrasait son visage contre la vitre pour les faire rire avec ses grimaces.

Maintenant que le monde connaissait leur secret, Harry et Meghan devaient donc se cacher chez Jess et Ben, et installés au bar de leur cuisine américaine, ils leur ont tout raconté.

Pour Meghan, la situation avait un goût doux-amer. D'un côté, elle était déçue que leur secret ait été révélé ; ils n'étaient plus seuls tous les deux. Avant de rencontrer Harry, il lui était parfois arrivé de laisser les paparazzi la prendre en photo ou de divulguer des informations à la presse, mais elle faisait désormais tout son possible pour protéger sa relation avec le prince. Garder le silence leur laissait de l'espace pour apprendre à se connaître sans se préoccuper des reporters qui suivraient ou commenteraient leur histoire naissante.

Mais, d'un autre côté, elle était soulagée. Il avait été difficile de ne rien dire à ses amis et collègues (seuls quelques-uns des acteurs et des membres de l'équipe de production de *Suits* étaient au courant), et Meghan n'aimait pas mentir au sujet de ses voyages à Londres.

Harry savait quant à lui que ce jour devait arriver. Peu de temps après leur rencontre, il en avait parlé à Meghan, expliquant qu'il leur fallait « profiter au maximum du temps dont [ils] dispos[aient] ». Meghan ne pouvait bien entendu pas comprendre toutes les implications d'une célébrité aussi immense que celle de Harry. « Nous sommes sortis ensemble en toute discrétion pendant six mois avant que ça ne se sache, a-t-elle expliqué par la suite à *Vanity Fair*. D'emblée, les choses ont changé, c'était très surprenant. »

Suite à la révélation de son secret, Meghan a reçu près de cent messages en vingt-quatre heures de personnes à qui elle n'avait pas parlé depuis des mois, voire des années. Tous voulaient savoir la même chose : « Est-ce que cette rumeur est vraie ? »

Les parents de Meghan étaient au courant depuis longtemps, bien sûr. Elle en avait parlé à Doria, la première fois dès son retour de Londres, et elle lui avait présenté le prince à Los Angeles. Le père de Meghan ne l'avait appris que plus tard, cet été-là, quand elle était revenue du Botswana. « Elle a dit : "Il faudra l'appeler *H*, pour que personne ne sache", a confié Thomas lors d'une interview pour *Good Morning Britain.* J'ai finalement eu l'occasion de lui parler ; c'est un homme gentil et courtois, très sympathique. » Une source a confirmé que Harry avait à plusieurs reprises discuté au téléphone avec le père de Meghan la première année de leur relation.

Mais pour le reste du monde, la nouvelle était de taille. Hormis ses amis et connaissances, Meghan a également reçu des messages de quelques journalistes avec lesquels elle était en contact. Elle n'a répondu à personne.

Les trois jours qui ont suivi – pendant qu'amis, voisins, et surtout d'autres acteurs de *Suits* envoyaient des SMS à Meghan pour la prévenir de la présence de reporters et de photographes –, le couple est resté chez les Mulroney. Puis Harry a dû rentrer à Londres pour le travail, pendant qu'à Toronto Meghan affrontait une nouvelle vie sous surveillance constante.

La moindre de ses activités faisait la une des journaux, comme les cours qu'elle prenait à Moksha Yoga ou ses séances de shopping avec Jessica chez Hudson's Bay, leur grand magasin préféré, où elles pouvaient jusque-là passer des heures sans être dérangées.

La société de production de *Suits*, Universal Cable, a fourni un garde du corps à Meghan pour aller et venir de l'immense studio de North York au centre-ville de Toronto. Mais les paparazzi se sont vite familiarisés avec son emploi du temps quotidien. Avant de sortir avec Harry, elle ne rencontrait les caméras que sur le plateau ou le tapis rouge. Les rares photos de paparazzi étaient généralement prises avec son accord.

Avoir un garde du corps était réellement indispensable. Peu après l'annonce de la nouvelle, un photographe d'une agence de Los Angeles a escaladé le portail qui menait au jardin de Meghan pour l'attendre près de sa voiture, dans l'espoir d'obtenir une photo avant qu'elle ne parte faire une course. Terrifiée, la jeune femme a aussitôt appelé la police. « Alors ça va se passer comme ça, maintenant ? » a-t-elle dit à une amie, à l'époque des faits.

Moins d'une semaine après que son histoire d'amour avait été étalée dans d'innombrables journaux, magazines et sites web dans le monde entier, Meghan attendait un avion dans la zone VIP de l'aéroport Pearson de Toronto, en route pour Londres afin de retrouver Harry. Se savoir traquée par les photographes la mettait mal à l'aise. En dehors de quelques fans qui venaient de temps à autre lui demander un selfie, Meghan voyageait habituellement en toute tranquillité. Cette fois-ci, elle avait décidé de se déguiser. Rien de spectaculaire, une simple casquette pour dissimuler ses yeux. Cela semblait fonctionner.

Quand Meghan lui a décrit l'angoisse qu'elle ressentait à voyager, maintenant qu'elle était officiellement la petite amie du prince, Jessica s'est arrangée pour qu'elle puisse emprunter le jet privé de Krystal Koo et Michael Cooper, un couple de Canadiens influents qui avaient fait fortune dans l'immobilier. Amis de longue date avec Jessica, Krystal et Michael étaient déjà venus en aide à Harry et Meghan ; ils étaient ravis de leur donner un nouveau coup de main. Ayant justement envie d'aller faire un tour à Londres, ils ont dit en plaisantant qu'ils pourraient cacher Meghan dans une des valises achetées en prévision des nombreux vols transatlantiques qu'elle serait amenée à effectuer.

Voyager avec des visages familiers a permis à Meghan de calmer un peu son stress. Une fois à Londres, où elle logeait avec Harry à Kensington Palace, elle s'était sentie soulagée. Caressant l'idée de faire de la Grande-Bretagne son nouveau chez-elle, elle a commencé à y prendre ses marques.

Habituée à courir régulièrement, elle continuait à faire son jogging dans Kensington Gardens, puis passait au supermarché Whole Foods acheter ce dont elle avait besoin pour le dîner à Nottingham Cottage, qu'elle avait déjà agrémenté de petites touches chaleureuses avec des bougies Diptyque et des plantes en pot. (Le jardin, avec son petit hamac, était minimaliste, « aucun des deux n'ayant la main verte ».)

Quand elle arrivait à la maison les bras chargés de sacs de courses, elle n'avait pas à chercher de pièce d'identité. Alors que les visiteurs lambda devaient présenter deux pièces d'identité pour franchir le portail de Kensington Palace, Meghan passait désormais devant les gardes sans même y songer. Elle s'était attiré leurs bonnes grâces en leur serrant poliment la main et insistant pour qu'ils l'appellent par son prénom. Qu'on lui donne du « Miss Markle » et autres sottises du même acabit n'était vraiment pas son genre. (Harry l'appelait « Meg », et elle le surnommait toujours « H ».)

Tous ceux qui la connaissaient voyaient bien à quel point Meghan était heureuse – même son coloriste. Quand elle habitait à Toronto, l'actrice se rendait chez Luis Pacheco tous les mois pour une retouche, ou pour un balayage doré ou chocolat qui donnait à ses cheveux un aspect « profond, lumineux et sain », à l'écran comme à la ville. « Quelque chose en elle avait changé, se souvient Luis après avoir vu Meghan en novembre 2016. Elle avait l'air si doux et tendre – rayonnante. » Il ignorait la raison de ce changement, comme le fait qu'elle s'apprêtait à prendre l'avion pour retourner voir Harry à Londres.

Harry assurait à Meghan qu'elle n'avait pas besoin de s'abriter derrière les murs du palais. Elle pouvait aller déjeuner dans un de ses restaurants préférés, comme Kurobata, qui servait des tapas japonais sur Kings Road, admirer des antiquités et des accessoires pour la maison à Portobello Market, ou simplement faire des courses. Elle ignorait que les reporters du *Daily Mail* déjeunaient souvent au Whole Foods près du palais, car les bureaux du tabloïd se trouvent juste à côté. Un jour, alors qu'elle y faisait ses courses, un reporter l'a repérée et suivie jusqu'aux portes du palais, prenant des photos avec son téléphone. Le lendemain, la une indiquait : « L'amoureuse de Harry est à Londres ! »

La presse à scandale britannique s'en est alors donné à cœur joie avec la nouvelle petite amie de Harry. La plupart de ces journalistes n'avaient bien entendu besoin d'aucune permission pour poursuivre quelqu'un, et Meghan représentait vraiment la proie idéale. Elle avait vécu la plus grande partie de sa vie d'adulte sous le feu des projecteurs, parfois même en tenue sexy, comme lorsqu'elle travaillait pour l'émission *À prendre ou à laisser*, que les journaux n'ont pas tardé à exhumer. Mais ce sont surtout les indices qu'elle laissait sur les réseaux sociaux – par exemple l'image de deux bananes lovées l'une contre l'autre qu'elle avait postée le lendemain du jour où son secret avait été dévoilé – qui ont amené certaines personnes dans les médias à se demander si elle ne les taquinait pas délibérément.

Il existe dans la sphère royale une convention tacite selon laquelle les petites amies sont censées user de la même discrétion que les membres de la famille royale. La presse suivait de près les différents comptes de Meghan sur les réseaux sociaux et y trouvait un grand nombre d'éléments qui allaient à l'encontre de cette règle : les bracelets identiques, les photos de leurs voyages dans les Cotswolds, et plus encore. Ces posts faussement pudiques plaisaient à Harry, connu pour son sens de l'humour redoutable. Mais la presse, elle, interprétait les choses à sa façon : on ne peut pas demander le respect de sa vie privée tout en tendant la perche aux médias.

Qu'importe la façon dont Meghan se comportait en ligne, rien ne justifiait le racisme qui commençait à poindre dans les articles à son sujet. Un gros titre du *Daily Mail*, datant de la première semaine de novembre, affirmait que Meghan était « tout droit sortie du ghetto », qualifiant même l'endroit où habitait sa mère de quartier « infesté de gangs ». Trois jours plus tard, le tabloïd écrivait que Meghan n'aurait jamais reçu l'approbation de Diana. L'article ajoutait : « Les Windsor épaissiront leur sang bleu si liquide, ainsi que la peau pâle et les cheveux roux des Spencer grâce à un ADN riche et exotique. » Puis il décrivait la mère de Meghan comme « une Afro-Américaine à dreadlocks sortie des quartiers défavorisés ». C'était tomber bien bas. Les sous-entendus ont vite tourné à l'incitation au racisme, tandis que certains tabloïds poussaient chaque jour l'invective plus loin. Un journal a notamment écrit que Meghan n'était pas « du style blonde de la haute des petites amies précédentes ».

Le racisme au Royaume-Uni a beau ne pas revêtir les mêmes formes qu'aux États-Unis, son existence et son enracinement n'en restent pas moins indéniables. Au Royaume-Uni, le racisme se concentre beaucoup sur la question des Anglais « de souche ». Il s'exprime parfois par des préjugés subtils, des micro-agressions comme celle de cet employé du palais qui a dit au coauteur métis de ce livre : « Je ne m'attendais pas du tout que vous parliez aussi bien », ou encore ce gros titre du *Daily Mail* : « Note à Meghan : nous autres Britanniques préférons la vraie royauté à la royauté de la mode. » Le chroniqueur critiquait Meghan pour ses éditoriaux dans *Vogue*, et sous-entendait que pour être britannique il faut être né et avoir grandi au Royaume-Uni et être blanc.

Avec la montée des sentiments anti-immigration, le pays craignant de perdre son identité face à la diversité de sa population, l'idée qu'une personne de couleur s'installe à Windsor en dérangeait plus d'un. Certains n'ont pas hésité à exprimer leurs opinions racistes sur les comptes Twitter et Instagram de Meghan, en des termes on ne peut plus clairs, la traitant notamment de « négresse » ou de « bâtarde ». Des membres de la famille royale avaient certes fréquenté et même épousé des roturiers, mais aucun membre éminent n'avait jamais affiché publiquement une relation avec une personne qui n'était pas blanche. C'était une première.

Harry bouillonnait de rage. C'était la première fois qu'il était confronté au racisme dans toute sa laideur. Les préjugés – inconscients ou exprimés – avaient en revanche toujours fait partie de la vie de Meghan.

Pour la jeune femme, la question de la couleur de peau s'était posée avant même sa naissance, au moment du mariage de ses parents. Leur histoire d'amour était à la fois ordinaire et révolutionnaire puisque Thomas, le cadet de trois garçons originaires de Newport, en Pennsylvanie, était blanc, et que Doria, qui avait grandi à Los Angeles, était noire. « Il n'était pas envisageable que mon père, qui a grandi au sein d'une communauté homogène de Pennsylvanie, puisse un jour épouser une Afro-Américaine, a écrit Meghan. Mais il voyait au-delà de ce qu'avait à offrir cette petite ville à l'esprit étroit. »

La communauté majoritairement blanche de Woodland Hills dans laquelle vivait Meghan quand elle était enfant ne se montrait pas toujours très accueillante envers Doria. Elle a décrit combien sa mère souffrait d'être prise pour sa nounou en raison de sa couleur de peau, plus sombre que celle de sa fille.

Pourtant, Meghan a appris à accepter ces deux parts de son identité. À son réveil, le matin de Noël, quand elle avait 7 ans, elle a ainsi trouvé une grande boîte emballée dans du papier à paillettes : « J'ai découvert ma famille : une poupée noire pour la maman, une poupée blanche pour le papa, et un enfant de chaque couleur. » Son père avait acheté plusieurs coffrets de Barbie, puis avait séparé les familles de poupées pour recréer celle qui reflétait au mieux la vie de sa fille. Ses parents « façonnaient le monde autour d'[elle] pour qu'[elle] ne se sente pas différente, mais unique ».

Mais ils ne pouvaient pas empêcher la triste vérité d'infiltrer son enfance. Elle se souvenait des émeutes de South Central en 1992, provoquées par l'acquittement des agents de police impliqués dans le passage à tabac de Rodney King, un an plus tôt. Alors âgée de 11 ans, Meghan, qui était rentrée plus tôt de l'école à cause des émeutes, regardait la cendre des incendies se déposer sur les pelouses de sa banlieue.

« Ô mon Dieu, maman, avait-elle dit. Il neige ! »

En tant que métisse, Meghan devait faire face à toutes sortes d'obstacles. En cinquième, lors d'un sondage pour son cours d'anglais, on lui a par exemple demandé d'identifier son origine ethnique ; il fallait répondre Noir ou Blanc. Elle n'a pas su répondre. « On ne devait choisir qu'une réponse, mais ç'aurait été choisir un parent plutôt que l'autre – et une moitié de moi plutôt que l'autre », a-t-elle écrit. Elle n'a coché aucune case. « Si tu te retrouves de nouveau dans cette situation, lui a conseillé son père, dessine ta propre case. »

Elle était loin de penser qu'elle ferait face à l'ignorance à l'université, mais c'est exactement ce qu'elle a découvert dès sa première semaine à Northwestern. Quand l'une de ses camarades de chambre l'a interrogée sur sa mère noire, son père blanc et leur divorce, Meghan a senti les préjugés sous-jacents. Elle s'est tirée de cette conversation en douceur, comme à son habitude, mais avec l'effroyable sensation d'avoir été forcée de justifier son existence.

C'est après l'université qu'elle a vécu un incident raciste particulièrement bouleversant. De retour à Los Angeles, elle a entendu quelqu'un traiter sa mère de « négresse » alors qu'elles quittaient leur place de parking.

« J'ai regardé ma mère, et mon sang n'a fait qu'un tour, a-t-elle écrit. Tandis que des larmes de rage me montaient aux yeux, je murmurai, d'une voix à peine audible : "Ça va aller, maman." Je cherchais à tempérer l'atmosphère de fureur qui remplissait notre petite Volvo argentée. »

Envahie par l'émotion, elle s'inquiétait pour sa mère et pour leur sécurité.

« Nous sommes rentrées chez nous dans un silence de plomb, les doigts couleur chocolat de maman tout pâles à force d'être crispés sur le volant. »

Ce genre de situation avait contribué à façonner la personnalité de Meghan, mais ce n'était pas tout ; d'innombrables petits incidents avaient eux aussi joué un rôle. Elle en est venue à haïr la question : « D'où venez-vous ? » Étant difficile à identifier, elle savait que sa couleur de peau attisait beaucoup la curiosité. Mais elle ne souhaitait pas que cela la définisse.

« Mon métissage a pu créer une zone d'ombre dans la construction de mon identité, me laissant un pied de chaque côté de la clôture, a-t-elle écrit dans *Elle*. Mais j'ai fini par l'accepter, dire qui je suis, d'où je viens, et exprimer ma fierté d'être une femme métisse forte et confiante. »

En revanche, si Meghan acceptait son identité, elle n'avait aucune intention de laisser qui que ce soit s'en prendre à ses origines et, plus particulièrement, à sa mère. Tandis que des photographes faisaient le pied de grue devant chez Doria, certains tabloïds continuaient à publier des histoires fausses, se focalisant sur le stéréotype de la femme afro-américaine en difficulté et ignorant tout à fait le master en sciences sociales, qu'elle avait décroché en 2015 et son poste d'assistante sociale en gériatrie.

Harry refusait lui aussi de l'accepter. Mais la couleur de peau de Meghan ne posait pas de problème qu'à la presse. Quand il a commencé à la fréquenter, Harry, sensible au moindre préjugé, s'est brouillé avec des personnes de son cercle d'amis proches. Dès que quelqu'un remettait en cause son couple ou doutait que Meghan lui convienne, il se demandait : « Est-ce que c'est du racisme ? Est-ce que c'est du snobisme ? »

Un vieil ami de Harry avait ainsi passé l'après-midi à colporter des ragots au sujet de Meghan, faisant des remarques désobligeantes sur son parcours hollywoodien. Quand Harry l'a appris, il a aussitôt coupé les ponts.

Le prince n'hésitait pas à affronter ses proches ; quant aux médias, il était prêt à leur faire la guerre.

La frénésie médiatique autour de Meghan, qui attirait au quotidien des millions de lecteurs, à la fois sur le web et dans les journaux, rouvrait de vieilles blessures d'enfance. « Le fait qu'elle soit attaquée aussi ouvertement doit sans doute lui rappeler ce que la presse à scandale a fait subir à sa mère », a expliqué un ancien familier de la cour.

Les paparazzi avaient leur part de responsabilité dans la mort de leur mère ; malgré les années, rien n'avait apaisé la douleur des deux princes à ce sujet.

« L'une des choses les plus difficiles à admettre est le fait que les gens qui l'ont poursuivie dans le tunnel sont ceux-là mêmes qui l'ont prise en photo pendant qu'elle agonisait sur la banquette arrière, a dit Harry dans un documentaire diffusé peu de temps avant le vingtième anniversaire de la mort de la princesse Diana. Elle était très grièvement blessée à la tête, mais elle était encore vivante. Et au lieu de l'aider, ces personnes, qui ont provoqué l'accident, la photographiaient – ensuite, ces clichés ont sans doute été transmis aux rédactions du pays. »

L'intrusion quotidienne de la presse dans leur vie privée rappelait sans cesse à Harry et son frère ce que leur mère avait vécu. Comme l'a indiqué un ancien proche de la cour : « Ils le constatent eux-mêmes, encore et encore. »

Selon cette source, Harry faisait tout son possible pour défendre la réputation de Meghan et protéger son intimité, mais il se sentait « frustré par les limites de ses capacités ».

Il n'avait pas pu faire grand-chose pour protéger ses ex-petites amies de la presse ; selon lui, celle-ci était en partie responsable de ses ruptures. Il refusait de voir sa relation avec Meghan suivre le même chemin.

Afin de savoir comment s'y prendre, Harry s'est alors tourné vers la seule personne à même de comprendre la complexité de la situation : son frère.

Meghan avait rencontré William pour la première fois au début du mois de novembre 2016, à Kensington Palace. Au moment où elle gravissait avec Harry les sept marches en béton tout juste passées au Kärcher qui menaient à l'appartement 1A, elle ne pensait pas au futur roi d'Angleterre mais au frère aîné de son petit ami – un frère réputé très protecteur envers son cadet, qui avait connu son lot de blessures émotionnelles. Meghan pensait que William voudrait sans doute tout savoir sur elle et sur ses intentions. Elle était suffisamment lucide pour comprendre que les deux frères se méfiaient des femmes qui s'intéresseraient davantage à leurs titres qu'à leur bien-être. De plus, elle venait d'un monde si différent de celui de William, de sa femme, et de la plupart de leurs amis. C'est pourquoi elle avait réfléchi à cet entretien. « Elle s'est préparée à un véritable interrogatoire », a révélé une confidente.

Mais il n'y avait pas à s'inquiéter. Dès que William a ouvert la porte noire à deux battants pour accueillir Meghan chez lui, il a déclaré : « J'étais impatient de rencontrer la fille qui fait sourire mon frère si bêtement. »

Meghan avait admiré, sur les consoles du vestibule, les photos des frères avec Diana, des moments en famille avec la reine, et d'adorables clichés de George et Charlotte. Bien qu'elle n'ait jamais rencontré les personnes figurant sur ces photos, Harry lui en avait beaucoup parlé. Tous trois étaient ensuite passés devant le salon, avec ses couleurs neutres rehaussées de précieux tableaux et antiquités, pour se rendre directement au cœur de la maison des Cambridge : la cuisine. Sans cérémonie, sans serviteurs, rien d'autre que les trois jeunes gens et le thé qu'ils s'apprêtaient à boire.

Meghan avait été déçue de ne pas faire la connaissance de Kate, qui se trouvait avec les enfants à Anmer Hall, la maison de campagne du couple située dans le comté de Norfolk, près de Sandringham. Mais comme elle s'était si bien entendue avec le frère de Harry, elle n'y avait pas accordé d'importance. William avait confié à Harry qu'il était heureux de le voir si souriant.

À présent, devant la souffrance de son frère, William était d'accord pour dire que les choses étaient allées trop loin. Il ne faisait nul doute dans l'esprit de Harry qu'il devait agir, mais restait encore à savoir comment.

La presse n'avait aucune intention de se calmer, étant donné que Meghan suscitait beaucoup de clics en ligne et faisait grimper en flèche les ventes de journaux.

Sur la couverture du *Sun*, le tabloïd le plus vendu du pays, un gros titre clamait : « La copine de Harry sur Pornhub. » Cette affirmation choquante s'appuyait simplement sur le fait qu'un utilisateur avait mis en ligne une scène d'amour tirée de *Suits* sur le site pornographique, où on trouvait aussi des extraits de films et de téléfilms d'autres stars hollywoodiennes comme Nicole Kidman ou Jessica Biel. « Meghan en était malade, quand elle a vu ça, a dit une amie. Elle avait envie de pleurer, de hurler… Elle était bouleversée et furieuse. »

Chez elle, Doria vivait en état de siège permanent. Quand un tabloïd a publié une série de photos peu flatteuses la montrant sur le chemin de la laverie, censées illustrer le récit de l'Afro-Américaine défavorisée dans un quartier difficile de Los Angeles, Meghan a gardé le silence en public. Mais en coulisses, elle était en larmes. À

Nottingham Cottage, Harry a tenté de la consoler. Inquiet à l'idée de la perdre, il cherchait désespérément à la protéger.

Quand il est sorti de chez lui le lundi 7 novembre, l'air froid et sec n'a pas suffi à apaiser l'intense colère de Harry, qui se rendait tout près, dans l'ancien appartement de sa mère à Kensington Palace, désormais occupé par les bureaux de la famille. Par le passé, on l'avait accusé d'être impétueux, de laisser voir ses sentiments. Mais cette fois, c'en était trop.

Il a emprunté l'élégant escalier en bois blanc – longeant les murs ornés de tableaux de maîtres anciens et de moulures délicates. Sur le palier, à droite, se trouvait la pièce où travaillait Diana, autrefois, et dans laquelle elle avait installé son célèbre bureau en face des deux grandes baies vitrées qui lui permettaient de contempler les fleurs de cerisier devant Nottingham Cottage.

Son salon, droit devant, donnait sur une cour pavée. Une ancienne table en acajou venue de l'immense collection royale du palais se dressait dans cette pièce attenante à une cuisine que le personnel utilisait pour préparer du thé. Derrière ces deux pièces, qui servaient aussi de salles de réception, se trouvaient les bureaux du service de presse dédié à William, Kate et Harry.

Les princes avaient eu leur premier bureau en 2008. La reine et le prince Charles estimaient qu'il était temps, les deux frères étant de plus en plus exposés au public, à la fois dans le cadre de leur carrière militaire et de leurs activités caritatives. Jusque-là, c'était Paddy Harverson, fidèle directeur de la communication de Charles à St. James's Palace, qui s'occupait des affaires de William et Harry et les guidait depuis dix ans.

Miguel Head – l'astucieux jeune attaché de presse du ministère de la Défense qui avait mis au point la stratégie médiatique avec l'aide du général Richard Dannatt pendant l'affectation de Harry en Afghanistan – avait été débauché pour travailler au service des frères. Le bureau comptait également Jamie Lowther-Pinkerton, un ancien officier des forces spéciales britanniques et secrétaire particulier qui avait accepté d'être consultant, ainsi que Helen Asprey, la responsable administrative et assistante de direction qui veillait à ce que chaque minute de leur vie se déroule sans heurt. La reine avait aussi nommé un de ses plus fidèles diplomates, sir David Manning, qui avait servi le gouvernement de Sa Majesté en tant qu'ambassadeur aux États-Unis. Il les conseillait et intervenait au besoin, à mesure que les jeunes princes exerçaient des responsabilités de plus en plus médiatisées, sur le plan national comme international.

Des années plus tard, William et Harry ont décidé de déménager leurs bureaux dans l'appartement qu'ils avaient partagé avec leur mère – une décision difficile qu'ils n'avaient pas prise à la légère. Le lieu évoquait de nombreux souvenirs, bien sûr, mais il les motivait également à poursuivre le travail caritatif de Diana.

Le bureau des princes était un espace commun ; Harry y passait beaucoup de temps, parfois juste pour papoter avec Jason Knauf, son chargé de communication. Cependant, en ce jour du début du mois de novembre, l'atmosphère était beaucoup moins détendue que d'habitude.

Jason – qui avait lutté pour obtenir des médias le respect de la vie de famille de William et Kate et avait joué un rôle important dans l'élaboration de Heads Together, la campagne très réussie du trio royal, en mai 2016 – donnait souvent de bons conseils à Harry. Par ailleurs, le fait qu'il soit américain était un atout, puisqu'il comprenait le fonctionnement de la presse des deux côtés de l'Atlantique. Né au Texas, le chargé de communication était accessible, apprécié de l'équipe de presse royale, et s'y connaissait bien en réseaux sociaux.

Harry a également fait appel à Paddy Harverson pour qu'il lui apporte son aide. Celui-ci s'était occupé de la communication du prince de Galles entre 2004 et 2013, à l'époque de son mariage avec Camilla Parker Bowles, et avait ainsi acquis une popularité grandissante. Il avait aussi gagné la confiance de William et Harry. Bien qu'il ait fondé Milltown Partners, une société de gestion de crise, après avoir quitté Clarence House, Paddy était resté proche de William et Harry ; il était bien placé pour les guider quand les médias devenaient incontrôlables. Ce qui était le cas, à présent.

« Je n'ai plus 20 ans, a dit Harry, s'asseyant dans l'ancien appartement de sa mère. J'en ai 32, et cette femme sera peut-être ma femme, un jour. »

Le prince voulait aborder sans détour la question du racisme et du sexisme dont Meghan faisait les frais dans la presse. Mais, en règle générale, les fonctionnaires du palais détestaient les déclarations agressives et sévères adressées à la presse. Ils évitaient également de parler de la vie privée des membres de la famille, ne s'intéressaient pas aux questions de sécurité et se montraient prudents dans leurs citations.

En temps normal, quand Buckingham Palace ou Clarence House publiaient un communiqué, celui-ci était des plus laconiques – quant aux sujets les plus controversés, la famille royale choisissait de ne pas les aborder du tout.

Pourtant, s'il était rare de prendre position de façon agressive, comme le proposait Harry, ce n'était pas une première.

Un an plus tôt, William et Kate s'en étaient pris aux tactiques scandaleuses de paparazzi qui suivaient le prince George. Un photographe était allé jusqu'à se cacher dans le coffre d'une voiture pour observer le petit garçon qui jouait au parc. Ce comportement menaçant avait alarmé la famille, qui avait fait appel à des avocats. William et Harry avaient reconnu un schéma inquiétant : la presse, qui s'était calmée quelque temps après la mort de Diana, reprenait ses vieilles habitudes. En août 2015, Jason avait donc suivi les instructions de William et Kate et publié un communiqué condamnant en des termes sévères les paparazzi qui ciblaient le prince George.

« Le prince George est actuellement la cible numéro un des paparazzi. Les incidents deviennent de plus en plus fréquents et les tactiques de plus en plus inquiétantes », était-il indiqué dans le communiqué.

Le document, distribué aux organes de presse du monde entier, décrivait les méthodes employées pour obtenir des images de George, comme de suivre le petit héritier âgé de 2 ans, surveiller les mouvements d'autres membres de la famille royale, ou pourchasser des voitures.

D'une certaine façon, la stratégie plus moderne et percutante adoptée par Kensington Palace convenait bien au paysage médiatique mouvant, motivé par son appétit pour les contenus numériques à disposition vingt-quatre heures sur vingt-quatre, sept jours sur sept. Mais les courtisans de Clarence House et Buckingham Palace ne s'accordaient pas pour dire que cette approche plus mordante était la façon la plus efficace d'avancer.

William et Kate ne s'inquiétaient que pour le bien-être de leurs proches. Harry, préoccupé pour Meghan, a décidé de publier un communiqué tout aussi direct avec l'aide de ses assistants et de son frère.

Le seul obstacle était le prince Charles. Alors en voyage au Moyen-Orient pour une importante tournée diplomatique dans trois pays, le prince de Galles et la duchesse de Cornouailles venaient d'arriver au Bahreïn pour y rencontrer le roi Hamad ben Issa Al-Khalifa. Il s'agissait d'un moment historique critique, préparé depuis des mois. Un communiqué de Kensington Palace condamnant la presse et confirmant par la même occasion l'identité de la nouvelle petite amie de Harry détournerait tout à fait les regards de cette tournée dans le Golfe.

Le palais a néanmoins décidé de publier le communiqué, ébauché en grande partie par Harry. Charles n'en a eu connaissance que vingt minutes avant. Comme on pouvait s'y attendre, la déclaration de Harry a aussitôt accaparé l'attention des médias. L'équipe de Clarence House, qui avait passé des mois à organiser la tournée du prince Charles dans l'espoir d'obtenir une importante couverture médiatique, était effondrée. Charles, bien que déçu que son fils n'ait pas attendu son retour, comprenait aussi très bien que la situation avec Meghan avait atteint son point critique. Harry pensait qu'il était indispensable de donner la priorité à la femme qu'il aimait plutôt qu'à la famille royale. Chez les membres de la monarchie, vie privée et vie professionnelle entrent souvent en conflit. Dans ce cas, pourtant, Charles reconnaissait que Harry cherchait à protéger des êtres chers. Son fils avait déjà perdu la personne qu'il aimait le plus au monde – sa mère.

Le communiqué de Harry descendait en flammes certaines catégories de médias, dénonçant les « mauvais traitements et harcèlements » dont était victime l'actrice américaine, et soulignant les « sous-entendus racistes » de certains articles. « Le prince Harry est inquiet pour la sécurité de Ms. Markle et profondément déçu de ne pas avoir pu la protéger, était-il écrit. Il n'est pas normal que Ms. Markle soit soumise à un tel déchaînement alors qu'ils ne sont en couple que depuis quelques mois. »

Meghan craignait d'ouvrir la boîte de Pandore en affrontant ainsi la presse. « Ne vaut-il pas mieux les ignorer ? » avait-elle demandé. Mais Harry avait pris sa décision.

À travers cette déclaration sans précédent, Harry avait non seulement confirmé officiellement sa relation avec Meghan, il avait aussi bien fait comprendre qu'il était à l'origine de cette audacieuse protestation, « en espérant que la presse prenne le temps de réfléchir avant de faire davantage de dégâts ».

CHAPITRE 6

Choc culturel

Le 27 novembre 2016, le prince William publiait son propre communiqué afin de calmer les rumeurs : « Le duc de Cambridge comprend parfaitement la situation relative à la vie privée du prince Harry et lui apporte son soutien dans son besoin d'épauler ceux dont il est le plus proche. »

Bien que le but de cette déclaration ait été de soutenir la relation de son frère avec Meghan, deux semaines plus tard la presse signalait des tensions entre les princes à propos de la décision de Harry de s'exprimer. En coulisses, des courtisans et certains membres de la famille royale se demandaient si les termes du communiqué de Harry n'avaient pas été trop forts. Des employés pensaient qu'il avait agi de façon irrationnelle et impulsive et ils alimentaient les commentaires. Mais officiellement, Kensington Palace a très vite démenti les rumeurs selon lesquelles le duc de Cambridge ne serait pas en parfait accord avec son frère. En effet, cela n'aurait pas été très bien vu. Et si William avait effectivement confié ses inquiétudes en privé à des employés sur la vitesse à laquelle progressait la relation de Harry avec une actrice hollywoodienne qu'il connaissait depuis peu, il se souciait aussi de l'intrusion de la presse et souhaitait que son frère se sente épaulé dans cette épreuve.

Meghan a été blessée et stupéfaite par les réactions de la presse et d'internet. Au détour de conversations entre amis, elle a admis qu'elle était reconnaissante à Harry d'être si protecteur et compréhensif, mais qu'elle se sentait « épuisée émotionnellement ».

Hélas ! quelques jours seulement après son communiqué, Harry avait dû s'absenter pour remplir ses devoirs royaux. À l'occasion du quatre-vingt-dixième anniversaire de la reine, il a effectué, au nom du bureau des Affaires étrangères et du Commonwealth, une tournée de quatorze jours dans les Caraïbes, pour promouvoir la responsabilisation des jeunes et le développement social à travers le sport et l'écologie. L'itinéraire du prince passait par certains pays du Commonwealth, Antigua-et-Barbuda, Saint-Christophe-et-Niévès, Sainte-Lucie, Saint-Vincent-et-les-Grenadines, la Grenade et la Barbade, ainsi que le Guyana.

Cette tournée permettait aussi à Harry de se positionner comme une force au sein de la famille royale, même si cela l'éloignait de Meghan au moment où elle avait le plus besoin de lui. (Ce genre de voyage est planifié de six à douze mois en amont ; jamais Harry n'aurait pu anticiper pareille situation.) Il a su gagner l'affection des habitants de tous les pays visités, que ce soit en aidant le Nevis Turtle Group à relâcher des bébés tortues dans la mer ou en distribuant des prix à bord du RFA *Wave Knight* à destination de Sainte-Lucie (un travail habituellement réservé à la reine, au prince Charles ou au prince William). Grâce à son aisance à communiquer avec les enfants, le *hashtag* #HarryWithKids est devenu très populaire sur Twitter. Des photos de la rencontre de Harry et Tye, un petit garçon de 7 ans en fauteuil roulant, prises dans un centre de développement et d'aide à l'enfance à Sainte-Lucie, ont fait fondre les cœurs dans le monde entier.

Partout où il allait, les gens voulaient lui parler de Meghan. Dans le jardin botanique de Kingstown, les dresseurs ont même tenté de faire dire au perroquet Amazone de Saint-Vincent, l'oiseau national, le prénom de Meghan – mais sans succès.

« Il paraît que nous aurons bientôt une nouvelle princesse », l'a taquiné Gaston Brown, Premier ministre d'Antigua-et-Barbuda, le premier jour de la tournée.

« Nous serions ravis de vous accueillir pour votre lune de miel, a poursuivi l'homme politique. Notre pays a été élu meilleure destination des Caraïbes et l'une des meilleures au monde pour les voyages de noces. Quand le jour viendra, ce sera donc l'endroit parfait pour le vôtre. »

Pendant la tournée, Harry et Meghan – cette dernière était à Toronto, occupée à travailler et à éviter les paparazzi – se sont parlé presque tous les jours sur FaceTime. Meghan, malgré les difficultés qu'elle affrontait, comprenait combien cette mission était importante.

C'est à la Barbade que Harry et la chanteuse Rihanna ont fait un test de dépistage du VIH dans une clinique de la capitale, Bridgetown, à l'occasion de la Journée mondiale de lutte contre le sida.

« Je tiens à dire à tous ceux qui ne se sont pas encore fait tester, faites-vous dépister. Peu importe qui vous êtes, d'où vous venez, votre culture ou votre religion », a déclaré Harry qui, comme sa mère avant lui, a longtemps fait campagne pour mettre fin à la stigmatisation des malades. Dans les années 1980, quand beaucoup craignaient d'être infectés par le virus, la princesse Diana a fait la une des journaux après être devenue le premier membre de la famille royale à être entré en contact direct avec des malades du sida.

Aussitôt sa tournée des Caraïbes terminée, Harry a bousculé le protocole pour aller voir Meghan. Selon la politique du palais, « les visites officielles ne doivent pas être associées à des voyages personnels ». Harry s'est ainsi attiré les foudres de la presse pour n'avoir pas pris le vol British Airways reliant la Barbade à Londres comme prévu, choisissant de se rendre directement à Toronto. Si Meghan n'avait pas jusqu'alors compris que le plus petit détail de la vie d'un membre de la famille royale était scruté à la loupe, désormais, elle en avait pleinement conscience.

Harry, qui pourtant avait averti Meghan que sa vie était « surréaliste », a été pris de court par les réactions de la presse.

Pendant qu'il voyageait, Meghan a laissé échapper de subtils signes de son affection. Le 3 décembre, elle est sortie faire ses courses en arborant un collier Maya Brenner à 300 dollars qu'elle venait d'acheter, une délicate chaîne en or quatorze carats, gravée aux initiales « M » et « H ». Ce même jour, Guy, son beagle, portait un pull décoré du drapeau britannique et elle en avait posté la photo sur Instagram. Le message a été bien reçu par Harry, qui moins de vingt-quatre heures plus tard se présentait devant sa porte.

Deux jours après que Meghan a été photographiée achetant des fleurs chez son fleuriste habituel, sa nouvelle chaîne en or autour du cou, elle a reçu l'appel d'un assistant senior de Kensington Palace. Celui-ci l'avertissait que porter un tel collier encourageait les photographes et les journaux en mal d'images et de gros titres.

Meghan, pendant l'appel, a peu parlé, elle a préféré écouter son interlocuteur. Cependant, après avoir raccroché, elle s'est sentie frustrée et bouleversée. Elle savait que ce coup de fil dénotait de bonnes intentions, mais qu'on l'appelle du bureau de son petit ami pour lui dire quel genre de bijoux elle pouvait porter, ou lui demander de ne pas sourire aux photographes, avait quelque chose de surréaliste ; c'était trop pour elle.

Au bord des larmes, Meghan a aussitôt appelé l'une de ses amies proches.

« Il n'y a rien à faire, a-t-elle dit, complètement désespérée. On me fait croire que je suis responsable de ces photos, que je les encourage, que le simple fait de remarquer la présence des caméras véhicule un mauvais message. Je ne sais pas quoi dire. Hier encore, des gens en ligne racontaient que j'avais l'air malheureux sur les photos, alors que j'essayais juste d'ignorer [le photographe]. » Quoi qu'elle fasse, elle se sentait coincée.

Jessica Mulroney avait eu une conversation similaire avec son amie Sophie Grégoire Trudeau, en 2013, après que son époux, Justin, avait envisagé de devenir Premier ministre du Canada. Selon une source, Jessica aurait dit à la Première dame qu'elle devrait malheureusement s'habituer à ce genre d'ingérence dans son comportement si elle devenait un personnage public – et que son mari ne voulait que leur bien, à tous deux.

Ce même conseil, Sophie l'a donné à Meghan. Jessica les avait présentées l'une à l'autre en 2016, sachant qu'elles avaient désormais beaucoup de choses en commun. Sophie avait abandonné une carrière à la télévision, où elle travaillait comme correspondante pour *eTalk*, sur CTV, pour un rôle plus formel au côté de son mari, tandis que celui-ci se lançait dans sa campagne électorale.

Les deux femmes, rapidement devenues amies, communiquaient par mail. Meghan voulait savoir comment Sophie avait réussi à passer de journaliste à Première dame bien-aimée du peuple, tout en évitant si adroitement les controverses.

« Sophie a sans doute souligné que puisque chaque aspect du passé de Meghan serait déterré, le plus important était de ne rien cacher à Harry, d'être honnête, a souligné un ami et ancien membre du gouvernement Trudeau. Sophie est une femme intelligente, elle est très bien placée pour aider Meghan. Elle sait combien ces situations sont difficiles. Peu de gens peuvent comprendre ou compatir réellement. Pour ceux d'entre nous qui étions au courant de leur amitié, il était formidable de constater combien Meghan avait changé par la suite. »

Harry et Meghan ont tout de même dû s'adapter à un nouveau mode de vie. « Nous avons tous deux été très surpris par ce qui s'est passé après ces cinq ou six mois où notre relation n'appartenait qu'à nous, a expliqué Harry lors d'une interview conjointe de

Meghan et lui pour la BBC. Nous avons eu beau en discuter aussi souvent que possible et tenter de nous préparer au mieux, nous n'avions pas du tout anticipé ce qui s'est produit. »

« Dès le début, nous avons été très affectés par tous les mensonges, alors j'ai choisi de ne plus rien lire, que ce soit positif ou négatif », a dit Meghan, qui avait été accusée d'être une arriviste sournoise venue du « ghetto » dont le seul but était d'épouser un homme riche. « Ça n'avait aucun sens. Nous avons préféré mettre notre énergie dans notre relation pour qu'elle s'épanouisse. »

C'était là leur discours public, mais en réalité, sollicités par les attachés de presse leur demandant des commentaires ou des explications, ils n'avaient d'autre choix que de se tenir au courant de ce qui était écrit dans les journaux et sur internet. Meghan a confié à des amis que regarder les sites web ou lire les discussions sur les réseaux sociaux la rendaient malade, surtout quand on s'attaquait à son origine ethnique.

« Il est dommage qu'un tel climat règne dans le monde, a-t-elle poursuivi. En fin de compte, je suis très fière de qui je suis et d'où je viens, et nous ne nous sommes jamais focalisés là-dessus. Ce qui nous intéresse, c'est notre couple. Quand on retire toutes ces couches inutiles et tout ce bruit, je crois qu'il est très facile pour nous de nous retrouver tous les deux et d'ignorer le reste. »

Pourtant, après s'être défendus face à la presse, ils étaient épuisés. Cela faisait une semaine que leur couple était devenu officiel, mais ça leur semblait une éternité. L'adversité n'avait fait que renforcer leur amour, et selon un ami de la famille, le besoin pour Harry de protéger Meghan s'en était trouvé accru.

Harry, lui, avait beau relativiser, Meghan confiait souvent à ses amis combien il était difficile de ne pas se laisser toucher quand la presse et le public se demandaient si elle était digne d'être une épouse royale et la comparaient aux jeunes aristocrates que Harry avait fréquentées par le passé.

Être actrice à Hollywood a sans doute aidé Meghan à endosser son nouveau rôle plus aisément que les autres femmes qui avaient partagé la vie de Harry. Mais la presse à scandale faisait tout son possible pour saper sa confiance en elle.

« On raconte à tort que je suis habituée à ce genre de situation sous prétexte que j'ai travaillé dans l'industrie du spectacle, a expliqué Meghan. Mais, même si cela faisait six ans que je jouais dans la série et que je travaillais déjà avant, je n'avais jamais été la cible des tabloïds. Je n'avais jamais fait partie à ce point de la culture populaire, et je menais une vie relativement paisible, bien que très centrée sur mon travail. La différence a donc été très nette dès le début. »

L'intensité avec laquelle la star de la télévision avait été propulsée sur la scène royale l'avait certes prise de court, mais, en tant qu'actrice, elle était plus habituée que la plupart des gens à essuyer des critiques virulentes. Elle était également plus à l'aise que Harry devant les photographes.

Son nouveau rôle ne laissait pas de répit à Meghan. À l'image d'une autre actrice américaine, Grace Kelly, qui avait épousé le prince Rainier de Monaco, elle pouvait rendre la famille royale plus accessible au public du Royaume-Uni et d'ailleurs. Mais le prix à payer était que chacune de ses paroles, chacun de ses gestes, chacun de ses vêtements était scruté avec minutie, et analysé pour y lire des sous-entendus. Elle devait donc évoluer dans un décorum qui n'existe pas dans la vie ordinaire.

Cette transition avait été un véritable choc culturel pour Meghan, mais elle n'était pas la seule touchée. Les assistants de Kensington Palace traversaient eux aussi une phase d'adaptation exacerbée par le flot incessant d'informations numériques diffusées vingt-quatre heures sur vingt-quatre. La plupart des membres de l'équipe avaient commencé à travailler pour la maison après le mariage de William et Kate, en 2011 ; ils avaient donc manqué les débuts de leur couple et le harcèlement constant de Kate par les tabloïds britanniques, qui critiquaient la jeune femme et sa mère, Carole, déterrant tout ce qu'ils pouvaient sur le passé de sa famille.

« Quand Harry a présenté Meghan comme sa petite amie, une petite amie sérieuse, aucun d'entre nous n'avait encore vécu cela, a révélé un ancien employé du palais. Lorsqu'il l'a officiellement présentée à son équipe [en août 2016], il était déjà sûr de leur avenir. Je crois que nous avons tous appris sur le tas à gérer ce soudain et très vif intérêt pour Meghan et lui apprendre à y faire face. Il n'existe aucune formation qui prépare à cela. »

Se glisser dans ce nouveau rôle implique inévitablement de faire des erreurs ou du moins de passer par des moments difficiles. Meghan a avoué s'être sentie agacée par des employés qui changeaient d'avis au sujet de certaines décisions. C'était notamment le cas des innombrables discussions qu'avaient eues Harry et Meghan avec le personnel sur le moment et le lieu idéals pour se faire photographier ensemble. Il était hors de question d'emmener Meghan à un rendez-vous officiel, car cela irait à l'encontre du protocole royal. Mais elle pouvait peut-être accompagner Harry à un événement sportif en tant qu'invitée, afin qu'on les voie ensemble dans les tribunes sans qu'ils paraissent chercher à attirer l'attention. Le but de la photo était de présenter Meghan au public en douceur tout en tenant les paparazzi à distance.

Meghan connaissait le fonctionnement des paparazzi, mais maintenant qu'elle se trouvait dans le monde « impressionnant et déroutant » de Harry, elle s'en remettait à lui et son équipe. « Elle se disait : "Je vais me taire et observer les autres" », a expliqué un de ses amis.

Quant à savoir à quel moment prendre cette première photo, Harry pensait que le plus tôt serait le mieux, et Meghan était d'accord avec lui. Tout le monde s'est entendu sur une idée, avant qu'un assistant d'une autre maison, la jugeant mauvaise, ne la rejette le lendemain.

Si une simple photo provoquait un tel débat, qu'allait-il se passer si Meghan décidait d'y mettre son grain de sel ? Si elle voulait entrer tout à fait dans la sphère royale, elle devait rester apolitique, et par conséquent faire une croix sur son militantisme. (Elle avait précédemment dénoncé le Brexit, avait traité Donald Trump de « misogyne » et l'avait accusé de « créer des dissensions ».) Se taire n'était donc pas pour elle un sacrifice anodin.

Il lui a fallu plusieurs mois avant d'accepter les conseils de l'équipe de Harry, qui comptait notamment Jason et le secrétaire particulier du prince, Edward Lane Fox, qu'amis et journalistes appelaient Ed ou ELF. Ed, le bras droit de Harry, était un ancien capitaine des Blues and Royals, un régiment de la cavalerie de la Garde royale, qui avait servi en Irak et en Bosnie. C'est là-bas que Harry et lui s'étaient rencontrés, avant qu'Ed ne rejoigne son équipe en avril 2013. Très impliqué dans les jeux Invictus, Ed est devenu très proche de Harry au cours des voyages en solo effectués par celui-ci au fil des ans. L'équipe a fait suivre une formation à Meghan et à ses proches afin de leur apprendre à se protéger de l'attention croissante. Meghan était soulagée de savoir que le palais prenait en compte ses amis et leur présence dans sa vie ; elle s'était parfois demandé si on ferait pression sur elle pour qu'elle s'éloigne de ceux qui appartenaient à son « ancienne » vie.

La formation consistait en des discussions sur la conduite à adopter sur les réseaux sociaux, ainsi que des conseils spécifiques destinés aux amis de Meghan, qui tous ont eu droit à un entretien en tête-à-tête avec Jason pour leur expliquer ce qu'il fallait ou ne fallait pas faire sur Twitter ou Instagram (par exemple : comment éviter de laisser des indices susceptibles de révéler l'endroit où se trouvait Meghan aux paparazzi, qui surveillaient toutes les personnes associées à ses comptes). « C'était un peu étrange, a expliqué l'un des amis en question. Mais c'était justifié. Il ne s'agissait pas de la famille royale, mais de sa sécurité, à elle. C'est ainsi qu'on nous a exposé les choses. Nous étions contents de savoir qu'il y avait quelqu'un à qui parler si des journalistes de tabloïds ou des paparazzi nous importunaient. »

Les appels téléphoniques entre Meghan et les assistants de Kensington Palace sont très vite devenus quotidiens. Et si les conseils prodigués l'agaçaient encore de temps à autre, Meghan a fini par comprendre l'importance de leur soutien et de leur expérience, tandis qu'elle se frayait un chemin dans le monde de Harry, qui commençait à devenir le sien.

CHAPITRE 7

Tempêtes tropicales

Tandis que 2016 touchait à sa fin, une Meghan plus confiante et plus prudente apparaissait. Pour la première fois depuis des années, elle a changé de numéro de téléphone, pris un numéro anglais qu'elle n'a donné qu'à une poignée de gens. C'était un pas de plus vers l'abandon de sa vie de roturière.

Ce qui n'avait pas changé, c'était sa conviction que Harry était l'homme de sa vie. Leurs sentiments étaient réciproques. Au début de décembre, à Londres, Harry s'enthousiasmait du naturel avec lequel leur relation avançait – « c'est comme si nous étions faits l'un pour l'autre », a-t-il confié à des amis autour d'un verre. Deux semaines plus tard, Meghan réservait un vol Air Canada de dernière minute à destination de Londres, parce qu'elle était trop impatiente pour attendre leur rendez-vous prévu à la fin du mois. Ils célébreraient Noël ensemble avant l'heure.

La relation de Harry et Meghan était sérieuse mais bien trop récente pour que la jeune femme soit invitée à Sandringham pour la traditionnelle fête donnée par la reine, réservée aux couples mariés. Alors pendant que Harry se trouverait chez sa grand-mère dans la campagne du Norfolk, Meghan avait prévu de passer les fêtes à Los Angeles avec Doria et la famille de son amie Benita Litt, une ancienne avocate spécialisée dans l'industrie du spectacle qui s'était reconvertie et avait fondé une marque de sacs. Meghan, Misha et elle avaient voyagé en Espagne l'été précédent, et Meghan adorait passer du temps avec Benita et son mari, Darren, surtout quand Remi et Rylan, ses « filleules les fées », étaient là.

Puisque cette visite de dernière minute à Londres était le seul moment où Harry et Meghan pouvaient fêter Noël ensemble, ils étaient déterminés à le rendre mémorable. Le lendemain de l'arrivée de Meghan à l'aéroport d'Heathrow, ils sont allés choisir leur premier sapin chez Pines and Needles, à Battersea Park. (Cette boutique de Noël, à trois kilomètres seulement de Kensington Palace, est aussi un des lieux de prédilection de Madonna et Elton John.) Au bout d'un quart d'heure, leur choix s'est porté sur un Nordmann d'un mètre quatre-vingts, qu'ils ont eux-mêmes porté jusqu'à la voiture.

De retour à la maison, ils se sont installés tranquillement, ont décoré le sapin et préparé les repas, ne sortant qu'une seule fois pour faire un peu de sport au gymnase KX voisin avant de faire le plein de courses pour le dîner. Le 14 décembre, impatients de sortir après deux jours au cottage sans bouger, ils ont décidé de passer une soirée en ville. Ils avaient accepté des places pour l'adaptation au théâtre du *Bizarre incident du chien pendant la nuit*. Mais, ayant quitté le palais tardivement, ils se sont retrouvés pris dans les bouchons de Piccadilly Circus et ont craint de ne pas arriver à temps pour le lever de rideau, à 19 h 30. Ils sont donc sortis du minivan banalisé qui n'attirait pas l'attention, puis, tête baissée et main dans la main, ils ont marché à vive allure vers le Gielgud Theatre.

Le West End grouillait de passants ; Harry et Meghan savaient qu'en marchant vite, ils pouvaient arriver au théâtre sans se faire repérer. Ils étaient tous deux surexcités à l'idée de courir incognito dans les rues les plus animées de Londres, alors que le monde entier avait envie de les voir ensemble. Cela faisait longtemps qu'ils n'avaient pas vécu pareil moment de liberté, même si celui-ci n'a duré tout au plus que soixante secondes. Pendant ce bref instant, ils ont eu l'impression d'être un couple ordinaire, pareil à tous ceux qui déambulaient sur le trottoir. C'était drôle et grisant. Quand ils ont passé les portes du théâtre comme n'importe quels spectateurs, l'ouvreur qui attendait de les accompagner à leur loge VIP a été un peu déconcerté. Harry et Meghan ont alors échangé un regard qui indiquait qu'eux non plus n'en revenaient pas.

Ironie du sort : ces quelques secondes d'anonymat ont été les premières à être exposées au monde entier. Harry et Meghan ignoraient qu'un photographe les avait suivis depuis le portail du palais et avait saisi chacun de leurs mouvements tandis qu'ils se hâtaient d'arriver avant que la pièce commence.

La diffusion de ces premières photos de couple n'était pas ce que Kensington Palace avait prévu. Harry et Meghan n'en ont eu connaissance que lorsque, le lendemain à 10 h 35, un attaché de presse a envoyé par SMS à Harry une photo de la couverture du *Sun*. « PHOTO EN EXCLUSIVITÉ MONDIALE ! annonçait la une. Harry et sa Meg : 1er cliché du prince avec sa chérie. » Cela n'avait pas particulièrement contrarié le couple, sachant qu'un tel article serait publié tôt ou tard – bien que Meghan n'ait pas été ravie d'apprendre qu'on les avait suivis à leur insu. « Ça, c'était effrayant », a-t-elle avoué à un ami.

En revanche, une chose avait bel et bien contrarié Meghan, au point de la faire pleurer : une série de photos « topless » postées par *Radar Online*, un vulgaire site de ragots, qui prétendait que les photos avaient été prises à l'occasion de son mariage avec Trevor, en Jamaïque. Meghan affirmait qu'il ne s'agissait pas d'elle. Malgré l'action en justice menée par ses avocats, les maigres excuses publiées sur le site ne l'ont pas soulagée, d'autant plus que les paparazzi surveillaient désormais constamment la maison de Doria, à

Los Angeles – obligeant ainsi la mère et la fille à changer de programme et à passer les fêtes cachées à Toronto. Meghan était ébranlée par les derniers assauts médiatiques.

Dans l'espoir de lui remonter le moral, Harry a prévu une escapade à New York, où ils pourraient s'éloigner de tous ces problèmes. Il a appelé son ami Inge Solheim, un guide norvégien avec lequel il s'était lié d'amitié au cours d'un trek de bienfaisance, Walking with the Wounded, en 2011. Inge s'était surpassé quand Harry sortait avec Cressida, leur organisant des vacances au ski secrètes au Kazakhstan en 2014. « Je suis toujours ravi d'aider un ami comme Harry », a déclaré le guide, qui a permis à Harry et Meghan de passer une semaine dans un chalet de Tromsö, tout au nord de la Norvège, au-delà du cercle arctique, où ils ne couraient absolument aucun risque de se faire embêter par les photographes. Les deux amoureux ont ainsi pu passer sept jours à faire des balades en chien de traîneau, observer les baleines, goûter les spécialités locales et admirer, blottis l'un contre l'autre, les aurores boréales qui illuminaient le ciel.

Du cercle arctique, le couple est rentré à Londres, où Meghan a enfin rencontré Kate. Cette rencontre, qui a eu lieu le 10 janvier dans l'appartement 1A des Cambridge, a été brève, mais Harry tenait à ce que les deux jeunes femmes puissent faire connaissance.

Même si Harry était régulièrement invité chez elle, Kate n'avait pas vraiment cherché à savoir qui était cette femme qui rendait son beau-frère si heureux. Mais ce n'était pas Meghan en elle-même qui suscitait une telle indifférence. « La duchesse est une femme extrêmement circonspecte », a expliqué une amie. Après avoir épousé William, elle n'a laissé de nouvelles personnes intégrer son entourage qu'avec la plus grande prudence. Ses amis actuels – tels que lady Laura Meade ou Emilia Jardine-Paterson, qui ont toutes deux épousé des amis de William – étaient pour la plupart ceux qu'elle avait invités à son mariage. Le petit groupe de Kate, comme celui de son mari, était très soudé.

Meghan a apporté un cadeau à la duchesse, qui avait fêté son anniversaire la veille. Un luxueux carnet Smythson à la douce couverture de cuir a aidé à briser la glace, tout comme le fait que Meghan se soit extasiée devant la petite Charlotte, qui avait alors 20 mois. Au moment du départ, Kate a assuré à Meghan qu'elle pouvait la contacter à tout moment si jamais elle avait besoin de quoi que ce soit. Ayant elle-même été la petite amie d'un membre de la famille royale, elle savait combien il peut être éprouvant de voir sa vie privée soudain mise à nu.

Le 17 janvier, Meghan est arrivée à New Delhi avec l'association internationale d'entraide World Vision. En tant qu'ambassadrice mondiale du groupe, elle a passé cinq jours dans la capitale indienne afin d'en apprendre davantage sur les innombrables problèmes auxquels font face les femmes et les enfants pauvres, comme les difficultés d'accès aux soins et à l'éducation. Après ce voyage couronné de succès, qu'elle avait passé des mois à organiser et pour lequel elle s'était beaucoup documentée, Meghan est retournée voir Harry à Londres.

Même s'ils ne vivaient pas officiellement ensemble, Meghan a passé la plus grande partie de l'hiver 2017 dans l'appartement de Harry, à Kensington Palace. Ayant déjà apporté sa touche personnelle à la décoration, Meghan s'est ensuite constitué une garde-robe dans les magasins londoniens J. Crew et Stella McCartney, outre les quelques autres vêtements achetés lors de précédents voyages.

Elle commençait à se sentir chez elle à Londres. Souvent, le soir, Harry et elle se pelotonnaient devant la télévision de l'humble salon pour regarder l'intégrale de leurs séries préférées (comme *Game of Thrones* ou *Breaking Bad*). Ils avaient aussi les mêmes goûts cinématographiques. Tous deux fans de Disney, ils adoraient regarder *Vaiana* ou encore *Le Roi lion*. Et avec le début de la saison des festivals américains, Meghan avait reçu une pile de *screeners*, envoyés à tous les votants et membres du syndicat d'acteurs SAG-AFTRA.

C'est ainsi qu'ils ont pu regarder le meilleur du cinéma, confortablement installés chez eux.

Il leur arrivait de sortir pour aller au cinéma, où ils ont vu *Les Figures de l'ombre* à l'Electric Cinema de Notting Hill, ou pour manger un morceau. Leurs endroits de prédilection étaient Soho House, lieu de leur première rencontre, et le Sands End, un pub-restaurant du quartier de Fulham au style rustique, qui appartenait à Mark Dyer. Cet ancien officier des Welsh Guards, qui avait accompagné Harry au cours de son année sabbatique, avait toujours été présent pour conseiller et soutenir le prince.

Harry et Meghan se sentaient à l'aise dans ces lieux, ce qui n'a pas été le cas lorsqu'ils se sont rendus en Jamaïque au mois de mars, au mariage de Tom Inskip, l'ami de Harry – présent lors du tristement célèbre voyage à Las Vegas, en 2012. Le Round Hill Hotel and Villas de Montego Bay n'était pas un lieu clos, mais on leur avait assuré que les quarante-quatre hectares de l'hôtel seraient fermés au public pendant trois jours. Harry a donc réservé une villa à l'endroit le plus reculé de la propriété, dissimulée sous la végétation luxuriante. Puis le couple a sauté dans un avion pour les Caraïbes.

Le premier jour, le magnifique ciel sans nuages et les eaux turquoise aidant, tous les invités étaient d'humeur festive. Les amis de longue date ont bu des cocktails et partagé des souvenirs jusque tard dans la nuit.

Mais vingt-quatre heures seulement après leur arrivée, le séjour de Harry et Meghan a tourné au vinaigre. Les gardes du corps qui les accompagnaient ont en effet découvert un photographe d'une agence de paparazzi de Los Angeles. Ils l'ont aussitôt mis à la porte, mais celui-ci avait déjà photographié une étreinte torride des amoureux sur leur balcon et Meghan qui s'amusait dans l'eau avec le prince, vêtue d'un minuscule maillot de bain.

Si Meghan était horrifiée par cet incident, Harry, lui, était furieux. Au cours d'une conversation téléphonique avec le palais, il a très clairement exposé ses directives : ces photos ne devaient en aucun cas être publiées. « Faites le nécessaire », a-t-il dit.

Son chargé de communication lui a alors assuré que la situation serait réglée. L'agence de paparazzi a été contactée et, le palais ayant évoqué cette « scandaleuse violation de la vie privée », les photos très révélatrices du balcon n'ont jamais été mises en vente et n'ont été diffusées nulle part, même dans les recoins les plus sombres d'internet (elles ne sont pas sorties à ce jour). Mais l'agence avait tout de même l'intention de vendre les photos du couple dans l'eau, y compris des douzaines de gros plans du corps de Meghan.

Dans la chambre de leur villa, Harry criait, très en colère. Meghan était consternée. Elle comprenait de mieux en mieux ses sentiments à l'encontre de l'intrusion médiatique, cette profonde méfiance qui avait commencé à la mort de sa mère et ne l'avait jamais plus quitté, remontant à la surface chaque fois qu'un reporter allait trop loin pour obtenir un scoop. Pourtant, jamais elle ne l'avait vu dans un état pareil. Par le passé, dans des circonstances similaires, elle avait toujours su trouver les mots pour apaiser sa colère. Elle était généralement la seule à pouvoir le calmer quand il était fâché. Mais cette fois-ci, sa mauvaise humeur a duré plusieurs jours. Ses amis eux-mêmes n'ont pu s'empêcher de remarquer son air renfrogné. Meghan, qui pourtant ne connaissait pas cet aspect de sa personnalité, ne s'était pas laissée rebuter par l'humeur de Harry. Elle était triste de le voir aussi affecté par cet incident.

Ce ne serait malheureusement pas la dernière fois que la presse leur gâcherait la vie. C'est à cause des médias que Meghan a fermé son blog, *The Tig*, au mois d'avril, après avoir déclaré que ce projet qui lui tenait tellement à cœur avait fait son temps. Non seulement parce que le blog essuyait des critiques, mais aussi et surtout parce qu'il alimentait de fausses conjectures sur sa vie privée avec le prince. Tous ses vieux posts donnaient lieu à des scoops. S'il se passait trois jours sans qu'on ne les aperçoive, Harry et elle, quelque blogueur retrouvait sa recette d'« açai bowls » puis postait un article affirmant qu'elle en avait préparé pour son nouveau chéri. Ou encore, on dénichait son post sur les bienfaits du « green juice » : était-ce là le régime qu'elle obligeait Harry à suivre ? Non, il s'agissait d'un article que Meghan avait écrit trois ans plus tôt. Tout cela devenait absurde et ne convenait pas à la vie de la petite amie d'un membre de la famille royale.

Ayant partagé quelques-unes de ses citations préférées (comme « Être soi-même est la plus belle chose qui soit », « Une vie heureuse n'arrive pas par hasard… elle se construit », et « Voyagez beaucoup ; perdez votre chemin, cela vous aidera à vous trouver »), elle a fait ses adieux à ses lecteurs dans une lettre publiée sur internet :

« Après trois superbes années en votre compagnie, il est temps de dire au revoir à *The Tig*. Ce qui n'était au départ qu'une passion partie de rien est devenu une incroyable communauté basée sur l'inspiration, le soutien, le plaisir et la légèreté. Vous avez égayé mes journées et apporté tant de joie à cette aventure. Continuez à faire des découvertes, à rire et à prendre des risques, à incarner "le changement que vous aimeriez voir s'opérer dans le monde".

« Mais plus que tout, n'oubliez jamais votre valeur – comme je vous l'ai répété encore et encore : vous, mes chers amis, vous suffisez amplement. »

Meghan a encore attiré l'attention quand elle a effectué sa première sortie lors d'un événement officiel. Le 6 mai, de la loge royale de Coworth Park, elle a regardé Harry jouer au polo pour une œuvre de bienfaisance. Après quoi la foule de photographes a poussé les amoureux à se cacher derrière des voitures dans le parking VIP – un moment gênant et déplaisant pour le couple.

En raison de la frénésie médiatique qui s'attachait au moindre de leurs mouvements, c'est un peu à contrecœur que Pippa Middleton les a invités à son mariage, le 20 mai 2017. La mariée et sa mère, Carole, craignaient toutes deux que l'actrice américaine ne lui vole la vedette.

Avec l'aide de Jessica, Meghan a choisi une tenue élégante mais pas tape-à-l'œil pour entrer dans l'église avec Harry. Éviter tout faux pas au mariage de Pippa n'était qu'une des innombrables initiatives prises par Meghan pour intégrer la famille royale.

Malgré tous ses efforts, sa présence au mariage de Pippa a effectivement posé un problème – mais ça n'avait rien à voir avec ses vêtements. « Meghan contre Pippa dans… le mariage des derrières », était-il écrit en une du *Sun*, le jour même des noces ; l'article était accompagné d'une photo de Meghan en legging vue de dos après une séance de yoga dans le centre de Londres et du tristement célèbre cliché de Pippa, également vue de dos, pris lors du mariage de Kate en 2011.

Harry et Meghan étaient d'accord pour dire qu'après un article aussi grossier, Meghan ne pouvait décemment pas entrer dans l'église, où elle ne se trouverait qu'à cinquante mètres du box réservé aux médias. Eux qui avaient craint que leur arrivée ne provoque un cirque médiatique malgré toutes les précautions prises en étaient sûrs désormais. Et tant pis pour la tenue de Meghan et son chapeau Philip Treacy.

Certains pensaient que Harry s'était rendu seul à l'église St. Mark d'Englefield, dans le Berkshire, avant d'aller chercher Meghan à Londres pour l'emmener à la réception organisée sur la propriété des Middleton, à Bucklebury – ce qui lui aurait fait parcourir environ 240 kilomètres. En réalité, ils avaient trouvé une solution astucieuse.

Le matin des noces, ils ont effectué ensemble le trajet de Londres au Berkshire. Avant d'aller à l'église, Harry a déposé Meghan dans un Airbnb qu'avait loué un ami proche, invité lui aussi invité au mariage. Tandis que tous les autres assistaient à la cérémonie, Meghan a revêtu une longue robe noire toute simple et s'est maquillée toute seule. (Un coiffeur avait été envoyé de Kensington, plus tôt ce matin-là.)

Après la messe de 11 h 30, Harry a rejoint Meghan pour déjeuner avec elle avant de la conduire à la réception dans une Audi noire, arrivant juste au moment où un avion de chasse Supermarine Spitfire se lançait dans des acrobaties aériennes. S'asseoir ensemble sous le chapiteau de verre qui avait été érigé sur la propriété de sept hectares aurait été agréable, si ce n'est que Pippa avait exigé que tous les couples soient séparés. Harry, assis à côté de son ami Tom Bradby, le présentateur du journal télévisé, a applaudi quand Pippa et James ont fait leur entrée. De l'autre côté de la pièce, Meghan sirotait son champagne, un Ruinart 2002, et dégustait de la truite et de l'agneau, tout en papotant avec son nouveau groupe d'amis, dont Mirka, l'épouse de Roger Federer. Après le dîner, Harry et Meghan se sont retrouvés sur la piste de danse, avec le DJ Sam Totolee aux platines. À une époque, Harry aurait sans doute fait la bringue avec ses amis. Mais là, Meghan et lui sont restés à se raconter leur soirée. Puis ils sont partis vers 2 heures du matin, raccompagnés à Kensington par un garde du corps.

CHAPITRE 8

On exprime son désaccord

Chaque détail avait été méticuleusement organisé avant leur arrivée au Botswana, le 4 août, un voyage prévu pour coïncider avec le trente-sixième anniversaire de Meghan.

En déballant le premier cadeau offert par Harry pendant le trajet en avion turbopropulseur, Meghan n'a pas pu s'empêcher de sourire : elle avait remarqué le coin du tableau qui dépassait de l'emballage en papier bulle soigneusement préparé.

Deux mois seulement après le début de leur histoire d'amour, Harry avait donné à Meghan la moitié d'un diptyque signé Van Donna, qui représentait deux jeunes amants main dans la main. Il avait acheté le tableau d'une valeur de 4 500 dollars lors d'une visite privée à la galerie Walton Fine Arts dans le quartier de Chelsea, à Londres, et avait conservé la seconde moitié du diptyque, qui ne portait que le titre de l'œuvre, *Everybody Needs Somebody to Love*, pour la lui offrir à leur premier anniversaire. Il avait semble-t-il toujours su que leur histoire durerait.

Au moment de se poser sur le tarmac de l'aéroport de Maun, ils étaient soulagés et surexcités. Ces vacances n'avaient pas pour seul but de célébrer l'anniversaire de Meghan ; il s'agissait aussi d'une étape importante dans leur relation. Avec ce séjour, la boucle était bouclée : ils retrouvaient le pays qu'ils avaient visité en secret quatre semaines seulement après leur rencontre, en 2016. Ils étaient impatients de bivouaquer sous les étoiles, dans la nature sauvage, comme l'année précédente presque jour pour jour.

Les festivités ont commencé à la minute où ils ont atterri. Ils ont été très vite emmenés dans un SUV aux vitres teintées chez un ami de Harry, Adrian Dandrige, un ancien créateur de bijoux qu'il avait rencontré au Botswana en 2004. Là, dans cette maison d'hôte rustique nichée tout près d'une plantation de piments de la zone communautaire de Tsutsubega, une fête d'anniversaire surprise attendait Meghan. Après quinze heures de voyage depuis Londres, les visages de Harry et Meghan se sont illuminés en sentant l'odeur de la nourriture grillée à la flamme d'un grand barbecue et des spécialités locales préparées par Sophie, l'épouse d'Adrian. Il y avait du *seswaa*, le plat régional préféré de Harry, un ragoût de bœuf mijoté avec des oignons et des poivrons et servi sur de la polenta épaisse.

Pour Meghan, ces moments étaient typiques de Harry. Où qu'ils se trouvent, quels que soient les gens qui les accompagnaient, il faisait toujours son possible pour qu'elle se sente importante et qu'elle participe. Et il lui préparait toujours quelque surprise attentionnée.

Plus tôt, cet été-là, le couple s'était envolé pour la Turquie dans la plus grande discrétion ; ils avaient passé cinq nuits dans une villa privée de Bodrum avec vue sur la baie de Yalikavak et les montagnes environnantes. Meghan avait repéré une joaillerie qui vendait les bijoux de l'une de ses créatrices préférées. Les délicats bijoux en or faits main de la marque Kismet by Milka sont très appréciés de Beyoncé, Madonna ou encore Cameron Diaz. Harry et Meghan étaient entrés dans la boutique ; le propriétaire se rendant compte de l'identité de ses clients avait fermé les portes pour qu'ils puissent faire leurs achats tranquillement. Plus tard, Meghan avait expliqué à

Harry qu'elle avait repéré deux articles qui l'intéressaient et qu'elle désirait retourner dans la boutique. Le lendemain, Harry y était passé seul acheter une bague Hamsa et un bracelet « seed dots » en or jaune. « Il a dit : "J'aimerais lui faire une surprise", et il a choisi les bijoux », a raconté la créatrice Milka Karaağaçlı.

En Afrique, le cadeau de Harry pour l'anniversaire de Meghan était plus simple mais tout aussi attentionné. La jeune femme s'est sentie encore plus aimée et amoureuse quand il lui a présenté un petit gâteau d'anniversaire, tout sourire.

Le lendemain à l'aube, c'est le chœur joyeux d'une nuée d'oiseaux tapageurs qui les a réveillés. Puis, tout excités, ils ont avalé leur petit déjeuner à la hâte avant de sauter à bord d'une Jeep décapotable pour se rendre plus à l'est, à soixante-cinq kilomètres de là, dans le parc national du pan de Makgadikgadi.

Ils retournaient à Meno A Kwena, le luxueux camp qu'ils avaient visité l'année précédente. Désormais, ils pouvaient profiter de leur temps à deux.

Pourtant, ils n'étaient pas vraiment seuls. Pour ce séjour romantique, deux des officiers de protection de Harry les accompagnaient. Formés par le commando d'intervention britannique, ces gardes du corps en civil de l'unité de protection royale SO14 du Metropolitan Police Service portaient toujours un pistolet Glock 17 calibre 9 mm, une radio et une trousse de premiers secours – et ils se tenaient toujours à quelques pas du prince. Leur unique rôle était de le protéger en permanence, coûte que coûte. Meghan trouvait leur présence un peu gênante pour ce séjour en amoureux, mais, comme l'a un jour précisé la duchesse de Cambridge à des amis : « Au bout d'un moment, on oublie. »

En l'absence de menaces potentielles dans cette région isolée, l'équipe de sécurité s'est installée dans ses propres quartiers de l'autre côté du camp, laissant à Harry et Meghan toute l'intimité qu'ils désiraient. Loin des distractions numériques, ceux-ci n'utilisaient leur téléphone portable que pour prendre une photo de temps à autre.

Au Botswana, ils se rapprochaient de la nature la journée, et le soir, ils se rapprochaient l'un de l'autre. Chaque nuit, après avoir dégusté un steak ou un civet de gibier préparé par le chef cuisinier Baruti, un résident de longue date, ils rejoignaient le feu de camp, se calaient dans les fauteuils en tissu pour siroter le vin local devant les flammes crépitantes.

Au cours de ces soirées sous le ciel étoilé, ils partageaient leurs préoccupations. Meghan pensait souvent à son travail, qui n'avait plus de place dans la vie qu'elle construisait avec le prince Harry. Les patrons de la chaîne attendaient qu'elle leur dise si elle participerait ou non à la saison 8 de *Suits*, mais elle ne voulait pas prendre de décision hâtive. Après tout, la plupart des actrices rêveraient d'un tel rôle.

Bien que Harry et elle ne se soient pas officiellement liés l'un à l'autre, Meghan avait l'impression qu'elle pouvait lui parler de tout. Dans le calme du delta, leur conversation n'étant interrompue, de temps à autre, que par le rugissement d'un lion, elle se livrait à lui, évoquant les espoirs qu'elle nourrissait pour l'avenir et la place que Harry tenait dans ses projets. Pour lui, tout était simple : ils s'étaient fait la promesse de ne jamais se quitter, et il comptait honorer cette promesse.

Le prince s'est rendu compte dès leur premier rendez-vous que la jeune actrice lui plaisait et qu'il avait envie de mieux la connaître, mais c'est trois mois plus tard qu'il a su qu'il désirait qu'elle devienne sa femme. « Être tombé si vite amoureux de Meghan était pour moi la confirmation que toutes les conditions étaient réunies, a expliqué Harry dans une interview, après ses fiançailles. Tout était absolument parfait. Cette femme magnifique a surgi dans ma vie ; et moi, j'ai surgi dans la sienne. »

Jusque-là, leur relation s'était passée sans heurt. Ils avaient de nombreuses passions en commun, comme les voyages ou le fitness, même si Meghan, qui était du genre à boire un smoothie après une séance de pilates ou de yoga bikram, encourageait Harry à passer au niveau supérieur. Elle commençait toujours sa matinée par une tasse d'eau chaude et une rondelle de citron, suivies de son petit-déjeuner favori : du gruau d'avoine (généralement préparé avec du lait d'amande ou de soja) nappé de bananes et de sirop d'agave pour le sucrer. En guise d'en-cas, elle prenait des tranches de pomme et du beurre de cacahuète. C'était très très loin des pizzas à emporter que mangeait Harry quand il était encore célibataire, mais il commençait déjà à se tourner vers un mode de vie plus sain, et le faire à deux était plus amusant.

Ils aimaient les livres de développement personnel – Harry avait une préférence pour les *Huit Étapes vers le bonheur*, tandis que Meghan lisait *Le Manifeste de la motivation*.

Ils partageaient les valeurs profondes qui sont le ciment du mariage, comme l'importance d'aider ceux qui sont dans le besoin ou la défense de l'environnement. (Harry, que les enseignements de son père avaient rendu extrêmement écoresponsable, évitait le plus possible le plastique, que ce soit le couvercle de son café ou l'emballage des vêtements qu'il confiait au pressing.)

C'était souvent Harry qui la comblait d'attentions romantiques, mais Meghan savait lui montrer sa reconnaissance et son affection en retour. Attentive à ses goûts, elle lui préparait des surprises chaque fois qu'il lui rendait visite à Toronto. Un jour, pour le déjeuner, elle lui avait concocté un traditionnel rôti dominical en pleine semaine parce qu'il lui avait dit que c'était son plat préféré. « Un rôti n'arrive jamais mal à propos », avait-elle dit en plaisantant.

Meghan a permis à Harry d'étendre son univers spirituel, l'initiant au yoga et lui offrant un livre sur la pleine conscience qui, comme tous ses cadeaux, était accompagné d'un petit mot manuscrit. Harry, encouragé par Meghan, s'est très vite mis à méditer quotidiennement.

En juin 2017, le mariage n'était plus une éventualité mais une certitude. Ils sont allés jusqu'à en parler au palais pour déterminer, en accord avec le personnel, le moment idéal pour la cérémonie.

Bien que Harry ne lui ait pas encore demandé sa main, il avait commencé à annoncer son projet à ses amis proches. Peu de gens savaient qu'il avait déjà trouvé une bague de fiançailles. Au mois de mai, il s'était rendu seul au Botswana en tant que parrain de la Rhino Conservation Botswana. Une fois sur place, un ami proche l'avait aidé à chercher, dans le plus grand secret, un diamant éthique.

Or, tous ne partageaient pas la certitude de Harry. Un mois après son propre mariage, Skippy avait confié ses inquiétudes avec son ami d'enfance : il trouvait que Harry et Meghan allaient trop vite. Selon une source, il s'était demandé avec « un certain franc-parler » si le prince ne « précipitait pas les choses ».

Skippy, qui comme la majorité des amis proches de Harry ne connaissait pas bien Meghan, lui a conseillé la prudence.

Il lui a recommandé d'habiter avec Meghan avant de « passer à des choses plus sérieuses ». Ses intentions étaient bonnes, a-t-il affirmé, mais Harry ne voyait pas les choses du même œil. Il avait l'impression que son ami sous-entendait que Meghan n'était pas digne de confiance et qu'elle avait une idée derrière la tête. « Qu'une personne dont il était si proche ne s'en remette pas à son jugement l'a vraiment blessé », a expliqué la source.

Après le fiasco de cette conversation à cœur ouvert, Skippy et Harry, qui avaient l'habitude de s'appeler ou de s'envoyer des SMS régulièrement, ne se sont plus parlé pendant plusieurs mois.

La vitesse à laquelle évoluait cette relation amoureuse inquiétait à la fois les amis de Harry et ceux de William. D'une certaine manière, Meghan n'était pas traitée différemment de tous ceux – hommes ou femmes – qui entraient dans leur cercle. Depuis la mort de Diana, les princes s'étaient montrés très prudents envers quiconque était susceptible de profiter d'eux.

C'est à peu près au même moment que le prince William a décidé lui aussi de parler à son frère de ses propres inquiétudes.

« Il est rare de voir Harry si heureux au point de presque sautiller de joie, a confié une source proche des princes. Mais William a toujours eu besoin de protéger Harry, non pas en tant que futur monarque mais en tant que frère aîné. Toute sa vie d'adulte, il a cru devoir garder un œil sur Harry pour s'assurer qu'il ne s'attirait pas d'ennuis et qu'il restait dans le droit chemin. »

William, qui n'avait rencontré Meghan qu'à quelques reprises, voulait être sûr que l'actrice américaine avait de bonnes intentions. « Après tout, ces deux frères ont passé toute leur vie avec des gens qui ont essayé de profiter d'eux, a poursuivi la source. Ils ont appris à repérer ce genre d'individu. Mais comme William ne connaissait pas très bien Meghan, il tenait à vérifier que l'amour n'avait pas rendu Harry aveugle. »

Comme tous les membres de la famille royale, William endossait deux rôles. Face à Harry, il n'était pas qu'un frère, il était aussi l'héritier du trône. Le futur roi se devait donc d'évaluer le risque posé par tout nouvel arrivant au sein de la Firme. L'institution employait des douzaines de personnes impliquées dans la vie de leurs patrons, et certains chuchotaient des paroles alarmistes à l'oreille du duc de Cambridge. Par nature, les principaux courtisans et employés « senior » du palais sont des gens qui, ayant consacré leur vie entière à l'institution monarchique, n'aiment pas voir des « inconnus » venir perturber la machine soigneusement huilée. Leur travail consiste à repérer les crises potentielles à l'arrivée de toute personne étrangère à la Firme, que ce soit un nouvel employé chargé de diriger un projet caritatif ou le futur conjoint d'un membre de la famille royale.

Meghan était une parfaite étrangère aux yeux de ce groupe de conseillers, qui ont parfois tendance à se montrer plus conservateurs encore que l'institution qu'ils représentent.

Dans ce contexte, William s'est assis avec son frère pour discuter de sa relation avec Meghan.

« Tu n'es pas obligé d'aller trop vite, a-t-il dit à Harry. Prends tout ton temps pour apprendre à connaître cette fille. »

Dans ces deux derniers mots, « cette fille », Harry percevait le snobisme qui lui répugnait tant, et qui était à l'opposé de sa façon de voir le monde. Au cours de ses dix ans de carrière dans l'armée, passés hors de la bulle royale, il avait appris à ne pas juger trop hâtivement les gens à leur accent, leur niveau d'éducation, leur origine ethnique, leur classe ou leur profession.

Abstraction faite de la situation avec Meghan, Harry en avait assez de la dynamique qui s'était établie entre son frère aîné et lui. Il ne pensait plus désormais avoir encore besoin de sa protection. Entre sollicitude et condescendance, il n'y avait qu'un pas. Et ce n'était pas parce qu'il menait sa vie différemment qu'il s'y prenait plus mal que son frère.

William agissait sans doute ainsi car il se faisait du souci pour Harry, qui, lui, trouvait vexant qu'on le traite encore comme quelqu'un d'immature. « Harry était furieux, a révélé une autre source. Furieux que son frère lui demande une chose pareille. Certains trouvaient qu'il dramatisait. On peut pourtant dire que ça résume bien leur personnalité – William est calme et rationnel, tandis que Harry ne peut pas s'empêcher de prendre la mouche. »

« Harry a le cœur sur la main, mais il est aussi incroyablement susceptible », a expliqué un ami de longue date.

Pourtant, un autre ami a ajouté que « Harry sentait que derrière les mots de William pointait du snobisme ».

Malgré la bienveillance de son frère, Harry était déconcerté et même fâché. William ne connaissait pas bien Meghan ; il avait en revanche remarqué que Harry s'était éloigné d'un grand nombre de leurs amis communs. « Mais peut-être n'acceptait-il tout simplement pas de voir que Harry avait grandi et qu'il suivait son propre chemin », a dit une autre source.

William a confié à un assistant que Harry n'ait pas compris qu'il agissait dans son propre intérêt l'avait « blessé ». Après tout, les deux frères avaient passé leur vie à compter l'un sur l'autre après la mort de leur mère.

« William et Kate adorent Harry. Ils avaient l'impression de veiller sur lui. William a souvent joué un rôle de père pour Harry, avec tout ce que cela implique », a expliqué une source proche des Cambridge.

Meghan faisait l'objet de conversations et de ragots entre au moins deux autres membres éminents de la famille royale, qui s'inquiétaient eux aussi de la vitesse à laquelle évoluait cette histoire d'amour. Quand elle a commencé à fréquenter le prince, l'un d'eux a appelé l'actrice américaine « la *showgirl* de Harry ». Un autre a dit à un employé : « Elle en traîne, des casseroles », tandis qu'un courtisan haut placé a été surpris en train de confier à un collègue : « Quelque chose chez elle ne m'inspire pas confiance. »

Selon un de ses amis proches, Harry savait ce qui se racontait sur sa petite amie : « Il est très soucieux de protéger Meghan. Il est conscient que beaucoup de gens ne les soutiennent pas et il est prêt à tout pour l'empêcher d'en pâtir – même s'il doit s'éloigner d'eux. »

Dans les mois qui ont suivi leur discussion, William et Harry ne se sont quasiment plus parlé. Eux qui se débrouillaient toujours pour se voir ne passaient presque plus de temps ensemble. À l'été 2017, les visites de Harry, qui aimait tant aller voir Charlotte et George de l'autre côté du palais et leur apporter des cadeaux – comme un SUV électrique pour son neveu ou un tricycle pour sa nièce – se sont espacées. En raison de ces tensions, il a d'ailleurs passé moins de temps avec le prince Louis, né le 23 avril 2018, qu'avec George et Charlotte. Chacun des frères avait pris ses distances : Harry voyait moins les enfants, et William et Kate ne l'invitaient plus.

Kate, même si elle n'était pas responsable de ce malaise, n'a pas vraiment cherché à arranger la situation. Elle était extrêmement loyale envers son mari et sa famille.

Kate et Meghan, qui avaient certes presque le même âge, menaient des vies différentes. Kate avait intégré la famille royale dès qu'elle avait rencontré William, à l'université. Mère de trois enfants (dont l'héritier du trône), sa vie tournait autour de la famille et de son devoir envers la monarchie et le pays.

Les deux jeunes femmes venaient de milieux très différents et avaient mené des vies on ne peut plus dissemblables. Alors que Kate n'avait jamais cherché à se construire une carrière, cela avait toujours été très important pour Meghan. Elles se distinguaient aussi beaucoup par leur personnalité. Kate était timide et calme, tandis que Meghan était extravertie.

Harry se moquait de ce que sa famille pouvait penser ou dire. « Rien n'entravera son bonheur, a expliqué une source proche de Harry et Meghan. Il sait que Meghan est la femme qu'il lui faut. Leur amour est authentique et leurs sentiments sincères. Tout le reste n'est que bruit. »

Alors que Harry affrontait ceux qui, dans sa vie privée, estimaient qu'il ne devait pas la demander en mariage, Meghan faisait face aux interrogations publiques sur le même sujet.

Le 11 juin, quand Meghan a pris place au milieu des autres acteurs de *Suits* à l'occasion de l'ATX Television Festival à Austin au Texas, la presse s'est intéressée de près à l'éventualité d'un mariage royal. Venue pour promouvoir le centième épisode de la série, elle a dû éluder les questions sur un futur mariage avec le prince. Lorsqu'un reporter lui a demandé tout de go si elle était impatiente d'épouser Harry, elle s'est contentée de répondre d'un simple sourire.

Ses collègues ont alors tenté de l'aider en répondant à sa place. « Meghan est très heureuse, a dit Patrick J. Adams, son partenaire à l'écran. Elle mérite toutes les choses formidables qui lui arrivent. »

Bien qu'il n'ait jamais demandé à Meghan où en était sa relation amoureuse, le producteur exécutif de la série, Aaron Korsh, a révélé par la suite avoir préparé en douce la suppression de son personnage, Rachel, dès le début de 2017. « Avec les scénaristes, on a décidé de miser sur eux : ces deux-là étaient amoureux et leur couple allait durer », a-t-il déclaré à BBC Radio 4.

Meghan n'a parlé à personne de ses projets de mariage, mais ses meilleurs amis se doutaient qu'il en était question. C'est peut-être pour cela qu'au mois de juin, au beau milieu d'un essayage prévu pour des soirées privées et des scènes de *Suits*, Jessica s'est empressée de lui faire essayer les robes de mariée qu'elle avait repérées sur un portant. Le studio n'avait pas encore partagé le scénario avec l'équipe, mais les deux femmes savaient qu'il y aurait une scène de mariage pour le personnage de Rachel, incarné par Meghan. Malgré le contexte professionnel, l'actrice et la styliste ne pouvaient pas s'empêcher de rire sous cape. Chacune de ces robes allait à ravir à Meghan.

Il n'y avait pas qu'en privé que Harry et Meghan évoquaient leurs projets. À la fin du mois de juin, avec l'accord de Harry, Meghan a invité Sam Kashner, un éminent journaliste de *Vanity Fair*, chez elle, à Toronto. Elle était prête à parler, mais seulement si c'était elle qui menait le jeu.

Pour un couple qui avait demandé à la presse de respecter sa vie privée, le pari était risqué. Par le passé, on avait déjà accusé Meghan à tort de courtiser la presse, mais cette fois-ci les choses étaient claires – Harry avait bel et bien consenti à cette interview. Jamais aucune petite amie d'un membre de la famille royale n'avait parlé aussi ouvertement de sa relation amoureuse ni – ce qui était plus surprenant encore – déclaré son amour dans un magazine.

Pour la séance photo avec le photographe Peter Lindbergh, Meghan ne demandait qu'une chose : qu'on ne lui retire pas ses taches de rousseur avec Photoshop. Elle voulait avoir l'air naturel et se montrer telle qu'elle était. Plus que satisfaite du résultat, elle a même envoyé des lettres de remerciements au rédacteur en chef de l'époque, Graydon Carter, et aux autres personnes qui avaient travaillé sur l'article. « Je l'ai adoré », a-t-elle écrit.

Avant l'arrivée du journaliste, Meghan avait préparé de la salade, des pâtes aux piments et du pain chaud pour le déjeuner. Des pivoines, ses fleurs préférées, étaient disposées à côté de divers livres, parmi lesquels une anthologie du magazine *Vogue*, les Mémoires de Grace Coddington et, fort à propos, un épais recueil de portraits de *Vanity Fair*. Son canapé blanc, sur lequel elle avait posé des coussins aux motifs anglais, était recouvert d'un plaid pour que Bogart et Guy, ses chiens adorés, puissent se reposer sans le salir.

Dans son interview, Meghan a affirmé que Harry l'avait aidée à garder toute sa tête malgré la frénésie médiatique. « Ce n'est pas toujours facile, a-t-elle dit, il y a des hauts et des bas. Certains jours paraissent plus difficiles que d'autres. Les choses ont évolué très vite, c'était surprenant. Mais je suis entourée de gens qui me soutiennent, et de mon petit ami qui lui aussi me soutient, bien sûr. »

Quand l'article est sorti dans les kiosques le 7 septembre, la façon dont Meghan décrivait sa relation avec Harry a été vue comme révolutionnaire. « Au bout du compte, c'est très simple, a-t-elle confié. Nous sommes tous deux très heureux et amoureux. »

Elle déclarait que sortir avec Harry n'avait pas changé son mode de vie – elle restait une femme indépendante qui ne se laissait pas définir par les hommes. La seule chose qui avait évolué était la manière dont les gens la percevaient.

« Je suis sûre que le jour viendra où nous devrons nous dévoiler et parler de nous, mais j'espère que les gens comprendront que cet instant nous appartient. À nous seuls. C'est ce qui le rend si particulier. Mais nous sommes heureux. Moi, j'adore les belles histoires d'amour. »

Leur histoire d'amour a pris un tournant décisif en Afrique – où Meghan donc, après trois semaines incroyables en compagnie de Harry, s'affichait dans une parfaite « posture du guerrier » en faisant du yoga.

Depuis le tout dernier nid douillet de leur séjour, une villa moderne à Livingtstone, en Zambie, située à moins de seize kilomètres en amont des chutes Victoria, elle contemplait en silence le paysage qui s'étalait devant elle. Le soleil levant inondait son studio de yoga improvisé dans le jardin, tandis qu'une nuée d'oiseaux exotiques, dont la queue semblait avoir été trempée dans des pots de peinture aux couleurs vives, chantaient l'aubade.

Retrouver l'endroit où ils étaient tombés amoureux un an plus tôt avait été magique. Harry et Meghan avaient exploré la faune du Botswana avec l'aide de David Dugmore, un ami écologiste qui dirigeait Meno A Kwena. Chaque jour apportait son lot d'aventures, que ce soit pour traverser le pan de Makgadikgadi, l'un des plus vastes lacs salés au monde, ou pour admirer les zèbres, phacochères et autres hippopotames lors de croisières romantiques sur le fleuve Boteti. Le simple fait de s'éveiller sous la tente était une rencontre avec les animaux sauvages, les éléphants, les girafes et les zèbres faisant partie de la vue magnifique qu'ils avaient de leur lit.

Harry avait un jour comparé sa vie à Londres à celle d'un animal en cage. Il n'était donc pas surprenant qu'il se sente aussi libre en voyant lions, éléphants et guépards en liberté, entourés de grands espaces. « Mon amour pour l'Afrique ne disparaîtra jamais. J'espère le transmettre à mes enfants », a-t-il dit, ajoutant qu'il appréciait « chaque occasion d'aider un pays qui m'a tant donné ».

Harry était un infatigable défenseur de la lutte pour la préservation des habitats naturels au Botswana, devenant notamment parrain de la Rhino Conservation Botswana en janvier 2017. Lors de la deuxième semaine de leur séjour, il a tenu à présenter à Meghan le travail effectué par cet organisme caritatif. Le directeur, Martin « Map » Ives, les a emmenés voir quelques-uns des rhinocéros noirs en voie de disparition que Harry avait aidé à déplacer et à équiper de traceurs électroniques en septembre 2016.

« Harry a constaté de lui-même les blessures cruelles et absurdes qu'infligent les braconniers à ces animaux menacés d'extinction, a dit Map. La préservation des rhinocéros est une question extrêmement sérieuse, et le Botswana ne peut y arriver seul. Pour gagner cette bataille, nous avons besoin de l'aide de tous. »

Faire découvrir à Meghan le travail qu'il faisait avec la RCB était une nouvelle preuve des liens puissants qui l'unissaient à elle. Harry voulait partager avec elle chaque moment important de sa vie. « L'écologie joue un rôle dans leur relation, a dit Map, mais il y a aussi entre eux un lien émotionnel. »

Pendant ce voyage, Harry a également présenté Meghan au Dr Mike Chase, fondateur d'Elephants without borders, qui aide les communautés locales à coexister avec les éléphants. Mike et Kelly, son associée, ont enseigné à Meghan, muette d'admiration, comment fixer un collier-émetteur relié à un satellite sur un pachyderme de cinq tonnes.

Poursuivant sa séance de yoga matinale près des berges verdoyantes du fleuve Zambèze, Meghan avait du mal à rester concentrée. Elle n'aurait jamais imaginé étendre son tapis non loin des buffles du Cap broutant au bord de l'eau tandis que des bateaux de pêcheurs rentraient chez eux avec leurs prises.

En outre, elle n'aurait jamais osé rêver qu'au cours de ce voyage magique, l'homme qu'elle aimait, cinquième dans l'ordre de succession au trône britannique, lui promettrait de l'épouser. Sous les étoiles du Botswana, mettant son âme à nu, Harry lui a très clairement dévoilé ses intentions et c'était tout ce que Meghan désirait. Lors de cette dernière journée au Botswana, ils se sont sentis plus que jamais liés l'un à l'autre – meilleurs amis, partenaires, âmes sœurs.

Harry a tenu parole. Peu de temps après leur retour à Londres, pendant que Meghan préparait le dîner à Nottingham Cottage – où elle se sentait maintenant chez elle –, il a mis un genou à terre et lui a demandé sa main. Jamais ils n'oublieraient ce moment. Mais ils ne partageraient pas tout de suite la nouvelle avec le reste du monde. Pour l'instant, ce serait leur petit secret.

CHAPITRE 9

Boum !

Maintenant que Harry et Meghan étaient fiancés, les conversations sur l'éventualité d'une première apparition en public avant les jeux Invictus de 2017 allaient bon train à Kensington Palace. Pourtant, cette compétition sportive internationale fondée par Harry, destinée aux soldats et vétérans blessés ou malades, et qui devait se dérouler à Toronto au mois de septembre, aurait été l'endroit idéal. (Malgré les rumeurs, le fait que les jeux se déroulent dans la ville où vivait Meghan n'était que pure coïncidence ; le lieu avait été choisi en mai 2016.) Quoi de mieux que de profiter de l'un des projets les plus importants du prince pour faire une déclaration d'amour en public ?

Les jeux Invictus sont nés au retour de la première affectation de Harry en Afghanistan. Il en était revenu profondément ébranlé par ce qu'il avait vu.

« En février 2008, j'ai pris un avion à Kandahar qui a été retardé par le chargement du cercueil d'un soldat danois à bord, a écrit Harry pour l'inauguration des premiers jeux. Trois des nôtres rentraient avec nous, tous blessés à des degrés divers et plongés dans un coma artificiel… La plupart d'entre nous étions soulagés de prendre cet avion et de retrouver nos proches, mais c'est aussi là que la réalité du conflit nous a vraiment frappés. J'en avais bien sûr entendu parler, je m'y attendais, j'avais ordonné de nombreuses évacuations à cause d'elles. Par "elles", je veux parler des blessures causées par des engins explosifs artisanaux. Je n'en avais jamais vu moi-même. Perdre la vie est la chose la plus tragique et bouleversante qui soit, mais je n'étais pas préparé à voir des jeunes gars – bien plus jeunes que moi – emballés dans du plastique, avec des membres en moins et des centaines de tuyaux qui leur sortaient du corps. Pour moi, c'est là que tout a commencé. »

Une autre source d'inspiration a été la réception donnée par Michelle Obama à la Maison-Blanche, en 2013, qui selon la Première dame visait à « honorer le sacrifice et le service de nos vétérans et des familles de militaires ». Mme Obama et la Deuxième dame, Dr Jill Biden, ont créé l'association Joining Forces, qui soutient les vétérans et leurs familles en proposant des formations et diverses opportunités aux anciens militaires.

À Washington, Harry a aussi visité le Walter Reed National Medical Center afin d'observer le travail novateur des équipes médicales, attachées à aider les vétérans les plus grièvement blessés, comme ceux qui ont été amputés ou ceux qui souffrent de LCT (lésions cérébrales traumatiques).

Harry s'est ensuite rendu à Colorado Springs pour participer aux Warrior Games, avec le soutien de la Royal Foundation. Au moment de quitter les États-Unis, son désir de rendre hommage à ses frères d'armes est devenu un véritable projet : celui de « voler » – comme il le disait lui-même – le concept des Warrior Games pour l'implanter à Londres. La tâche était certes difficile, mais Harry, qui avait trouvé sa voie, débordait d'enthousiasme. Les jeux Invictus et la Invictus Games Foundation étaient nés.

William et Harry entretenaient depuis longtemps des liens étroits avec la communauté militaire, non seulement grâce à leur propre carrière dans l'armée, mais aussi par leur travail caritatif. En 2012, la Royal Foundation a créé l'Endeavour Fund, qui aide les soldats blessés à relever des défis sportifs dans le cadre de leur rééducation. Les frères avaient aussi rendu des visites publiques et privées à Headley Court, le centre de rééducation médicale du ministère de la Défense britannique, pour rencontrer les militaires qui apprenaient à vivre avec des membres artificiels après avoir été blessés en Irak et en Afghanistan.

En septembre 2014, Harry a inauguré les premiers jeux Invictus. Hormis ses deux missions dans l'armée, c'était sa plus grande contribution dans le domaine militaire. L'événement paralympique, qui s'est tenu au Queen Elizabeth Olympic Park de Londres, a vu s'affronter 550 participants venus de dix-sept pays différents dans douze disciplines sportives – parmi lesquelles le basket fauteuil, le tir à l'arc ou encore le rugby fauteuil, un sport si violent qu'on l'appelle parfois « *murderball*[1] ». C'était l'occasion pour les personnes ayant subi les traumatismes apparents ou cachés de la guerre de représenter fièrement leur pays d'une façon novatrice et forte.

En raison de sa compassion, on comparait souvent Harry à sa défunte mère. Que ce soit pour acclamer un participant en fauteuil roulant dans les derniers mètres d'une course difficile ou pour offrir des paroles encourageantes à des nageurs amputés se hissant sur les plots de départ avant une compétition, Harry était bien le fils de sa mère, le prince du peuple. Jamais ce parallèle avec Diana ne lui avait paru un poids ; au contraire, cela le galvanisait.

En 2016, le prince Harry a redoublé d'efforts dans l'organisation du deuxième tournoi, à Orlando, en Floride. Au printemps, en pleine promotion des jeux Invictus, Harry s'est tourné vers le

1. « La balle tueuse ». (NdT)

président des États-Unis et Mme Obama, afin qu'ils l'aident à susciter l'intérêt des Américains pour ses jeux.

En avril 2016, avant la fin du deuxième mandat présidentiel, les Obama ont effectué leur dernière visite officielle au Royaume-Uni. Ils ont déjeuné à Buckingham Palace pour le quatre-vingt-dixième anniversaire de la reine, puis se sont rendus le soir à Kensington Palace pour un dîner en privé avec William, Kate et Harry. Une semaine plus tard, le président et la Première dame ont répondu au défi lancé sur Twitter par Harry aux athlètes américains.

« Hé, prince Harry, disait Mme Obama dans sa vidéo. Tu te souviens, quand tu as demandé de tout donner ? de mettre les bouchées doubles ? aux jeux Invictus ? » À son côté, le président, hilare, renchérissait : « Tes désirs sont des ordres ! » « Voilà, je donne tout ! » « Boum ! » a ajouté un vétéran en guise de conclusion.

Le défi était relevé.

« Mme Obama nous a provoqués et je ne savais vraiment pas quoi faire, a dit Harry. Elle a entraîné son mari – le président ! – dans cette histoire. Qui peut surclasser le président ? »

Une seule personne : sa grand-mère.

« Je ne voulais pas demander à la reine, parce que je ne tenais pas à la mettre au pied du mur, a admis Harry, toujours gentleman. Mais quand je lui ai montré la vidéo, elle a répondu : "Très bien. Que devons-nous faire ? Allons-y." »

Et quand la reine Élisabeth II dit : « Allons-y », on y va.

En réponse aux Obama, on voit une nouvelle vidéo où Harry montre celle de Michelle Obama à sa grand-mère. La reine, qui a un sens de l'humour caustique, se contente de dire : « Ah, bon ? Mais avec plaisir. » Sur ce, Harry regarde l'objectif avec un petit sourire satisfait, et ajoute : « Boum ! »

Cette dernière vidéo est aussitôt devenue virale – et tout cela pour aider les jeux Invictus d'Orlando, où Mme Obama s'est tenue au côté de Harry lors de la cérémonie d'ouverture.

Les jeux Invictus de Toronto, en 2017, posaient un nouveau problème, puisqu'il fallait présenter la petite amie du prince.

Sur l'avis des gardes du corps, Harry et Meghan se sont installés à l'hôtel pendant les jeux, plutôt que de rester chez Meghan ; ils seraient ainsi plus facilement protégés et resteraient à l'abri des regards indiscrets (et pourraient notamment cacher le fait que Doria les avait rejoints en secret pour l'événement).

Harry et Meghan ont occupé la suite royale du Fairmont Royal York, où la reine et le prince Philip avaient déjà séjourné, tout comme les arrière-grands-parents de Harry, le roi George et la reine mère. Un portrait de sa grand-mère trône fièrement dans le hall d'entrée lambrissé au sol de marbre. Guère incommodés, les deux amoureux avaient tout un étage pour eux, en dehors des gardes du corps et des employés de Harry. Doria avait elle aussi une suite au même étage, ce qui leur permettait de passer du temps ensemble tous les trois. C'était la première fois qu'elle voyait le couple depuis leurs fiançailles ; ils avaient beaucoup de choses à fêter.

Malgré son planning chargé, Harry a tout de même pris le temps de se rendre sur le tournage de *Suits*, pour voir où travaillait Meghan, ne sachant pas si une autre occasion se présenterait.

Pour des raisons évidentes, depuis que Meghan avait commencé à fréquenter Harry, les choses avaient changé sur le plateau. Les premiers mois, elle avait confié à certains de ses partenaires que son nouveau petit ami n'était autre que le prince, et employait des noms de code pour parler de sa vie amoureuse – un jour, elle avait même dit à Wendell Pierce, son père à l'écran, qu'elle arrivait de Londres. Mais dernièrement, elle ressentait le besoin de faire preuve d'une plus grande réserve devant ces personnes qu'elle connaissait depuis près de dix ans.

Ce n'était simple pour personne. Patrick J. Adam's, son ami et son partenaire dans *Suits*, avait invité Meghan à son mariage avec l'actrice

Troian Bellisario, le 10 décembre, pour passer un week-end charmant sous la tente dans les bois de Santa Barbara, mais elle a préféré refuser. La journée aurait été gâchée par les paparazzi qui auraient survolé la cérémonie en hélicoptère pour la prendre en photo.

Meghan, dont le nom avait été supprimé des plannings de tournage, pour éviter que les paparazzi ne sachent où la trouver, arrivait désormais sur le plateau accompagnée de gardes du corps discrets. De plus, la production avait averti les membres de l'équipe qu'elle côtoyait depuis sept ans de ne divulguer aucune information sur elle aux reporters, ajoutant que s'ils enfreignaient cette demande, ils risquaient de perdre leur emploi.

Un peu vexés, ceux-ci comprenaient néanmoins la nécessité de telles mesures.

« La situation était gênante au début, et certaines personnes ont été un peu jalouses qu'elle devienne soudain le centre d'attention de la série, a confié un technicien de *Suits*. Mais pour la plupart d'entre nous, c'était toujours la même Meghan, celle qui apportait de drôles d'en-cas à partager avec l'équipe ou restait après le tournage pour bavarder avec des fans devant le studio. »

C'est sans doute pourquoi, cet après-midi-là, avant le début des jeux, les acteurs et techniciens se sont montrés si bienveillants quand le prince est entré sur le plateau sécurisé, pour rencontrer ceux qui avaient gardé son secret depuis un an.

« Il est arrivé discrètement, si bien que beaucoup de personnes n'ont appris sa venue qu'après coup, a expliqué un membre de l'équipe de production. Il n'arrêtait pas de dire combien il était fier de Meghan, mais il était aussi très curieux de découvrir comment tout fonctionnait. Il voulait voir le département des accessoires, et Meghan était ravie de lui faire une petite visite guidée avec quelques-uns de ses plus proches partenaires. »

Toutefois, la veille de la cérémonie d'ouverture des jeux Invictus, l'emploi du temps de Harry était rempli d'engagements officiels. Il devait d'abord s'arrêter au centre de toxicomanie et de santé mentale de Toronto, que la princesse Diana avait visité vingt-six ans plus tôt. Là, il a parlé avec le personnel médical du trouble de stress post-traumatique, de la dépression et des « blessures invisibles » telles que les maladies mentales qu'affrontaient nombre de vétérans comme lui à leur retour d'affectation. Harry a également rencontré la Première dame, Melania Trump, qui menait la délégation américaine aux jeux Invictus, et le Premier ministre canadien, Justin Trudeau.

Avant la cérémonie d'ouverture, Harry, accompagné de ses assistants, s'est familiarisé avec les lieux et a répété son discours sur le prompteur. Il s'agissait de la troisième édition des jeux, mais ce soir-là était d'autant plus important que sa chère et tendre se trouverait dans les gradins, pour sa première apparition dans le cadre d'un engagement royal officiel.

Tandis que Harry préparait son allocution, Meghan cherchait la tenue idéale avec l'aide de Jessica, qui avait rejoint l'hôtel par l'entrée souterraine et apporté de nombreuses robes parmi lesquelles choisir. Les deux amies savaient que tous les photographes présents au Pan Am Sports Center ce soir-là auraient leur objectif fixé sur Meghan. Elle sentait la pression monter.

Comme ça avait été le cas pour Kate avant elle, partout dans le monde, les femmes en quête d'inspiration vestimentaire se tournaient désormais vers Meghan. L'« effet Meghan » battait son plein. Cet après-midi-là, elle a regardé plusieurs ensembles avec Jessica avant de sélectionner une robe plissée mi-longue de la marque Aritzia, en mousseline de soie bordeaux, et un blouson de cuir Mackage pour couvrir ses épaules. La tenue était parfaite – ni trop habillée ni trop sport.

Enfin prête, Meghan s'est rendue au stade. Son ami Markus était son invité pour la soirée. Quoi de plus naturel que de demander à l'homme qui lui avait présenté un grand nombre d'amis à

Toronto et qui l'avait aidée à organiser ses premiers rendez-vous avec le prince d'assister à cet événement si particulier ? Il était l'un des rares à connaître leur grand secret, avec Jessica.

Lors de la cérémonie, Harry était assis avec les autres dignitaires internationaux. Ce qui ne l'empêchait pas de couler des regards vers sa future épouse, assise à seulement dix-huit sièges de là. (Que Meghan rejoigne Harry alors qu'il se trouvait à côté de Melania Trump et de Justin Trudeau aurait constitué une entorse au protocole.)

Les jeux se poursuivant pendant encore un jour et demi, les correspondants royaux sur place se demandaient si le couple allait enfin faire sa première apparition publique.

Kensington Palace communique régulièrement avec la même vingtaine de reporters, qui couvrent la famille royale lors des événements importants. À l'image du service de presse de la Maison-Blanche, ils sont très présents et tiennent un rôle essentiel. Quand William et Harry jouent au polo pour des œuvres de bienfaisance, c'est généralement le palais qui guide la « meute » afin que les photos et les informations soient prises à distance raisonnable, sans empiéter sur la vie privée. Une équipe de journalistes de presse écrite, de correspondants des chaînes d'information et de photographes travaillent en alternance de sorte qu'un journaliste de chaque médium puisse couvrir chaque événement (renvoyant les informations aux autres membres de la *royal rota*). Naturellement, tous veulent être présents aux moments les plus magiques – naissances, mariages, fiançailles et, en l'occurrence, l'apparition soigneusement orchestrée de Harry et Meghan.

Mais les choses étaient différentes, cette fois. Harry avait demandé aux employés de ne donner aucune information à la presse concernant la venue de Meghan aux jeux, refusant qu'un cirque médiatique détourne l'attention des compétitions sportives. Pour Harry, il était hors de question de ne pas s'intéresser à ce qui comptait le plus. Il lui arrivait même parfois de demander que son nom ne soit pas placé en tête sur les communiqués de presse : « Parce qu'il ne s'agit pas de moi. Il s'agit d'eux. »

Ce grand moment était très attendu depuis la cérémonie d'ouverture ; les rumeurs sont d'ailleurs allées bon train quand Ed Lane Fox est entré, très agité, sur le court de tennis-fauteuil et a demandé aux employés de préparer deux sièges au premier rang. *Ça y était ? C'était le moment ?* Pourtant, la plupart des photographes royaux qui suivaient habituellement Harry n'étaient pas au match de tennis. Seuls quelques reporters britanniques y assistaient.

Le 25 septembre à 13 h 45, Rhiannon Mills, de Sky News – la grande chaîne d'information britannique –, a reçu un appel de Jason, le secrétaire particulier de Harry.

« Rhiannon, le prince Harry et Meghan Markle vont faire une apparition dans dix minutes. »

C'était la seule journaliste télé britannique à avoir une équipe à proximité du match de tennis, mais il lui restait très peu de temps pour se mettre en place et se préparer à ce qui serait sans aucun doute l'un des événements royaux les plus importants de l'année.

À 13 h 55, par une chaleur étouffante, flanqués de deux gardes du corps et suivis par Jason, Harry et Meghan se sont dirigés, main dans la main, vers les courts de tennis. Les assistants de Harry avaient organisé dans les moindres détails cette arrivée top secret, mais elle était tout sauf discrète.

Meghan avait opté pour un style décontracté, avec un jean effiloché de la marque Mother, des chaussures à talons plats Sarah Flint, un sac Everlane et, en guise de petit clin d'œil à son secret, un chemisier couleur perle créé par Misha, appelé « *the husband shirt*[1] ». (Le chemisier à 185 dollars s'est aussitôt retrouvé en rupture de stock et sa tenue est devenue le sujet à la mode sur internet.)

1. « La chemise mari ». (NdT)

Meghan regardait son fiancé avec adoration tandis que tous deux rejoignaient leurs sièges, entourés des familles australiennes et néo-zélandaises venues soutenir les joueurs. Ils semblaient tout à fait à leur aise ; les photographes ont saisi chacun de leurs mouvements, Meghan caressant le bras de Harry ou celui-ci lui enlaçant les épaules d'un air protecteur.

Kylie Lawler a raconté en plaisantant que son mari, Sean, qui jouait dans l'équipe australienne, ne lui pardonnerait sans doute jamais de s'être retrouvée assise à côté de Harry et Meghan : « J'ai raté la moitié du match. »

« Elle était heureuse… et très jolie, a-t-elle dit. Ils avaient l'air d'un couple très décontracté. »

Kylie avait appris avant la presse que le couple serait là. Une demi-heure avant leur apparition, un garde du corps l'avait prévenue. Elle avait alors demandé à son fils de changer de chemise, parce qu'il serait assis à côté d'une « future princesse ».

Harry a pris le temps de parler à chaque vétéran et à chaque membre de la famille venu le remercier. Il a accepté avec plaisir de se faire prendre en photo avec les équipes. Mais après avoir été, toute la journée, le centre d'attention, il n'avait aucune envie d'aller au restaurant ce soir-là sous les regards des curieux. L'année précédente, lors des jeux Invictus d'Orlando, il avait préféré se reposer à l'hôtel plutôt que de sortir au restaurant et en boîte de nuit. À ce moment-là de sa vie, Harry privilégiait les soirées entre amis proches, avec lesquels il pouvait être lui-même.

Il avait donc hâte de dîner chez les Mulroney avec Justin et Sophie Trudeau. Mais au moment où Meghan et lui s'apprêtaient à quitter l'hôtel, ils ont reçu un appel les informant que des paparazzi surveillaient la maison de Ben et Jessica. Des photographes locaux avaient supposé à juste titre que le couple se rendrait dans la propriété de la province du Haut-Canada. Le dîner a été annulé.

La cérémonie de clôture, elle, a été une véritable fête. Doria et Meghan, accompagnées de Markus et Jessica, se sont rendues dans la loge privée de Harry, où le prince les a rejointes après son discours. Des photographes l'ont vu embrasser tendrement la femme qui avait conquis son cœur et écouter attentivement sa future belle-mère, qui, plus tard, a dansé, comme les autres spectateurs, sur la musique de Bruce Springsteen.

En accueillant Doria publiquement à l'occasion d'un déplacement officiel – et en particulier après tous les commentaires racistes à son sujet –, Harry montrait sciemment au monde à quoi ressemblerait sa future famille.

Comme pour renforcer l'importance de Meghan dans la vie de Harry, lorsque Barack Obama, Joe Biden et sa femme Jill ont assisté à la dernière journée des jeux, l'ancien président a demandé au prince des nouvelles de son amoureuse.

Hayley Stover, une étudiante de Toronto âgée de 18 ans, était assise à côté du prince au match de basket fauteuil. Elle a entendu Barack Obama dire à Harry que Meghan avait regardé les matchs de tennis avec lui.

« Harry a fait un grand sourire, s'est souvenue Hayley. Il avait l'air très heureux. C'était mignon. »

Le président Obama voulait savoir si tout allait bien pour Meghan au travail, et Harry lui a demandé comment se portait son épouse. C'était une conversation des plus banales entre deux hommes qui se racontaient leur vie.

« Toutes mes amitiés à Michelle », a ajouté Harry, avant de partir.

CHAPITRE 10

Adieu Toronto

En regardant les cartons empilés dans le salon vide de sa maison de Toronto, Meghan a eu un pincement au cœur. Parce que les tournages se prolongeaient tard dans la nuit et qu'elle avait tant de personnes à qui dire adieu, il a fallu plus de trois semaines pour ranger sa vie entière dans les cartons, en ce début de novembre 2017. Les déménageurs venaient de partir, après avoir étiqueté les meubles à envoyer outre-mer ou à stocker au garde-meuble, et, ses canapés étant désormais enveloppés de draps en coton blanc, il n'y avait plus nulle part où s'asseoir.

Bogart et Guy, ses deux chiens adorés, étaient gardés par une amie, afin d'éviter que leurs habitudes ne soient bouleversées par le déménagement. Bogs, trop âgé pour endurer sans risque sept heures de vol à destination du Royaume-Uni, devrait rester au Canada, chez un bon ami de Meghan. (Trois ans plus tard – et après quelques visites de son ancienne maîtresse –, Bogart reste « un chien comblé », a confié un proche.) La niche douillette où dormaient les chiens était vide désormais. La maison semblait étrangement silencieuse.

Meghan avait vécu des moments formidables dans cette maison de Toronto – les repas de Thanksgiving avec ses partenaires de *Suits*, les chaudes soirées d'été passées à rire avec des amies jusqu'à l'aube en buvant du rosé, les dîners en plein air préparés pour Harry quand ils n'avaient pas envie de s'aventurer dehors.

Mais elle avait donné son dernier dîner entre amis et effectué sa toute dernière journée de tournage sur le plateau de *Suits* – où, comme l'a fait remarquer son amie l'actrice Sarah Rafferty, les acteurs avaient passé plus de temps ensemble qu'avec leurs propres camarades de lycée ou d'université.

Bien que la nouvelle n'ait pas encore été rendue publique, Meghan quittait la série judiciaire à la fin de la saison. Patrick, son partenaire à l'écran, a plus tard confié à *Hollywood Reporter* que, malgré de nombreux « non-dits » à la fin de leur collaboration, Meghan et lui s'étaient quittés en bons termes.

« Nous avons grandi ensemble tout au long de la série, a-t-il expliqué. D'instinct, nous sentions que l'heure était venue. Sans avoir besoin d'en parler, nous avons profité à fond des derniers épisodes que nous avons tournés ensemble. Nous savions tous deux que nous ne reviendrions pas ; c'est ce qui a rendu nos scènes si touchantes. Nous avons passé un excellent moment, dans la bonne humeur. Nous avons même ri de choses qui, dans la série, auraient pu nous agacer, et nous avons partagé nos ressentis sur la folie de cette aventure. »

Les dernières semaines de tournage, dont l'apogée a été une scène dans laquelle Rachel et Mike, les personnages joués par Meghan et Patrick, se marient enfin, ont été empreintes de nostalgie. Mais Meghan savait déjà qu'elle était prête à passer au chapitre suivant.

Wendell Pierce, qui jouait son père à l'écran, a donné à sa « fille » un conseil avant sa toute dernière scène. « Je voulais juste qu'elle sache que, même si sa nouvelle vie nous amenait à perdre le contact, je serais toujours là pour elle si elle en avait besoin, a-t-il dit. C'était à la fois triste et palpitant de la voir partir... Un peu comme d'envoyer son enfant à l'université. On fêtait son diplôme. »

Peu de personnes dans l'industrie audiovisuelle pouvaient se vanter d'avoir passé sept ans sur une série à succès.

« Quand nous avons atteint le centième épisode, a dit Meghan, j'ai pensé : "Tu sais quoi, j'ai réussi." Je suis très fière du travail accompli. »

Elle savait qu'une fois qu'elle abandonnerait son rôle dans *Suits* et emménagerait à Londres, sa carrière d'actrice serait terminée. Pour toujours. C'était irréversible. D'une certaine façon, elle était soulagée. Au fil des ans, ayant découvert le monde et s'étant rendu compte que sa notoriété lui permettait de le changer, elle a commencé à s'éloigner du métier d'actrice pour un travail qui aurait plus d'impact.

Mais quitter sa carrière, alors qu'elle avait passé tant d'années à la construire, la « terrifiait » aussi, a-t-elle avoué à des amis. Autrefois, elle avait en effet rêvé de rôles plus substantiels au cinéma. Cependant, à l'approche de la quarantaine, ses rêves et ses ambitions ont commencé à évoluer. Une petite voix en elle lui soufflait qu'elle pouvait faire bien plus grâce à sa célébrité. C'était d'ailleurs l'une des raisons pour lesquelles elle avait créé *The Tig*. Elle admirait les actrices comme Angelina Jolie, qui était devenue une autorité dans le domaine caritatif, concentrant son travail sur des projets humanitaires entrecoupés de projets commerciaux et subvenant à ses besoins grâce à des contrats publicitaires. Meghan s'était inspirée de cet exemple. Puis elle avait rencontré Harry. Si elle tenait à construire son avenir – et à fonder une famille – avec lui, elle devait renoncer définitivement à être actrice.

Meghan était prête à passer à l'étape suivante ; elle avait même franchi le premier obstacle un mois plus tôt en rencontrant officiellement la reine.

Elle avait en effet brièvement croisé Sa Majesté quelques mois auparavant (« Harry et elle sont tombés sur elle par hasard », a dit une source en riant), mais Meghan était tout de même inquiète à l'idée de faire la connaissance de la grand-mère de Harry – ce serait la première fois qu'elle la verrait depuis ses fiançailles. Bien que la reine ait donné à Harry l'autorisation de se marier, les divorcés n'avaient pas toujours été très bien accueillis dans la famille royale par le passé. Le roi Édouard VIII avait provoqué une crise constitutionnelle dans la maison Windsor en abdiquant en 1936 pour épouser Wallis Simpson, une Américaine qui avait divorcé deux fois avant de gagner le cœur d'Édouard. Lorsque, en 1955, la princesse Margaret avait demandé à la reine la permission d'épouser le capitaine Peter Townsend, des courtisans avaient averti Élisabeth II, qui venait d'accéder au trône, qu'en tant que reine et chef suprême de l'Église d'Angleterre, elle ne pouvait pas laisser sa sœur se marier avec un divorcé.

Townsend, un talentueux pilote de la RAF, avait reçu la Distinguished Flying Cross[1] et avait plus tard été nommé écuyer du roi George puis de la reine Élisabeth. Il avait aussi été administrateur adjoint de la maison royale. Mais toutes ses vertus ne changeaient rien au fait qu'il était divorcé. On avait alors demandé à la princesse Margaret de repousser ses fiançailles pendant que Townsend partait pour Bruxelles, où il avait été nommé attaché d'ambassade. Quelque temps plus tard, elle renonçait à son projet de mariage.

Il n'était donc pas du tout certain que la grand-mère de Harry lui donnerait son accord pour épouser Meghan, mais beaucoup de choses avaient changé depuis les années 1950. Trois des quatre enfants de la reine avaient divorcé, et Charles avait pu épouser Camilla, qui elle-même avait divorcé en 2005. En réalité, la souveraine était tout simplement enchantée pour Harry.

1. Croix du service distingué dans l'aviation. (NdT)

Quelques jours avant le 12 octobre, Meghan et Jessica se sont concertées pour choisir la tenue qui conviendrait à cette rencontre cruciale avec Sa Majesté. Comme à leur habitude, elles ont correspondu par iMessage, s'envoyant des photos et des messages vocaux. Jessica avait un deuxième numéro de téléphone réservé à Meghan – ce qui leur permettait de discuter en toute sécurité. Après avoir considéré des douzaines de possibilités, elles ont opté pour une robe classique couleur pastel.

En plein milieu du tournage de *Suits*, Meghan s'est rendue à Londres pour cette réunion. (Quelques jours plus tard, elle tournait à Toronto.) Comme les paparazzi surveillaient souvent les grilles de Kensington Palace, Harry et Meghan n'ont pas voulu risquer d'être photographiés en train de rendre visite à la reine. Au lieu de faire le trajet en Range Rover, comme ils en avaient l'habitude, ils ont pris une Ford Galaxy aux vitres teintées, un monospace que l'on associe plus volontiers aux mères de famille qu'à la Firme.

Le couple a ainsi parcouru les deux kilomètres et demi qui les séparaient de Buckingham Palace. Une fois que les officiers armés de Scotland Yard les ont autorisés à entrer, la voiture s'est avancée discrètement vers l'entrée latérale couverte d'un auvent vitré, réservée à la souveraine. Les centaines de touristes massés dehors ne se doutaient de rien.

Harry et Meghan ont emprunté le magnifique ascenseur en fer forgé qui date du siècle dernier, pour rejoindre l'entrée privée de la reine. En sortant de l'ascenseur, Meghan a été accueillie par le page Paul Whybrew, l'un des plus proches employés de Sa Majesté.

Grand et mince, avec des pommettes saillantes, Paul est au service de la reine depuis quarante ans. Meghan a aussitôt reconnu qu'il s'agissait de l'homme qui escortait Daniel Craig en James Bond quand il était allé voir la reine, dans la vidéo inaugurale des jeux Olympiques de Londres, en 2012.

Le sanctuaire des appartements privés de la reine ne correspondait pas du tout à l'idée que s'en était faite Meghan. Elle ne savait d'ailleurs pas trop à quoi s'attendre. Harry a embrassé sa grand-mère sur les joues au moment d'entrer dans le salon. Meghan, qui savait qu'elle devait faire la révérence, s'était entraînée des douzaines de fois avant le rendez-vous.

La moquette Aubusson bordeaux et crème ornée de fleurs et de volutes s'accordait aux cadres dorés des tableaux de maîtres anciens accrochés aux murs turquoise clair – un bleu Tiffany pâle – ornés de moulures les plus richement décorées que Meghan ait jamais vues. Était-elle réellement en train de rencontrer le chef du Commonwealth ?

Ce jour-là pourtant, c'était tout simplement « grand-mère », comme l'appelle Harry, assise sur la chaise à dossier droit tapissée de soie. Deux tables en bois en forme de demi-lune encadraient une cheminée blanche. Sur l'une était posée la photo de fiançailles de William et Kate. Sous les magnifiques tableaux se trouvaient d'autres photos de famille, ainsi que d'incroyables bouquets de fleurs roses et blanches dans des vases en cristal.

La rencontre a eu lieu à 17 heures, l'heure que préfère la reine pour prendre le thé. Meghan aimait beaucoup cette tradition britannique. La reine boit toujours le « mélange de la reine Mary », un assemblage particulier de thés Darjeeling et Assam.

Les inquiétudes de Meghan se sont vite dissipées quand les corgis de la reine se sont attachés à elle en quelques instants. Blotti aux pieds de la future épouse de Harry, Willow s'était trouvé une amie. Vulcan et Candy, les deux « dorgis » (des croisés corgi-teckel), constamment sur les talons de Sa Majesté, ont rapidement suivi l'exemple de Willow. Dans son interview donnée à l'occasion de ses fiançailles, Harry a déclaré : « J'ai passé les trente-trois dernières années à me faire aboyer dessus. Mais quand [Meghan] est arrivée, ils n'ont pas fait un bruit. »

Tandis que les chiens remuaient la queue, allongés aux pieds de Meghan, la reine, aussi chaleureuse et tendre que Harry l'avait décrite, mettait également la jeune femme à son aise. Tous trois ont discuté avec le plus grand naturel avant que Meghan ne doive partir – dix minutes après la fin de l'heure qui lui avait été impartie. La reine, sans doute l'une des femmes les plus occupées de toute l'Angleterre, ne dépasse jamais les horaires qu'elle a fixés. C'était donc bon signe.

Le 20 novembre, un peu plus d'un mois après cette rencontre, Meghan atterrissait à Londres. La capitale britannique n'était plus seulement l'endroit où vivait son compagnon, c'était devenu son chez-elle aussi. Les dernières semaines avaient été difficiles, pourtant ici elle se sentait bien. Elle était pleine d'enthousiasme.

Harry, lui, se sentait coupable qu'elle ait dû abandonner tant de choses – sa maison, sa carrière – pour intégrer son monde. Il craignait toujours de bouleverser sa vie. En privé, il s'inquiétait de ce qui les attendait. Comment réagirait la presse ? Allait-il devoir encore faire face aux préjugés de ses proches et de l'institution ? Il voulait protéger Meghan, l'envelopper et la préserver de toute la tension ambiante, mais il savait que c'était impossible. Il redoutait de l'entendre dire : « Je t'aime, mais je ne peux pas vivre ainsi. » Meghan lui assurait qu'elle était forte et prête à « former une équipe ».

Après son emménagement à Nottingham Cottage, la maison douillette qu'elle partageait désormais avec Harry, ses journées se déroulaient dans le plus grand secret. La vie du prince poursuivait son cours : il continuait à assurer ses engagements royaux, comme une réception pour Walking with the Wounded, le 21 novembre (le lendemain de l'arrivée de Meghan) à l'hôtel Mandarin Oriental, à quelques minutes de là. Fervent défenseur de cette association caritative de soutien aux vétérans depuis 2010, il a participé aux treks organisés au pôle Nord en 2011 et au pôle Sud en 2013.

Après son discours, Harry a confié à Simon Daglish, son cofondateur : « La vie est très belle. »

Sur le plan domestique, il y avait beaucoup à faire. Au cours de ses derniers séjours à Londres, Meghan avait laissé des vêtements sur place et ajouté quelques touches à la décoration, mais il lui fallait maintenant trouver de la place pour toutes ses affaires. Elle avait, grâce à son sens inné du design, largement contribué à embellir la maison, mais elle ne pouvait pas faire grand-chose pour l'agrandir. À l'étage, les doubles plafonds étaient si bas par endroits que Harry, avec son mètre quatre-vingt-cinq, devait se baisser pour éviter de se cogner la tête. Quant à la garde-robe de Meghan, elle remplissait presque entièrement l'une des chambres à coucher. Mais le manque de place n'avait pas grande importance. Après des mois passés loin l'un de l'autre, Meghan était ravie de partager enfin un code postal, W8 4PY, avec son compagnon.

Elle a également apporté sa touche personnelle hors des murs du cottage. Elle gardait une boîte de chauffe-mains à usage unique commandées sur Amazon, qu'elle distribuait aux gardes à l'entrée, les jours de grand froid.

Meghan, qui déménageait souvent à cause de son travail, a toujours aimé rendre son foyer aussi confortable et chic que possible. Cette fois-ci, cela l'aidait à faire face aux grands bouleversements qu'elle traversait, sur le plan à la fois géographique et personnel. Elle qui était du genre à s'épanouir où qu'elle se trouve se sentait chez elle à Nott Cott, avec Harry. Malgré tout, elle n'avait pas emménagé à Londres pour un nouveau travail, mais pour commencer une nouvelle vie. Et, bien qu'habituée à être séparée de sa mère – qui lui apportait un soutien indéfectible – par des milliers de kilomètres, vivre à Londres lui donnait l'impression d'être un tout petit peu trop loin. Elles se parlaient au téléphone ou s'envoyaient des SMS presque tous les jours, mais les huit heures de décalage horaire ne facilitaient pas les choses. De plus, elle ne s'était pas installée au

Royaume-Uni comme une personne ordinaire ; elle allait devenir un membre de la famille royale – un changement qui aurait été difficile pour n'importe qui.

Tandis que Harry et Meghan se terraient dans leur nid d'amour, les rumeurs de leurs fiançailles battaient leur plein – et le fait que les employés de Kensington Palace se montrent encore moins loquaces que d'habitude n'arrangeait pas les choses. Les journalistes qui demandaient où en étaient les projets de fiançailles recevaient toujours la même réponse : « Pas de commentaire », ou « Rien à signaler ». Pourtant, les preuves s'accumulaient. Lorsque, le 22 novembre, Harry et Meghan ont soudain participé à une réunion de deux heures avec Jason, le chargé de communication du prince, et Ed Lane Fox, son secrétaire particulier, il était évident que quelque chose se tramait.

Les médias se sont interrogés de plus belle quand les journalistes et cameramen de la BBC ont fait courir le bruit que le palais les avait contactés pour réaliser leur première interview en tant que futurs époux.

Il se passait quelque chose, assurément. Mais aucun des proches du couple n'avait l'intention de vendre la mèche – surtout après avoir gardé le secret aussi longtemps. Meghan n'avait prévenu que ses parents et ses meilleurs amis, Jessica, Markus et Lindsay. À ses amies les plus proches, elle venait tout juste d'annoncer la nouvelle en envoyant une photo de sa bague de fiançailles.

« Meghan n'a eu aucun mal à garder le secret, a dit un de ses amis de longue date. Au contraire, tant que leur histoire restait entre eux, ils pouvaient profiter de ce moment avant qu'il ne devienne public. »

Si le reste du monde avait hâte de savoir où en était la relation des tourtereaux, ceux-ci étaient heureux de rester à Nottingham Cottage, où ils passaient, selon un ami, « des soirées douillettes devant la télévision et à préparer le dîner ». Ils fréquentaient quelques amis, comme Charlie van Straubenzee et sa petite amie Daisy Jenks, allaient parfois dîner à Londres chez Lindsay et son mari, Gavin Jordan. Mais la plupart du temps, ils effectuaient des tâches ordinaires : faire les courses chez Whole Foods, acheter des fleurs chez Kensington Flower Corner, préparer leurs plats favoris – comme des pâtes aux courgettes avec « beaucoup de parmesan ». (En revanche, on s'occupait de leur linge et de leur ménage.)

Nottingham Cottage était donc un endroit paisible où profiter d'une vie simple. Et c'est également là que Harry a demandé Meghan en mariage.

Meghan a révélé par la suite, lors de son interview avec la BBC, que le prince lui avait fait sa demande tandis qu'ils « essayaient » de faire rôtir un poulet pour le dîner. Harry a ajouté : « Ici même, dans notre cottage ; au cours d'une soirée comme les autres.

– C'était une surprise incroyable, a expliqué Meghan, tellement adorable et naturelle. Et très romantique. Il a mis un genou à terre.

– Elle ne m'a même pas laissé terminer », a dit Harry en riant.

En effet, Meghan l'avait interrompu : « Je peux dire oui ? Je peux dire oui ? » avant de le prendre dans ses bras.

Harry ne lui avait pas encore donné la bague.

« Je peux… je peux te donner la bague ?

– Oh oui, la bague ! »

Les demandes en mariage ne se déroulent pas toujours comme prévu, mais Harry était ravi de la façon dont s'était passée la sienne. « C'était vraiment un beau moment, a-t-il déclaré. Nous n'étions que tous les deux, et je crois avoir réussi à la surprendre. »

Meghan adorait la bague – un diamant éthique de taille coussin, de deux carats et demi, venu du Botswana, entouré de deux diamants de trois quarts de carat environ provenant de la collection de Diana. Il s'agissait non seulement d'un magnifique bijou, mais aussi d'un hommage à la défunte. « C'est un acte d'une telle tendresse, a-t-elle raconté à une amie. Je n'en reviens pas. »

Harry pensait que Meghan et Diana auraient été « comme les deux doigts de la main, à n'en pas douter. Elle aurait bondi de joie, aux anges, vous savez, elle aurait été très heureuse pour moi. »

En pensant à sa mère, ce moment de bonheur avait un goût doux-amer.

« Ce sont des jours comme celui-ci où elle me manque le plus, a poursuivi le prince lors de son interview. J'aimerais pouvoir partager cette nouvelle avec elle. Mais vous savez, avec la bague et tout ce qui se passe, je suis sûr qu'elle est parmi nous. »

Après sa demande, Harry a expliqué à Meghan comment se déroulaient les mariages au sein de la famille royale. Il lui a décrit le protocole qui suivrait les fiançailles – y compris la déclaration publique de Sa Majesté, où elle affirmerait consentir à cette union.

Bien que la reine leur ait déjà donné sa bénédiction en privé, son accord n'est devenu officiel que l'année suivante, quand elle a signé l'Acte de consentement : « Sachez à présent que nous avons consenti, et par la présente, que nous signifions notre consentement à la signature du mariage entre notre bien-aimé petit-fils, le prince Henry Charles Albert David de Galles, KCVO [1], et Rachel Meghan Markle. »

La règle voulant que le monarque donne son accord au mariage des six premiers héritiers du trône existe depuis l'Acte sur les mariages royaux de 1772, établi par le roi George III, dont le frère cadet, le duc de Cumberland, s'était marié en secret avec la roturière lady Anne Horton, une veuve à la mauvaise réputation.

La déclaration de consentement de la reine Élisabeth II, faite le 14 mars 2018 lors d'une réunion du Conseil privé, n'a été annoncée au public que début mai.

Harry a également discuté avec Meghan des rôles que celle-ci pourrait remplir une fois duchesse. Meghan, toujours aussi ambitieuse,

1. Chevalier commandeur de l'ordre royal de Victoria. (NdT)

était prête à se lancer dans tout ce qui se présenterait dès qu'elle serait mariée à Harry. Souhaitant participer aux engagements royaux avec Harry dès que possible, elle avait commencé à se renseigner sur les organismes caritatifs où elle pensait avoir un impact. Son but était simplement de comprendre le paysage philanthropique britannique plutôt que chercher des associations défendant des causes qui lui tenaient à cœur. C'était une occasion rêvée, pour cette jeune femme qui avait passé sa vie à travailler dans des domaines qui la passionnaient, d'opérer de vrais changements, et elle ne voyait pas pourquoi elle attendrait d'être officiellement mariée pour se lancer.

Harry avait déjà expliqué à Doria le déroulement des opérations lors des jeux Invictus de Toronto.

Sa demande en mariage n'avait pas été conventionnelle : il n'avait pas demandé la main de Meghan à son père. Après tout, Meghan était une femme de caractère, une trentenaire indépendante aux idéaux féministes. La seule personne qui avait son mot à dire sur ce mariage était Meghan elle-même.

Dans les jours qui ont suivi l'installation de Meghan à Londres, un groupe de journalistes dédiés avait élu domicile devant Kensington Palace. La presse installait ses caméras et ses éclairages chaque jour dès 6 heures du matin, dans l'attente du grand moment.

Enfin, le 27 novembre 2017 – juste après le week-end de Thanksgiving – par une matinée glaciale, la nouvelle que tout le monde attendait a été annoncée. Les bureaux de Clarence House ont, à la demande du prince Charles, père du marié et héritier du trône, révélé : « Son Altesse royale le prince de Galles est ravi d'annoncer les fiançailles du prince Harry et de mademoiselle Meghan Markle. »

Seize mois après avoir rencontré son prince, et trois mois après leurs fiançailles secrètes, on annonçait que Meghan serait la prochaine épouse royale.

CHAPITRE 11

Les *Fab Four*

L'annonce des fiançailles faite par Clarence House a rapidement été suivie par un message de la reine et du prince Philip, déclarant qu'ils étaient « ravis pour le couple », auquel ils souhaitaient « tout le bonheur possible ».

Charles, qui comme les autres membres de la famille était au courant depuis l'été, a ajouté qu'il était « enchanté » et Camilla, la duchesse de Cornouailles, a déclaré sur un ton jovial que l'Amérique avait « perdu au change ».

Avec l'aide de Jason, les parents de Meghan se sont eux aussi associés pour féliciter le couple : « Nous sommes incroyablement heureux pour Meghan et Harry. Notre fille a toujours été une personne bonne et aimante. Son union avec Harry, qui possède ces mêmes qualités, est pour nous une source de joie immense. »

Fidèles à leurs habitudes, William et Kate ont livré une réponse de circonstance : « Nous nous réjouissons pour Harry et Meghan », a déclaré William. « J'ai été ravie de faire la connaissance de Meghan et de constater à quel point Harry et elle sont heureux ensemble », a confié Kate à des reporters, lors d'un engagement royal. En réalité, les deux femmes ne se connaissaient pas très bien.

Quand elle a commencé à fréquenter Harry, Meghan a cru que Kate l'aiderait et lui expliquerait tout ce qu'une personne extérieure à la Firme devait savoir avant d'y entrer. Mais les choses ne s'étaient pas passées ainsi. Même si Meghan était déçue de n'avoir pas noué de liens avec Kate malgré leur statut si particulier, cela ne l'empêchait pas de dormir. Selon une source, Kate trouvait qu'elles n'avaient pas grand-chose en commun « à part de vivre à Kensington Palace ».

En tout état de cause, maintenant que Harry et elle étaient fiancés, Meghan avait de quoi s'occuper l'esprit.

Elle s'est vite rendu compte, après la demande en mariage, qu'elle ne pourrait désormais plus se rendre nulle part ni faire quoi que ce soit sans en avertir d'abord un garde du corps. Pendant un instant, cette idée lui a coupé le souffle. Cela lui a paru irréel. Puis elle a rapidement accepté ce fait comme faisant partie de sa nouvelle vie.

Quelques secondes après l'annonce de la nouvelle, les médias du monde entier alors en place à Londres se sont précipités à Kensington Palace pour la séance photo minutieusement organisée au Sunken Garden, où la princesse Diana aimait bavarder avec les jardiniers après son jogging matinal dans Kensington Gardens. Harry avait depuis longtemps accepté que la femme qu'il choisirait d'épouser serait inévitablement comparée à sa mère – comme l'était d'ailleurs sa belle-sœur, Kate. Aux yeux du public britannique, la princesse défunte avait placé la barre très haut, ce qui ne posait aucun problème à Harry. Il pensait en effet que Meghan était aussi chaleureuse et pleine d'humanité que sa mère l'avait été.

Le couple a descendu les marches en pierre en face du bassin aux nénuphars, se plaçant devant les caméras au niveau d'une petite croix dessinée à la craie par un assistant de Kensington Palace. Meghan avait assorti son manteau blanc d'une robe vert émeraude de la marque italienne Parosh, que Jessica lui avait envoyée au préalable, accompagnée de toute une « garde-robe de fiançailles ».

Les employés de Kensington Palace ont ensuite donné le feu vert d'un hochement de tête, autorisant quelques questions de la presse.

« Quand avez-vous su qu'elle était la femme de votre vie ? a demandé un reporter.

– La première fois que je l'ai vue, a répondu Harry sans la moindre hésitation.

– La demande en mariage était-elle romantique ?

– Très », a dit Meghan en souriant, avant de lever la main pour montrer sa bague de fiançailles en diamant.

Harry a remercié les journalistes d'être venus, puis tous deux sont rentrés au palais, main dans la main, afin de préparer leur première interview télévisée.

Filmé dans leur modeste salon de Nottingham Cottage, cet entretien avec Mishal Husain, une présentatrice de la BBC, a donné un aperçu remarquablement tendre et sincère de leur histoire d'amour. Toute nervosité liée à la séance photo s'étant dissipée, Harry et Meghan se sentaient à l'aise, allant même jusqu'à plaisanter avec les techniciens pendant la préparation du tournage.

Le couple a décrit en détail le tourbillon des débuts, de leur premier rendez-vous à leur relation transatlantique, pendant laquelle ils avaient passé des mois à voyager entre Londres et Toronto. « [Meghan] venait passer quatre jours ou une semaine ici, avant de rentrer chez elle pour tourner dès le lendemain, a expliqué Harry. Réveil à 4 heures du matin un lundi, direct sur le plateau. Nous essayions de rester aussi proches que possible, malgré le décalage horaire. Cinq heures de décalage, ce n'est pas toujours évident. Mais nous y sommes parvenus, et maintenant, nous voilà. Nous sommes enchantés. »

Restait encore à savoir si tout le monde, en Grande-Bretagne ou ailleurs, était aussi enthousiaste et prêt à voir une duchesse métisse, résolument féministe et si pleine d'assurance, intégrer la maison Windsor. Mais la monarchie, pour survivre, doit s'adapter – et rejeter une femme parce qu'elle était divorcée, actrice ou métisse n'était plus possible, malgré les doutes émis en secret par certains membres de la famille.

Un courtisan avait dit que Harry s'était montré « très courageux » face à ceux qui n'avaient pas montré autant de bienveillance. Que l'on s'attaque à son origine modeste ou à ses racines américaines, qu'elle soit accusée d'être une arriviste ou que l'on s'inquiète de la rapidité avec laquelle avait évolué sa relation avec le prince, ou encore qu'elle soit l'objet du racisme sous-jacent de la société britannique, la future mariée ne faisait pas l'unanimité, dans la presse comme ailleurs.

Pour Meghan, cela signifiait tout simplement qu'elle devait redoubler d'efforts afin de leur donner tort. À commencer, peu après les fiançailles, par une démarche particulièrement longue : celle de l'acquisition de la nationalité britannique sans passe-droit.

La nationalité n'était qu'une première étape. Sachant que sa demande en mariage marquait officiellement l'entrée de Meghan dans son univers si particulier et difficile à comprendre, Harry a insisté pour que sa fiancée bénéficie d'une équipe dédiée à l'apprentissage de tous les tenants et aboutissants de la vie des membres de la famille royale. « Harry voulait des employés sur lesquels Meghan pourrait compter dans toutes les situations, a dit une source. Des gens qui feraient tout pour les protéger tous les deux. »

Cette équipe – qui appelait Harry « PH » et Meghan « M » – était constituée d'Amy Pickerill, qui deviendrait par la suite la secrétaire particulière de Meghan ; de Heather Wong, la secrétaire particulière adjointe de Harry – et ancienne secrétaire des Affaires publiques au ministère américain de la Sécurité intérieure sous Obama ; d'Ed Lane Fox et de Jason Knauf.

Peu après l'annonce des fiançailles, les Cambridge, accompagnés de quelques employés de Kensington Palace, ont rejoint Harry et Meghan au Hurlingham Club dans le quartier de Fulham, à Londres. Ce manoir typiquement anglais était l'endroit idéal pour porter un toast à leur nouvelle relation professionnelle et discuter du rôle qu'endosserait Meghan au sein de la Royal Foundation – et notamment du genre de projets caritatifs que celle-ci aimerait explorer. « Plusieurs réunions ont été mises en place afin de lui apporter l'aide nécessaire à l'élaboration du rôle qui lui conviendrait le mieux au sein de la famille, a expliqué un courtisan, mais aussi afin de parler de responsabilisation et d'autres sujets qui lui tenaient à cœur, de sorte qu'elle reçoive toutes les informations dont elle aurait besoin. » Et ce n'était que le début de son initiation à l'entreprise familiale.

Prête à suivre la même formation informelle que celle de Kate après ses propres fiançailles – pour apprendre par exemple à descendre avec élégance d'une berline avec chauffeur quand on porte une jupe fourreau ou savoir quand faire la révérence aux membres de la famille plus haut placés dans la hiérarchie –, Meghan a été confiée aux soins d'une équipe d'experts. Elle avait espéré prendre des leçons de bienséance, mais curieusement, on ne lui en a pas proposé.

Mais il ne s'agissait pas que d'apprendre à faire la révérence et autres subtilités. Pendant deux jours, Meghan a également suivi une formation intensive sur la sûreté avec la SAS, l'unité spéciale d'intervention britannique. Cet entraînement – que tous les membres seniors de la famille royale, à l'exception de la reine, ont reçu au siège de ce régiment d'élite à Hereford – prépare à toutes sortes de situations de crise, comme le kidnapping, la prise d'otage ou les attaques terroristes. Meghan a ainsi participé à une simulation d'enlèvement, au cours de laquelle elle a été emmenée à l'arrière d'une voiture par un « terroriste » puis « sauvée » par des agents qui, pour plus de réalisme, tiraient avec de fausses armes (semblables à celles qu'on utilise sur les tournages à Hollywood).

Elle a même appris à tisser des liens avec l'ennemi en situation d'enlèvement. On lui a aussi enseigné comment conduire une voiture si elle était poursuivie. Une source a dit que cette expérience avait été « intense et effrayante » pour Meghan, mais qu'elle était reconnaissante d'y avoir eu accès.

Kate n'a suivi cet entraînement qu'après avoir épousé William, mais en raison du nombre particulièrement élevé de menaces à l'encontre du nouveau couple, celui de Meghan a eu lieu plus tôt que prévu. « Meghan a reçu des menaces absolument effroyables depuis qu'elle a commencé à fréquenter le prince, a expliqué un employé. Malheureusement, elles ne vont pas s'arrêter de sitôt. »

Ce n'était pas là la seule différence entre les deux fiancées royales. Un ancien courtisan a dit de Kate : « Elle était charmante, intelligente, timide, modeste, et d'une beauté incroyable. Et très vigilante. Quand elle m'appelait, à l'époque où elle était encore la petite amie [de William], elle me disait toujours : "Je suis vraiment désolée. Je ne veux pas vous embêter." Et je lui répondais : "Bien sûr que si, il faut que vous m'embêtiez." »

D'un autre côté, d'après le courtisan, Meghan « est arrivée à ce poste déjà adulte, elle avait vécu un tiers de sa vie. C'est une Californienne qui pense pouvoir changer le monde. Elle crée sa propre marque, elle crée son propre site web, elle signe des contrats. Elle parle de la vie et de la façon dont on devrait la vivre.

« Tant mieux pour elle, a ajouté le courtisan, qui a admis avoir de l'affection pour l'ancienne actrice. C'est ainsi que ça se passe, en Amérique. En Grande-Bretagne, on pense : "Elle se prend pour qui ?" »

Quoi qu'il en soit, Meghan allait devoir travailler d'arrache-pied pour éviter de froisser les gens.

Cela faisait des mois que Jason et Ed jouaient officieusement le rôle de conseillers auprès de Meghan. Mais maintenant qu'elle rejoignait officiellement la Firme, les admirateurs de la famille royale allaient la suivre d'encore plus près. Toute révérence jugée trop brève ou toute jupe jugée trop courte seraient aussitôt remarquées et commentées ; Meghan avait donc besoin que quelqu'un l'aide à plein temps, à la fois pour éviter les pièges mais aussi pour la réconforter quand les critiques du public deviendraient difficiles à supporter.

Amy Pickerill (ou « Pickles », comme l'appellent ses amis) a été nommée bras droit de Meghan. Cette ancienne attachée de presse, qui a étudié à l'université de Nottingham, n'a que quelques années de moins que Meghan ; le public allait bientôt se familiariser avec celle qui récupérait les innombrables bouquets de fleurs, cadeaux et cartes de vœux tendus à Meghan lors des bains de foule. En coulisse, elle s'occupait notamment de l'emploi du temps de Meghan et lui chuchotait des conseils sur la meilleure façon d'agir dans certaines situations. À la moindre hésitation de Meghan, que ce soit face à un sujet de conversation ou au nom d'une personne qu'elle rencontrait lors d'un engagement, Amy l'éclairait en toute discrétion. Et si Meghan avait tout simplement besoin de paroles de soutien après une dure journée, elle était là pour les lui offrir.

Quant à sa façon de s'habiller, Meghan ne voulait pas paraître trop branchée. Elle espérait que la presse s'attacherait plus à son travail humanitaire qu'à savoir si elle pouvait figurer sur la liste des célébrités les mieux habillées. Sa « garde-robe de travail », comme elle l'appelait, devait être constituée de tenues élégantes de couleur neutre qui ne détourneraient pas l'attention sur elle lors de ses rencontres et ne seraient pas trop voyantes. Chaque ensemble devait aussi comporter au moins un accessoire créé par un styliste local, par solidarité avec l'endroit qu'elle visitait. « Elle réfléchit beaucoup à ces détails, a dit George Northwood, le coiffeur qui a travaillé pendant deux ans avec Meghan, après son mariage. Je me souviens que, partout où nous allions, elle cherchait toujours à mettre en valeur les petites entreprises et les créateurs de bijoux locaux. »

Le 1er décembre, à l'occasion de son premier engagement royal, d'une importance cruciale – un voyage à Nottingham au cours duquel elle allait participer à un événement organisé pour la Journée mondiale de lutte contre le sida et rencontrer Full Effect, une association visant à prévenir la violence et la criminalité chez les jeunes –, Meghan a opté pour une jupe mi-longue couleur kaki de la marque londonienne Joseph, un col roulé noir tout simple et une paire de cuissardes en daim noir créées par le styliste britannique Kurt Geiger. Sa tenue, qu'elle a choisie seule, a reçu le feu vert de Kensington Palace.

Son attitude était parfaite. Elle n'avait aucun besoin qu'on lui explique comment charmer ses fans. Quand elle est arrivée à 11 h 05 pour accueillir la foule, qui attendait depuis 6 heures du matin devant le National Justice Museum par seulement 2 degrés, Meghan a passé près d'une demi-heure à bavarder avec les admirateurs, s'émerveillant devant les fleurs, les cartes faites à la main et les bonbons Haribo (réputés être les préférés du prince). Attentive à ne pas paraître prétentieuse, elle a tendu la main à chaque personne en chemin, ajoutant un « Bonjour, je suis Meghan » enjoué, comme si son grand sourire n'était pas déjà connu de tous.

La tactique a été couronnée de succès. Tandis qu'elle avançait vers la personne suivante, elle laissait dans son sillage une kyrielle de compliments. Une femme s'est étonnée de voir Meghan se pencher avec enthousiasme vers son enfant de 3 ans, le félicitant d'avoir attendu dehors malgré le froid. Une autre a été impressionnée par le fait que Meghan ait remarqué son accent californien et lui ait demandé pourquoi elle se trouvait au Royaume-Uni. Si cette toute première obligation royale lui avait inspiré quelque crainte (et elle avait effectivement avoué ses appréhensions à un assistant, la veille), elle n'en a rien laissé paraître. Elle a semblé sincère quand elle a accepté les cartes pleines d'autocollants que lui offraient les enfants, les compliments sur sa nouvelle bague étincelante et les questions sur son rôle dans *Suits*.

Lorsqu'une admiratrice et son mari lui ont courageusement demandé si elle accepterait d'être prise en photo avec eux, Meghan a refusé poliment. « Oh, je suis vraiment désolée », a-t-elle répondu avec un sourire, se rappelant le conseil qu'on lui avait donné, un peu plus tôt. Elle aurait aimé poser avec le couple, mais elle ne tarderait pas à devenir un membre de la famille royale, et les selfies n'étaient pas vus d'un très bon œil. Or, Meghan était une élève appliquée.

Tandis qu'elle se familiarisait avec le protocole, certains aspects de la vie de la famille royale étaient en train de changer. La reine elle-même l'avait compris : elle a donc invité Meghan à la messe de Noël célébrée à l'église St. Mary Magdalene, ainsi qu'à la fête de famille à Sandringham. Les compagnes et compagnons n'étaient habituellement pas admis avant que leur union ne soit officialisée par l'Église. En 2010, après ses fiançailles avec William, Kate n'avait pas été invitée à Sandringham pour Noël, mais, d'un autre côté, il était plus simple pour elle de passer les fêtes chez ses parents, dans leur maison de Bucklebury.

Ce n'était pas parce qu'elle la préférait à Kate que la reine avait fait une exception pour Meghan. Elle adorait son petit-fils aux cheveux roux et voulait que la jeune femme se sente acceptée par la famille ; c'est pourquoi elle l'avait invitée à fêter Noël à Sandringham et à participer au déjeuner organisé à Buckingham Palace pour la famille étendue, la veille. Dans l'armée, cette loyauté lui avait valu l'admiration de tous.

Le déjeuner était l'occasion pour la reine de célébrer Noël en compagnie de nombreux membres de la famille moins haut placés qui n'étaient pas invités à Sandringham. Il s'agissait également de la première réunion de famille à laquelle participait Meghan, qui portait pour l'occasion une robe mi-longue en dentelle noir et blanc de la marque Self-Portrait et des boucles d'oreilles en diamant.

Malheureusement, le geste de soutien de la reine à Meghan a failli être éclipsé par la broche que portait la princesse Michael de Kent, l'épouse du prince Michael de Kent, petit-fils du roi George V et cousin d'Élisabeth. Les broches « tête de Maure », un motif de l'art décoratif italien de la fin du Moyen Âge, représentent généralement des personnages africains ou non européens hautement stylisés, portant des turbans et des bijoux chatoyants qui contrastent avec leur peau très noire. Souvent dépeints comme des domestiques, ces personnages symbolisent l'asservissement des Maures, un terme générique servant à décrire les musulmans de l'Espagne médiévale ou toute personne d'origine arabe ou africaine.

Lors d'engagements officiels, les membres de la famille royale – y compris la reine et la duchesse de Cambridge – portent souvent des broches en guise de message symbolique. Pour sa première tournée canadienne avec William, Kate a ainsi choisi la broche en forme de feuille d'érable sertie de diamants qui appartenait à la reine mère ; et en 2013, pour le baptême du prince George, la reine a porté la broche colorée en forme de panier de fleurs que lui avaient offerte ses parents à la naissance de Charles, en 1948.

L'histoire de ces broches vénitiennes « tête de Maure » est complexe. Elizabeth Taylor et Grace Kelly en ont toutes deux possédé dans leur collection de bijoux. Mais aujourd'hui, elles véhiculent une image raciste et offensante. En 2012, la maison de couture Dolce & Gabbana a été vivement critiquée pour s'être inspirée de ce style européen « exotique » dans sa collection de printemps.

Dans la famille royale, en matière de mode, chaque détail est mûrement réfléchi. Il est possible que la princesse Michael ait choisi sa broche par maladresse, mais au fond d'elle, Meghan s'est demandé si on ne cherchait pas à lui faire passer un message avec ce bijou représentant le torse d'un Africain portant un turban en or et des vêtements richement ornés. À tout le moins, c'était un manque d'égards envers ses racines afro-américaines et une allusion au racisme qu'elle avait subi depuis qu'elle était en couple avec Harry.

Ce n'était pas la première fois que la princesse Michael avait été accusée de racisme. En effet, en 2004, dans un restaurant de New York, elle avait dit à des clients afro-américains de « retourner dans leurs colonies ».

La princesse Michael, qui vivait à Kensington Palace près de chez Harry et Meghan, dans l'appartement 10, a par la suite présenté des excuses officielles pour avoir porté cette broche, affirmant qu'elle était « navrée et bouleversée d'avoir provoqué une telle indignation ». Certains employés ont douté de la sincérité de ces excuses. Quoi qu'il en soit, le mal était fait, d'autant plus que la reine tenait à ce que Meghan, qui venait de s'installer en Angleterre, se sente chez elle pour les fêtes.

Harry et Meghan ont passé une partie des fêtes avec William et Kate à Anmer Hall, étant donné que la reine n'avait pas encore invité la future épouse de Harry à passer la nuit sous son toit à Sandringham – pas avant le mariage.

Le manoir georgien du XVIIIe siècle, qui compte dix chambres – situé sur la propriété de Sandringham, à trois kilomètres de la maison de la reine –, avait été offert par Élisabeth II aux Cambridge. Alors qu'à l'origine, l'endroit était destiné à servir de maison de campagne, William et Kate s'y sont installés peu après la naissance de la princesse Charlotte, car William travaillait tout près de là, comme pilote d'hélicoptère pour l'East Anglian Air Ambulance. Le couple recevait souvent des amis et des membres de la famille dans le coin repas sous la verrière de leur immense cuisine. Cet espace accueillant convenait parfaitement aux repas décontractés – sans commune mesure avec les déjeuners guindés de Buckingham Palace ou de Sandringham, où du personnel assure le service.

Si l'ambiance des repas dominicaux à Anmer Hall était décontractée, Noël à Sandringham était, en revanche, réglé comme du papier à musique. La journée du 24 décembre commençait par l'arrivée, dans l'ordre inverse de succession au trône, de la famille royale (la reine prenait ses quartiers plus tôt dans la semaine), le prince Charles et Camilla fermant la marche.

Comme tous les autres aspects de cet événement, les arrivées sont soigneusement orchestrées. Les membres de la famille sont déposés à l'entrée principale, où chauffeurs et voituriers se tiennent prêts à transporter les valises et les cadeaux par l'entrée latérale. Les bagages sont apportés à l'étage tandis que les cadeaux sont placés dans le salon rouge, sur une grande table à tréteaux délimitée en plusieurs sections réservées à la reine, au prince Philippe, et à tous les autres convives. Puis une chambre est attribuée à chacun – parmi les deux cent soixante-dix que compte la « grande maison » –, ainsi qu'un emploi du temps détaillant les repas et les événements. La veille de Noël, peu après 16 heures, la famille se retrouve pour boire le thé.

Les cuisiniers ont passé des jours à préparer les nombreux repas succulents pour les invités de Sandringham. Le déjeuner de Noël commençait par de la dinde farcie à la sauge, aux oignons et aux marrons, accompagnée de pommes de terre rôties, de purée de pomme de terre, de panais et choux de Bruxelles, et se terminait par un *Christmas pudding* flambé au brandy. Le chef cuisinier découpait lui-même les deux dindes dans la salle à manger royale. C'était la seule fois de l'année où celui-ci était invité au salon, où il recevait de la reine un verre de whisky pour trinquer. (Le sous-chef découpait une troisième dinde dans la nursery, à l'étage. Les enfants n'avaient le droit de se joindre aux adultes que lorsqu'ils pouvaient se tenir convenablement.) Le buffet du soir de Noël était encore plus somptueux, selon Darren McGrady, l'ancien chef royal, dont les côtes d'agneau à la menthe, le saumon poché froid, le foie gras en croûte, la queue de bœuf, le demi-porc, le poulet rôti, la dinde fumée et le jambon d'York, accompagnés de salade, de pommes de terre nouvelles et de bortsch sont encore au menu aujourd'hui. À cela s'ajoutaient les nombreux plats sucrés tels que la traditionnelle *mince pie*[1], le beurre au cognac ou encore la glace à la vanille.

Le soir du réveillon, après le thé – lors duquel étaient servis des scones tout droit sortis du four, deux sortes de sandwichs, des éclairs au chocolat, tartelettes à la framboise et autres pâtisseries ainsi qu'un grand gâteau –, tout le monde se réunissait dans le salon rouge pour s'offrir les cadeaux.

Conformément à la coutume germanique, l'échange de présents se faisait le 24 décembre. Les enfants recevaient des cadeaux de Noël classiques, comme un énorme camion de pompier pour George, un tricycle pour Charlotte et des jouets en bois pour Louis. (Quand William et Harry étaient petits, le prince Edward leur avait acheté des pistolets à eau, avec lesquels les garçons s'étaient empressés d'arroser les cuisiniers.) Mais les adultes ne s'offraient rien d'extravagant, ce genre de présent étant vu d'un mauvais œil. Noël était au contraire l'occasion de faire des cadeaux bon marché et parfois même humoristiques.

Une année, Harry aurait ainsi offert à sa grand-mère un bonnet de douche portant l'inscription : « Chienne de vie », à la grande joie de la reine. Une autre année, il lui a donné un poisson chanteur qui, paraît-il, trône fièrement à Balmoral, son château écossais, et la fait beaucoup rire. Kate, qui a, selon les rumeurs, préparé le chutney de sa grand-mère la première fois qu'elle a célébré Noël à Sandringham, a offert à Harry un kit pour « faire pousser une petite amie ». Ces dernières années, la duchesse de Cambridge aurait préféré offrir des petits cadeaux du maître parfumeur Jo Malone.

Le prince William a un jour donné à la reine une paire de pantoufles à son effigie. La princesse Anne a acheté une lunette de

1. Tartelette de Noël fourrée de fruits secs. (NdT)

toilette en cuir blanc à son frère le prince Charles, qui est censé en faire la collection. À son père, le prince Philip, qui aime les barbecues, elle a offert un moulin à poivre muni d'une petite lampe, afin de voir la viande griller quand la nuit tombe.

Selon Sarah Ferguson, les invités de Sandringham changent sept fois de tenue en vingt-quatre heures. Pour Meghan, c'était là le cadet de ses soucis. Il s'agissait pour l'actrice d'une audition à nulle autre pareille, et elle souhaitait impressionner sa royale future belle-famille. À cette fin, son plus grand défi était de trouver le gadget parfait pour les amuser. Un de ses cadeaux au moins a remporté un succès immense : une cuillère pour William gravée des mots « céréale killer ».

Le dîner du réveillon de Noël était bien plus formel. Une tenue de soirée était de rigueur et le dîner se composait de plats tels que des crevettes et du veau de Sandringham, avec de la tarte Tatin en dessert.

Mais pour Meghan, le moment le plus fort de tous a sans doute été la messe de Noël. La journée a débuté par un petit déjeuner à l'anglaise servi aux hommes à 8 heures du matin. (La coutume voulait que les femmes prennent leur petit déjeuner dans leur chambre, servi sur un plateau.) Puis la famille a emprunté le chemin qui mène, quelques centaines de mètres plus loin, à la minuscule église en pierre de St. Mary Magdalene, où se rend la reine chaque dimanche lorsqu'elle séjourne à Sandringham. (La reine n'est pas arrivée à pied, mais à bord de sa Bentley bordeaux.) Le long du sentier, des centaines de fans attendaient, parfois depuis 3 heures du matin, dans l'espoir d'apercevoir la famille royale.

Dans un manteau beige de la marque Sentaler assorti d'un chapeau Philip Treacy brun alezan et de bottes en daim chocolat Stuart Weitzman, Meghan a été vue en train de s'entretenir à voix basse avec William, Harry et Kate. Ceux-ci voulaient qu'elle sache exactement comment les choses allaient se dérouler.

La foule était ravie de voir Harry et sa nouvelle fiancée. Les spectateurs ont brandi des appareils photo et applaudi tandis que passaient, côte à côte, William, Kate, Harry et Meghan. Les *Fab Four* venaient d'arriver.

Le franc succès remporté par le quatuor le jour de Noël s'est réitéré le 28 février 2018, quand ils se sont réunis à l'occasion de leur premier engagement commun. En cette matinée neigeuse, ils se trouvaient à Londres afin de participer au premier forum de la Royal Foundation, l'occasion pour eux de présenter les projets de William, Kate et Harry centrés sur la santé mentale, la jeunesse défavorisée, les forces armées et la préservation de la nature. Une fois mariée, Meghan deviendrait la quatrième marraine de la fondation, une organisation faîtière créée en 2009 par William et Harry et dédiée à leur travail philanthropique.

Ayant grandi à Windsor, la vie des princes avait été marquée par deux thèmes majeurs : le devoir et le service. Leur grand-mère avait annoncé, lors de son vingt et unième anniversaire : « Je déclare devant vous que ma vie entière, qu'elle soit longue ou courte, sera consacrée à vous servir et à servir cette grande famille impériale à laquelle nous appartenons tous. » Son dévouement à la monarchie et au Commonwealth est resté indéfectible.

Dès petits, William et Harry avaient appris de leur grand-mère et de leurs parents qu'il n'existe pas plus noble vocation que de servir. Les deux jeunes héritiers savaient que leur rang était un important vecteur de changement. La Royal Foundation, elle, leur en donnait les moyens.

« Nous faisons partie d'une institution respectée qui incarne les valeurs intemporelles de la famille, du service, du devoir et de l'intégrité », a déclaré Harry lors du forum, à Londres. Tous quatre étaient alors assis ensemble sur scène pour répondre aux questions transmises par un modérateur. « Il est de notre responsabilité de participer à l'amélioration de la société. J'éprouve une immense fierté à l'idée que ma future épouse se joigne bientôt à nous. L'organisation du mariage nous demande beaucoup de temps, mais nous avons hâte de travailler tous les deux – et tous les quatre – à l'avenir, et espérons changer les choses là où nous en avons la possibilité. »

Ce forum a donné à Meghan un premier aperçu de ce à quoi ressemblerait sa vie de membre de la famille royale.

Lorsqu'elle a pris la parole à son tour, elle a prononcé un plaidoyer passionné en faveur de l'émancipation des femmes : « J'entends souvent dire : "Vous aidez les gens à trouver leur voix", or je ne suis absolument pas d'accord, car les femmes n'ont pas besoin de trouver leur voix. Elles en ont déjà une ; elles doivent se sentir capables de l'utiliser, et il faut encourager les gens à l'écouter. »

Pour la famille royale, il s'agissait là d'une déclaration audacieuse, mais pas pour la jeune génération.

Meghan imaginait sa vie en première ligne plutôt qu'en coulisses. Elle espérait se servir de son influence pour changer les choses. Presque trois mois après l'apparition publique de Meghan au forum de la Royal Foundation, Harry et elle ont participé à un forum pour la jeunesse, organisé lors d'une réunion des chefs de gouvernement du Commonwealth, où ils ont affirmé leur soutien aux jeunes de la communauté LGBTQ – ce qui aurait été impensable cinquante ans plus tôt. La reine a par ailleurs nommé Harry ambassadeur de la jeunesse du Commonwealth. Le couple espérait mettre en évidence le travail des jeunes et défendre ceux qui n'avaient pas les moyens de s'exprimer.

L'homosexualité était encore illégale dans plus de trente pays du Commonwealth. Ceux qui pensaient que Meghan était prête à mettre de côté les valeurs auxquelles elle était attachée se trompaient du tout au tout. Ses débuts en tant que fiancée royale prouvaient déjà qu'elle avait l'intention de respecter la tradition sans toutefois taire ses convictions.

Si les *Fab Four* avançaient à toute vapeur, comme dans toutes les entreprises familiales la route était parfois semée d'embûches. Lors du forum de la Royal Foundation, quand on lui a demandé si vivre et travailler tous ensemble provoquaient parfois des désaccords, William, qui n'abordait habituellement la vie se déroulant derrière les murs du palais qu'avec la plus grande prudence, a répondu avec une sincérité surprenante : « Oh, oui.

– Ont-ils été résolus ?

– Nous n'en savons rien ! » a dit le prince William en riant.

Harry est alors intervenu pour préciser qu'il était bon d'avoir « quatre personnalités différentes » qui « veulent toutes changer les choses avec la même passion ».

« Travailler en famille n'est pas évident, bien sûr. Le fait que tous ceux ici présents en rient prouve qu'ils savent exactement de quoi je parle », a-t-il dit pour plaisanter, ajoutant qu'il ne se souvenait pas si tous leurs désaccords avaient été résolus tellement il y en avait.

« Mais, a-t-il poursuivi, nous sommes condamnés à passer le reste de nos vies ensemble. »

CHAPITRE 12

Le problème Samantha

Tout a commencé avec Samantha Markle. Meghan sortait officiellement avec Harry depuis vingt-quatre heures quand sa demi-sœur a senti qu'elle avait une carte à jouer – peu importe qu'elle n'ait pas vu Meghan depuis plus de dix ans.

Samantha – qui s'appelait Yvonne et s'était teint les cheveux en une belle nuance de blond – est la plus âgée des enfants de Thomas Markle. Elle est née de son mariage avec Roslyn Loveless, qu'il avait rencontrée quand il travaillait pour une chaîne d'informations locale à Chicago. Il avait 19 ans et elle tout juste 18. Roslyn était tombée enceinte dans l'année et ils s'étaient mariés. Thomas Jr. était né deux ans plus tard. Après leur séparation en 1975, Roslyn était partie vivre au Nouveau-Mexique avec Yvonne et Thomas Jr. Les enfants avaient brièvement vécu avec leur père en Californie à l'adolescence, mais cela n'avait pas duré.

Sans doute parce qu'elle a dix-sept ans de moins, Meghan n'avait vu sa demi-sœur que deux fois dans sa vie, dont le jour de la remise de diplômes de fin d'études supérieures de Samantha au Nouveau-Mexique, en 2008, parce que Thomas lui avait demandé de l'accompagner durant ce voyage de vingt-quatre heures. C'est là qu'a été prise la photo des sœurs qui a circulé dans les médias.

« La presse publie toujours la même photo parce que c'est la seule qui existe, a confirmé un confident. S'il y en avait eu d'autres, Samantha les aurait vendues. »

En revanche, elle avait quelques clichés de Meghan plus jeune, ce qui lui a permis d'appâter le *Sun* et de vendre son laïus sur l'ambition de Meghan qui rêvait de mettre le grappin sur un prince.

« Elle en rêvait quand elle était gamine et qu'on voyait la famille royale à la télé », prétendait-elle. Les deux sœurs s'étaient à peine vues après la séparation de Doria et Thomas. À l'époque, Meghan avait 2 ans, mais dans la version de Samantha, elles étaient assez proches pour se raconter leurs coups de cœur. Meghan lui aurait confié avoir un faible pour le plus jeune des princes anglais. « Elle a toujours préféré Harry, ajoutait-elle. Elle a un faible pour les rouquins. »

Jusqu'ici, ce n'était pas très grave, mais elle poursuivait en expliquant que Meghan était une femme ambitieuse et manipulatrice qui avait calculé chaque étape de sa carrière pour passer du statut de star de la télé à celui de philanthrope, suivi par celui de petite amie officielle de Harry. Pire encore, elle l'accusait de l'avoir exclue de sa vie depuis qu'on lui avait diagnostiqué une sclérose en plaques qui l'obligeait à vivre en chaise roulante.

« Son ambition est d'être princesse, déclarait Samantha au *Sun*, évidemment en échange d'une jolie somme d'argent. Je doute que son comportement soit celui d'un membre de la famille royale digne de ce nom. »

Plus la liaison entre Harry et Meghan devenait sérieuse, plus ses déclarations dans la presse se multipliaient. Début 2017, quand Meghan est allée en Inde dans le cadre d'un voyage humanitaire, prenant la parole sur la santé et l'hygiène des femmes au nom de World Vision, Samantha lui a reproché de ne pas s'engager davantage. Puis

Meghan a écrit un article sur les stigmates liés aux règles dans *Time* et Samantha a publié le tweet suivant : « Trop contente de mon futur livre, *Le Journal de la sœur de princesse Ambition.* » (Trois ans plus tard, on attend toujours la sortie du livre.)

En dépit de ce bombardement médiatique, Samantha n'a pas réussi à se faire un nom. En revanche elle a su monnayer sa notoriété et elle a très vite compris comment alimenter la caisse en fournissant des infos à la presse. Plus le couple de Harry et Meghan s'épanouissait, plus elle se disait présente dans la vie de sa sœur. « Au début, Samantha a essayé de reproduire la dynamique de Kate et Pippa, comme si elles étaient aussi proches, ce qui est complètement faux. Meg n'a pas grandi avec Samantha. Elle la connaît à peine. »

La vérité était beaucoup plus triste et plus typique des familles recomposées. Les deux sœurs avaient presque vingt ans d'écart et n'avaient aucune complicité.

Quant au frère de Samantha, Thomas Markle Jr., il a été très élogieux sur Meghan dans l'entretien qu'il a vendu au *Sun* en janvier 2017, dans lequel il racontait avoir été arrêté pour avoir manipulé un fusil non chargé un jour où il avait bu et se battait contre sa petite copine, Darlene Blount. Il espérait ne pas avoir été une honte pour Meghan, disait-il, mais il avait peur de ne pas être invité au mariage.

Un an plus tard, voyant que l'invitation gravée en lettres d'or n'arrivait pas jusqu'à sa maison de l'Oregon, il a renchéri sur Samantha en déclarant que Meghan avait les dents qui rayaient le parquet et aurait tué père et mère pour arriver à ses fins.

« Meghan Markle n'est pas la femme qu'il vous faut, écrivait-il dans une lettre ouverte à Harry publiée par *In Touch*. Je ne comprends pas que vous ne voyiez pas la vraie Meghan que le monde entier découvre enfin : une femme qui voudrait jouer un rôle de princesse, mais qui est pire qu'une mauvaise actrice d'Hollywood sur le retour. »

Relayant Samantha qui accusait sa sœur de l'éviter parce qu'elle était malade, Thomas Jr. affirmait qu'elle avait exploité « son propre père » avant de l'abandonner seul et sans un sou.

C'était à mille lieues de la vérité. Thomas Sr., qui avait été récompensé par les Emmy Awards, avait des problèmes d'argent récurrents depuis que Meghan avait 2 ans. C'était d'ailleurs une des raisons de sa séparation avec Doria, qui avait dû jongler avec différents boulots : elle avait dessiné des vêtements, géré un petit magasin de cadeaux et obtenu un diplôme d'assistante sociale à l'université de Californie du Sud, en 2011, suivie par le droit d'exercer en 2015. Thomas avait fait faillite deux fois, en 1991 et en 1993. Le problème, c'est qu'en 1990, il avait gagné 750 000 $ à la loterie de l'État californien. (Sa famille disait que la date de naissance de Meghan figurait dans le numéro gagnant.) Il avait acheté une voiture à Samantha et aidé son fils à financer l'ouverture d'un magasin de fleurs, mais d'après celui-ci, il avait surtout écouté les conseils d'un ami et investi dans une entreprise de bijouterie qui avait fait faillite. Un an plus tard, quand la banqueroute a été actée, son patrimoine personnel a été évalué à 3 931 $. Thomas Markle n'était pas un mauvais bougre, il avait bon cœur, mais ce n'était sûrement pas un homme d'argent.

Très tôt, Meghan s'est fixé l'objectif de gagner sa vie et d'aider financièrement ses parents – une responsabilité lourde à un âge où la plupart des ados s'intéressent plus à Abercombie & Fitch[1] qu'à leur indépendance financière.

Fidèle à cette ambition, elle a commencé à envoyer de l'argent à son père dès qu'elle a eu décroché un job au jeu télévisé *Deal or No Deal*, gagnant 5 000 $ pour sept épisodes – un bon salaire qu'elle était contente de partager avec Thomas pour qu'il puisse

1. Abercrombie & Fitch est une marque américaine de prêt-à-porter pour adolescents et jeunes adultes. (NdT)

payer ses factures et se nourrir. Elle aimait beaucoup son père et pensait qu'il avait juste besoin d'un coup de main, alors qu'il a répété les mêmes erreurs toute sa vie.

Meghan et sa garde rapprochée en voulaient à Samantha et Thomas Jr. pour leurs déclarations absurdes. Comme le rappelait un confident, elle ne les avait pas invités à son mariage avec Trevor, et ni l'un ni l'autre n'avait réagi. « Ils ne savaient même pas qu'elle se mariait, vu qu'ils n'avaient aucun contact. Ils me font marrer. Comme par hasard, ils se réveillent le jour où elle épouse un prince. »

Meghan a demandé plusieurs fois à son père d'intervenir pour que Samantha arrête de raconter des mensonges aux médias.

« Tu sais que tu fais souffrir ta sœur ? » dit-il un jour à Samantha, ou « Babe » comme il l'appelle.

« Elle n'a qu'à m'appeler elle-même pour me demander d'arrêter. »

Thomas l'a répété à Meghan, qui n'a jamais cherché à joindre sa sœur : elle redoutait qu'elle n'enregistre leur conversation pour la vendre à un tabloïd. Le pauvre Thomas était l'otage de ses filles. « Il les aime autant l'une que l'autre, dira une source proche de la famille, mais il ne voulait pas aller dans le sens de l'une ou de l'autre. » C'est exactement ce que Samantha reprochait à son père. « Elle a l'impression qu'il penche en faveur de Meghan alors qu'il essaie d'être neutre, ajoutera la source. Il n'est pas obligé de passer ses vacances tout seul, mais il préfère, alors que Sam et Thomas Jr. l'invitent souvent. »

Harry était sidéré par la grossièreté de sa future belle-famille et désolé que Meghan en soit aussi affectée. Elle était d'autant plus frustrée qu'elle ne pouvait pas se défendre en publiant un communiqué ni un tweet. Elle était tenue au silence. La famille royale avait adopté depuis toujours le fameux principe *Never complain never explain* (« Ne jamais se plaindre, ne jamais expliquer »). Comme le disait un vieux rond-de-cuir du palais, « Vous la bouclez et vous évacuez. »

Meghan évitait de lire la presse, mais les conseillers lui signalaient régulièrement des articles pour savoir si telle information était vraie ou fausse, quand eux-mêmes n'en étaient pas la cible, comme le jour où Thomas Jr. s'est mis à envoyer une avalanche de mails à Katrina McKeever, secrétaire adjointe de la communication de Kensington Palace, en lui expliquant qu'il avait besoin d'une aide financière à cause du harcèlement des médias qui l'empêchait de travailler. Jason et son équipe avaient beau juger sa requête « surréaliste », leur rôle était d'aider Meghan à ne pas craquer.

Non seulement ces contre-vérités étaient déstabilisantes, mais la presse les publiait les yeux fermés, sans vérifier les faits. À l'époque où elle sortait avec Harry, les journaux disaient déjà n'importe quoi. Maintenant qu'ils étaient officiellement fiancés, ils espéraient que la presse serait moins désinvolte. Mais les médias continuaient de les attaquer en brodant à partir d'idées fallacieuses, de suppositions douteuses et d'allégations montées en épingle provenant de membres de la famille de Meghan qu'elle connaissait à peine.

C'est ce qui s'est passé le 26 décembre, le jour d'une chasse aux faisans traditionnelle organisée par la famille royale.

Harry et son frère chassaient depuis toujours, mais cette année-là, le prince était absent alors que c'était le premier Noël qu'il passait avec Meghan à Sandringham. Plusieurs journaux ont indirectement accusé Meghan d'avoir privé Harry de cette vieille tradition sous prétexte qu'elle était vegan et défendait les droits des animaux. Mais rien n'était vrai. Non seulement elle n'est pas vegan, mais elle n'avait jamais rien interdit à Harry.

Elle qui avait séduit Harry avec ses rôtis du dimanche et lui qui l'avait demandée en mariage alors qu'elle cuisinait un poulet. C'était complètement absurde, pensait-elle, frustrée. « Ces histoires de traditions familiales, c'est de la foutaise, renchérissait une source fiable. Elle suit les mêmes rituels que tout le monde. Elle adore les traditions. »

En réalité, Harry et Meghan étaient rentrés à Londres plus tôt parce qu'il avait accepté d'être l'invité d'honneur de l'émission phare de BBC Radio, *Today*, pour laquelle il avait enregistré un entretien avec Barack Obama, le premier que celui-ci accordait depuis son départ de la Maison-Blanche.

Harry et Obama y abordaient des sujets très sérieux, dont l'usage excessif des réseaux sociaux et le pouvoir des gouvernants en position d'autorité – pour le meilleur et le pire.

Harry détestait la grande majorité des médias, mais il savait qu'ils pouvaient lui être utiles pour promouvoir les causes qu'il défendait avec passion. L'interview d'Obama avait eu lieu pendant les jeux Invictus et il était très bien mené, avec précision et pertinence. Harry qui avait passé des années à être de l'autre côté de la barrière révélait un véritable talent d'intervieweur. L'ancien président a fait discrètement allusion à Donald Trump, sans le citer nommément, expliquant que l'usage excessif des réseaux sociaux pouvait nuire aux gouvernants. Il a avoué que le travail lui manquait mais se disait serein, même s'il avait un sentiment d'inachevé. Il se réjouissait cependant de pouvoir passer plus de temps avec sa femme et ses filles et de maîtriser son emploi du temps.

L'entretien réservait une surprise amusante : les auditeurs ont découvert que Barack Obama préférait Aretha Franklin à Tina Turner, et la reine au groupe de rock The Queen.

« Super-réponse », s'est exclamé Harry en riant.

Le président Obama se prêtait volontiers au jeu. Il a refusé de répondre à la question « Caleçon ou slip ? » mais Harry a tout de suite rebondi en demandant : « Harry ou William ? » et le président a répondu du tac au tac : « William, sans hésiter ! »

L'émission de ce 27 décembre réservait un deuxième invité surprise qui n'était autre que le prince de Galles. Les auditeurs ont eu le bonheur de découvrir le côté tendre de la relation entre le père et le fils dans un entretien pré-enregistré.

« Mon but depuis des années, c'est de faire en sorte que toi et tes enfants, qui sont à la fois mes petits-enfants et ceux de tout le monde, vous puissiez vivre dans un monde digne », a affirmé le futur roi.

« Je comprends parfaitement, grâce aux nombreux échanges qu'on a eus au fil des ans. C'est drôle, je te demande beaucoup plus de conseils aujourd'hui, a répondu Harry.

– Eh bien, mon grand, sache que je suis très fier de voir que tu comprends.

– Que je t'écoute ?

– Ça, c'est encore plus étonnant. »

Outre ces deux entretiens, Harry a commenté le premier Noël royal de Meghan qu'il qualifiait de « fantastique ».

« Nous sommes une des familles les plus nombreuses que je connaisse, et chaque famille est compliquée, dit-il. Elle s'est débrouillée comme un chef, rien que le fait d'arriver jusqu'ici. On est un peu la famille qu'elle n'a jamais eue. »

La déclaration a fait enrager le clan Markle qui avait l'impression d'être exclu depuis que Meghan avait été admise dans les hautes sphères. En réalité, la remarque de Harry a surtout attisé la mauvaise atmosphère familiale, augurant de ce qui allait bientôt arriver.

Meghan a sûrement été affectée, mais elle n'a pas dû avoir beaucoup de temps pour y penser parce que les tabloïds ont tout de suite enchaîné en affirmant qu'elle avait commis des erreurs le jour de son premier déplacement avec Harry au pays de Galles, le 18 janvier. Les articles auraient pu souligner la gentillesse avec laquelle elle avait encouragé une petite fille timide à rejoindre ses camarades qui dansaient dans un centre communautaire de Cardiff, ou la joie des enfants qui s'étaient jetés sur elle quand elle était arrivée, ou même le coup de pouce à la marque de vêtements galloise Hiut Denim dont elle portait une jupe en jean noir à taille haute, un

Diana, la princesse de Galles avec le prince Harry à 22 mois, et le prince William, au parc de High Grove, dans le Gloucestershire, le 18 juillet 1986.
Tim Graham/Getty Images

Meghan Markle à 1 an, riant avec sa mère, Doria Ragland, lors d'un pique-nique familial à Los Angeles, l'été 1982.
Courtesy @meghanmarkle/Instagram

En 2011, Meghan assiste à la cérémonie de remise des diplômes de sa mère, qui a obtenu un diplôme d'assistante sociale à l'Université de Caroline du Sud, à Los Angeles.
Courtesy @meghanmarkle/Instagram

Harry, à 10 ans, avec sa mère le jour d'un défilé sur le Mall pour le cinquantième anniversaire du Jour de la victoire sur le Japon, à Londres, le 19 août 1995.
Antony Jones/Julian Parker/Getty Images

Après avoir annoncé leurs fiançailles, Harry et Meghan ont posé pour une série de portraits pris par le photographe de mode Alexi Lubomirski dans le parc de Frogmore House à Windsor (décembre 2017).
Handout/Getty Images

C'est officiel ! Harry et Meghan ont eu la joie d'annoncer leurs fiançailles au cours d'une séance photos dans le Sunken Garden de Kensington Palace, le 27 novembre 2017.
Chris Jackson/Getty Images

Harry avait demandé à Meghan de l'épouser avant de la présenter à ses amis de l'association Éléphants sans frontières, lors d'un voyage au Botswana, le 12 août 2017. Sur la photo, ils ajustent, sur un éléphant, un collier-émetteur relié à un satellite.
Courtesy @SussexRoyal/ Instagram

Le prince Harry et le président Barack Obama sympathisant le jour d'un match de basket-ball en chaise roulante aux jeux Invictus de Toronto, le 29 septembre 2017.
Samir Hussein/Getty Images

Harry a profité de leur tournée de fiançailles au Royaume-Uni pour présenter Meghan à plusieurs organisations caritatives, dont les représentants étaient présents au château de Cardiff, au pays de Galles, le 18 janvier 2018.
Ben Birchall/Getty Images

La toute nouvelle duchesse de Sussex et le prince Harry, en uniforme, ont descendu le Mall pour le premier Salut aux couleurs de Meghan — la parade militaire célébrant l'anniversaire de la reine — dans une calèche Ascot Landau, le 9 juin 2018.
Max Mumby/Getty Images

En 2017, Meghan a rendu plusieurs visites en privé aux femmes de la cuisine communautaire du centre culturel musulman Al Manaar, dans le quartier de West London. Un an plus tard, elle a participé au lancement de leur livre de recettes, *Together. Our Community Cookbook.*
Chris Jackson/Getty Images

Le duc et la duchesse de Sussex échangent leur premier baiser de mari et femme sur les marches de la chapelle Saint-George, à Windsor, le 19 mai 2018, juste après la cérémonie de mariage.
Ben Stansall/Getty Images

Après la célébration religieuse, le couple parcourt les rues de Windsor dans une calèche à toit ouvrant (*à droite*).
Yui Mok/Getty Images

Le 10 juillet 2018, le duc et la duchesse de Sussex sont avec la reine pour assister à un défilé aérien de la Royal Air Force qui fête son centenaire en survolant Buckingham Palace. Ils sont entourés par le duc d'York, le prince de Galles et Camilla, la duchesse de Cornouailles, le duc et la duchesse de Cambridge, et plusieurs membres de la famille royale.

Max Mumby/Getty Images

Harry et Meghan profitent de la vue de Port Jackson, dans la baie de Sydney, alors qu'ils sont venu féliciter les participants d'une course de voile le deuxième jour des jeux Invictus de 2018. *Chris Jackson/Getty Images*

Capitaine général des Royal Marines, Harry a visité la base du Commando 42, dans le Devon, pour une présentation des bérets verts le 20 février 2019.
Finnbarr Webster/Getty Images

Peu après avoir annoncé la grossesse de Meghan, Harry et sa femme sont arrivés pieds nus sur la plage de South Bondi pour rencontrer des membres de One Wave at a time, un groupe d'aide à la santé mentale. C'était le 19 octobre 2018, le seizième jour de leur tournée en Océanie.
Chris Jackson/Getty Images

William et Harry au coude à coude lors d'un match de polo caritatif, organisé par le Polo Club de Billingbear à Wokingham, le 10 juillet 2019.

Max Mumby/Getty Images

Souriants, Harry et Meghan ont assisté à une partie de football entre élèves du secondaire à Asni, au Maroc, le 24 février 2019.

Samir Hussein/Getty Images

Après avoir pris le train de nuit royal avec la reine, Meghan a rejoint sa belle-grand-mère pour une journée de cérémonies officielles, dont l'inauguration du pont de la Mersey Gateway, dans le Cheshire, le 14 juin 2018.

Max Mumby/Getty Images

Première visite royale d'Archie! À 10 mois, le bébé (photographié au Cap le 2 septembre 2019) a rejoint Harry et Meghan en tournée en Afrique du Sud.

Samir Hussein/Getty Images

Harry et Meghan sont fiers de présenter Archie dans le Rose Garden du château de Windsor pour des photos après le baptême de leur fils par l'archevêque de Canterbury, Justin Welby, le 6 juillet 2019.
Chris Allerton/SussexRoyal

Un moment historique : Harry et Meghan présentent à la reine son huitième arrière-petit-fils, Archie Harrison Mountbatten-Windsor, au château de Windsor, le 8 mai 2019, aux côtés du prince Philip et de Doria Ragland.
ChrisAllerton/SussexRoyal

William, Kate, Meghan et Harry, qu'on appelait les *Fab Four*, comme les Beatles, se rendent tous les quatre à pied à la messe de Noël de St. Mary Magdalene, l'église du domaine de Sandringham, dans le Norfolk, le 25 décembre 2018.
Samir Hussein/Getty Images

Harry et Meghan ont foulé le tapis jaune déroulé pour la première européenne du *Roi Lion* à Londres, le 14 juillet 2019.
Max Mumby/Getty Images

Meghan portait un foulard pour visiter la mosquée Auwal avec Harry, le deuxième jour de leur tournée royale en Afrique du Sud, le 24 septembre 2019.
Samir Hussein/Getty Images

Archie et l'archevêque: Harry et Meghan ont présenté leur fils à l'archevêque Desmond Tutu et sa fille, Thandeka Tutu-Gxashe, à la Fondation Desmond & Leah Tutu au Cap, le 25 septembre 2019.
Samir Hussein/Getty Images

Le 27 septembre 2019, en visite à Dirico, en Angola, Harry s'est rendu sur un champ de mines que l'ONG Halo Trust était en train de déminer.
Tim Graham/Getty Images

Le prince en a profité pour visiter la région de Huambo, où Diana s'était rendue en 1997, trouvant la ville de Huambo en plein essor.
Dominic Lipinski/Getty Images

(*Ci-dessus*) Dernier engagement royal : Harry et Meghan ont rejoint plusieurs membres éminents de la famille royale pour la cérémonie religieuse du Jour du Commonwealth, dans l'abbaye de Westminster, à Londres, le 9 mars 2020.
Gareth Cattermole/Getty Images

(*En haut à droite*) Harry lors d'une ballade avec Archie emmitouflé, à Saanich Inlet, l'île de Vancouver où ils ont passé 4 mois en novembre 2019.
Courtesy @SussexRoyal/Instagram

(*À droite*) Harry a endossé son uniforme de capitaine général des Royal Marines une dernière fois pour se rendre au festival de musique Mountbatten avec Meghan, au Royal Albert Hall, à Londres, le 7 mars 2020.
Ka-wai Tang/Getty Images

modèle baptisé Dian. Au lieu de quoi, ils insistaient sur le fait que le couple était arrivé avec plus d'une heure de retard à une soirée au château de Cardiff. Évidemment, ils ne disaient pas que le Great Western Railway Train qui allait de Paddington (à Londres) à Cardiff Central avait été retardé.

Autres « faux pas », d'après les journaux : une fois elle avait marché devant Harry, une autre, elle avait tapé dans la main d'un admirateur, ou encore elle avait signé un autographe avec un smiley et un cœur pour une fillette. (En fait, elle avait gentiment écrit le prénom de la petite fille, puisqu'il est exclu qu'un membre de la famille royale signe de son nom.)

« Quand on tient une bonne histoire, pourquoi s'encombrer des faits ? » déplorait un conseiller de Kensington.

Ce jour-là, Harry a pris une heure pour aller présenter Meghan à Tiggy Pettifer chez elle, à Glanusk Estate, un domaine de 2 400 hectares au bord de la rivière Usk. Tiggy était l'ancienne nounou de Harry (elle avait commencé à s'occuper de lui en 1993), et elle avait joué un rôle essentiel pour les frères après la mort de Diana – un jour elle les avait même appelés « mes bébés ». C'était une femme de caractère qui en avait agacé plus d'un parce qu'elle voulait que les garçons aient une enfance aussi libre que possible. Un jour, elle avait autorisé les jeunes princes à descendre dans un barrage de cinquante mètres en rappel, et sans casque. Les conseillers de St. James Palace étaient tellement horrifiés qu'ils avaient lancé une enquête, mais les garçons étaient trop attachés à elle et on avait enterré l'affaire. Elle avait pris sa retraite en 1997 et était restée très proche des deux frères.

« Harry se réjouissait de lui présenter Meghan, dira une source. C'est une des femmes qui ont marqué son enfance. Arriver avec Meghan, la femme la plus importante de sa vie d'adulte, c'était très important pour lui. Il pensait qu'elles s'entendraient à merveille, et il ne s'est pas trompé. »

Côté public, malheureusement, Meghan continuait à être matraquée par la presse. Le 1er février, elle a été étrillée parce qu'elle portait un pantalon pour les Endeavour Fund Awards, une soirée organisée en l'honneur des vétérans blessés, à laquelle Harry, ancien soldat, tenait beaucoup. Les journalistes se fichaient de savoir que la princesse Diana avait osé porter un smoking de femme, et que la duchesse de Cambridge avait débarqué à Chypre en pantalon et veste quand elle y était allée avec William pour rendre hommage aux forces britanniques déployées sur place. Vêtue de son magnifique tailleur-pantalon Alexander McQueen, Meghan a brillamment rebondi quand son co-présentateur et elle ont vu qu'ils n'avaient pas les bonnes fiches. Le public a éclaté de rire avec eux. La confusion aurait sûrement déstabilisé quelqu'un ayant moins d'aisance.

Elle avait beau ignorer ces critiques incessantes, une source proche de Meghan a dit : « C'est dur de trouver l'équilibre, rester soi-même tout en faisant attention à ses moindres gestes. »

Harry et Meghan étaient non seulement harcelés par les journaux, mais à peine leur liaison a-t-elle été connue que des courriers haineux visant Meghan sont arrivés au palais. Les conseillers étaient submergés de menaces envoyées par la poste, sur le mail officiel du palais et sur les réseaux sociaux.

Le 12 février, la veille d'un voyage officiel de Harry et Meghan en Écosse, les équipes de sécurité de Kensington ont intercepté une lettre adressée au couple. À première vue, le courrier ne se distinguait pas de tous ceux qui étaient envoyés à Clarence House, sauf qu'il était truffé de commentaires racistes et accompagné d'une poudre blanche non identifiée. Les officiers ont cru que c'était de l'anthrax, mais l'analyse a montré que ce n'était rien de dangereux. Du moins physiquement. Cette nuit-là, Meghan n'a pas beaucoup dormi, avouant plus tard à une amie qu'elle avait peur que l'incident ne devienne « la norme ».

Une de ses meilleures copines l'appelait « Grace[1] » à cause de tout ce qu'elle encaissait. « C'est une bosseuse, disait-elle. Il n'y a pas grand-chose qui lui fait peur ou qui l'intimide. Elle n'est jamais déconcertée ni mal à l'aise quand il s'agit d'aider ses amis. »

D'où sa blessure quand elle a vu son amie d'enfance, Ninaki Priddy, se mêler au concert des critiques, prête à monnayer leur amitié. Les deux jeunes femmes se connaissaient depuis le primaire, à l'époque où elles dormaient l'une chez l'autre et organisaient leur anniversaire en commun. À 11 ans, elles avaient été dans le même collège privé catholique, Immaculate Heart. Leurs parents étaient divorcés et elles étaient comme deux sœurs. Elles ne se cachaient rien. Elles avaient assisté à tous les grands événements de la vie de chacune. Ninaki était demoiselle d'honneur au mariage de Meghan et Trevor.

Non seulement Ninaki Priddy a vendu au *Daily Mail* des photos de leur enfance (anniversaires, vacances, bals), mais elle a balancé une série d'accusations injurieuses contre elle.

À propos de Trevor, Ninaki, qui le voyait toujours, a dit qu'elle lui avait « coupé l'herbe sous le pied » et ajouté : « Le jour où elle décide que vous ne faites plus partie de sa vie, elle devient glaçante. Elle a une espèce de mécanisme de fermeture totale. Impossible de négocier, elle a pris sa décision, salut. »

C'est vrai qu'à l'époque de leur divorce, Trevor avait été pris de court, mais beaucoup d'amis de Meghan s'y attendaient parce qu'elle leur avait parlé de leurs problèmes. Mais Ninaki avait raison, elle n'aimait pas les explications et fuyait les conflits. « Meghan ? Si elle est blessée, elle préfère s'éloigner tranquillement, sans un mot », a confirmé une autre amie. Plutôt que de se confronter aux gens, elle devient glaciale.

1. Il s'agit d'une référence à la série *Grace under fire*, en français *Une maman formidable*, qui raconte les déboires d'une mère de famille divorcée appelée Grace Kelly. (NdT)

L'article du tabloïd allait plus loin et affirmait qu'elle était d'une ambition délirante et s'était mis en tête de séduire une tête couronnée dès le lycée. Ninaki avait vendu une photo de Meghan à 15 ans devant Buckingham Palace prise au cours d'un voyage en Europe et se disait « pas du tout étonnée » d'apprendre ses fiançailles royales. « J'ai l'impression qu'elle l'a prévu toute sa vie, disait-elle. Elle a toujours été fascinée par la famille royale. Elle se rêve en princesse Diana 2.0. »

Les conseillers du palais étaient habitués à ce genre de trahison chaque fois qu'une femme se mariait avec un prince. « À partir du moment où il y a de l'argent en jeu, les gens sont prêts à dire n'importe quoi, a ajouté l'un d'eux. J'ai vu ça je ne sais combien de fois depuis que je travaille ici. »

Autre exemple : Sonia Ardakani, la mère d'une amie d'enfance de Meghan, a vendu une histoire aussi farfelue à un tabloïd. Soi-disant Meghan était « obsédée » par la princesse Diana et ses deux fils depuis qu'elle était petite. La mère prétendait avoir offert le livre d'Andrew Morton, *Diana racontée par elle-même* à Meghan adolescente, qui, toujours d'après elle, regardait des vidéos du mariage de la princesse avec sa fille, Suzy. La même Sonia, pour qui Meghan était « une belle personne ayant beaucoup de cœur », affirmait au *Daily Mail* qu'elle « savait jouer des coudes. Ce que j'admirais chez elle, c'est qu'elle se battait bec et ongles pour avoir ce qu'elle voulait… et elle l'obtenait toujours ».

Ces commentaires contredisaient curieusement ce que l'intéressée avait dit à la BBC dans l'entretien lié à ses fiançailles.

« Aujourd'hui je réalise qu'il y a un intérêt mondial, mais à l'époque je ne savais pas grand-chose de lui, reconnaissait-elle à propos de Harry. Pour nous, ça avait quelque chose de rafraîchissant parce que, comme je savais peu de choses sur lui, tout ce que j'apprenais venait directement de sa bouche. Je n'ai pas eu une enfance où j'entendais plein d'histoires et où on me racontait ce qu'il y avait dans les tabloïds ou je ne sais quoi. Tout ce que je sais sur sa famille et lui, c'est ce qu'il a bien voulu me dire, et *vice versa*. Du coup pour nous, c'était une façon vraiment authentique et naturelle de faire connaissance. »

Meghan a sciemment accepté les bons et les mauvais côtés du fait d'épouser un prince. En coulisses, cela dit, elle s'avouait « blessée et déçue » d'avoir été trahie par ses amies d'enfance. Ninaki et elle s'étaient éloignées depuis son divorce d'avec Trevor, mais jamais elle n'aurait imaginé qu'elle la trahirait dans un tabloïd. C'était une des premières mises en garde des conseillers du palais. « Si quelqu'un a une anecdote ou a une dent contre vous, l'avait prévenue un secrétaire avisé, il faut vous attendre à ce que la presse l'exploite en lui proposant de l'argent. S'il y a anguille sous roche, je vous en prie, dites-le-nous. »

Ce qui a aidé Meghan à traverser ses périodes difficiles, c'est aussi sa foi. « Elle a une vraie relation à Dieu et elle très attachée à son Église, confiait une amie. Très peu de gens en sont conscients. C'est essentiel dans sa vie de femme. »

Sa famille n'est pas très pratiquante, mais elle a été élevée dans le respect de Dieu. Elle a été dans une école catholique, sans doute pour une question d'éducation plus que de religion. Sa mère, d'origine protestante, est sensible à la dimension spirituelle et a adopté une forme de syncrétisme qui comprend le bouddhisme. Son père a été enfant de chœur à 12 ans, et à 14, il était membre confirmé de l'Église épiscopalienne. Il allait régulièrement à la messe à l'église de la Nativité de Newport, en Pennsylvanie, quand il était jeune, mais il ne pratiquait plus beaucoup depuis longtemps. Meghan n'avait pas été baptisée, disait-il, parce que Doria et lui n'avaient pas les mêmes croyances. Ils préféraient que leur fille choisisse elle-même sa religion. On ne lui avait « imposé » aucun dogme, a ajouté une de ses amies.

« Son rapport à Dieu, sa spiritualité sont nés de son expérience personnelle, a poursuivi cette amie avec qui Meghan priait souvent.

Quand je dis que la foi a une place importante dans sa vie, je veux dire sa foi en Dieu. La foi en sa famille. La foi en ceux qui sont vraiment proches. »

À l'université de Northwestern, une de ses meilleures amies était chrétienne et priait souvent avec elle. Elle a d'ailleurs passé des vacances dans sa famille après leur remise de diplôme.

Plus tard, la prière s'est révélée un outil important quand il lui a fallu affronter les difficultés de la vie. À l'époque de *Suits*, elle réunissait les acteurs et les techniciens pour former un cercle de prière avant que chacun se mette au travail. Elle ne faisait référence à aucune religion spécifique. Elle cherchait plutôt à unir tout le monde quand ils traversaient une période de transition ou une situation critique.

« La prière et les échanges avec Dieu l'aident à remonter la pente dans les moments les plus sombres, dira la même amie. C'est un élément important de sa vie et de sa relation avec Harry. Ils ont accompli un vrai cheminement spirituel ensemble. »

Avant d'épouser Harry, Meghan a décidé d'être baptisée dans l'Église d'Angleterre, alors qu'elle n'avait pas besoin de devenir anglicane pour se marier. « C'était son choix, une façon d'avancer dans son chemin spirituel, explique une amie. Elle n'a eu aucune pression. Elle aurait pu le faire après le mariage, suivant son rythme, mais elle tenait à être baptisée avant de se marier dans la chapelle Saint-George, “par respect pour la reine”. »

La cérémonie, qui a duré trois quarts d'heure, a eu lieu dans l'intimité le 6 mars, dans la chapelle royale de St. James Palace – la chapelle privée où le roi Charles Ier a reçu le Saint Sacrement avant d'être exécuté en 1649, où le corps de la princesse Diana a reposé pendant une semaine après sa mort, où le prince George a été baptisé. Quatre mois plus tard, le prince Louis y serait baptisé, et Harry et Meghan étaient présents à la cérémonie.

Avant son baptême, Meghan a rencontré plusieurs fois l'archevêque de Canterbury, Justin Welby, avec qui elle a noué « un lien fort », à en croire un conseiller. Ils ont évoqué différents sujets, notamment son premier mariage, et il lui a demandé ce que son divorce lui avait appris. « L'Église d'Angleterre est très claire sur la question des personnes divorcées dont l'ancien conjoint est en vie. Ils ont le droit de se remarier. Nous en avons parlé, affirmait l'archevêque en février. Ce n'est pas un problème. »

C'est ainsi que Meghan a été baptisée devant le prince Charles, Camilla, duchesse de Cornouailles, Harry, et plusieurs de ses amis, dont Jessica, Lindsay et Markus. Elle a reçu sur le front de l'eau du Jourdain conservée dans le Lily Font[1] doré à l'argent et versée avec une aiguière en argent massif apportée par le joaillier de la Couronne, Mark Appleby. Ces objets viennent de la Tour de Londres où ils sont conservés avec les joyaux de la Couronne, ainsi que le flacon gravé qui contient l'huile baptismale utilisée pour son onction.

La cérémonie – à laquelle n'ont assisté ni la reine, ni William, ni Kate – était accompagnée par le chœur de la chapelle royale qui comprend six gentilshommes ordinaires et une maîtrise de dix petits chanteurs. « L'atmosphère était sincère et très émouvante, commentait l'archevêque. Ce fut un privilège. »

« C'était réjouissant », ajoutait l'un des dix-huit invités au dîner offert par Charles et Camilla à Clarence House.

Meghan s'apprêtait à devenir membre à part entière de la famille royale. Très vite, du reste, Harry et elle ont décidé de louer un cottage dans le domaine de Great Tew Estate, dans l'Oxfordshire. Il s'agissait d'une grange datant de 1708 reconvertie en maison de près de 400 mètres carrés. Nottingham Cottage commençait à devenir un peu étroit, même s'ils l'ont conservé pour avoir une base à Londres.

Harry cherchait à avoir une maison à la campagne depuis longtemps, bien avant de rencontrer Meghan. Début 2016, il avait failli

1. C'est le nom donné à la coupe qui sert aux fonts baptismaux de la famille royale britannique. (NdT)

acheter une propriété dans le Norfolk avec une partie de l'argent hérité de sa mère, et, en 2017, il avait commencé à chercher dans l'Oxfordshire.

Great Tew, près de la petite ville de Chipping Norton (« Chippy » pour les gens du coin) est un village très prisé par les personnalités qui veulent une résidence secondaire près de Londres, à une heure et demie de voiture environ. Kate Winslet et David et Victoria Beckham ont une maison dans la région. L'acteur Eddie Redmayne ou Stella McCartney séjournent régulièrement au Soho Farmhouse, un hôtel situé dans le domaine de 1 500 hectares où Harry et Meghan ont loué leur maison. Eux-mêmes allaient rarement à l'hôtel, mais ils profitaient de ses avantages, notamment des croissants faits maison et des produits du spa baptisé Cow Shed. Un jour, ils ont fait venir un des chefs du Soho Farmhouse parce qu'ils recevaient des invités pour le dîner.

On pouvait difficilement leur en vouloir d'avoir du mal à quitter ce nid d'amour de quatre chambres avec cuisine sur plusieurs niveaux de style Shaker, et dont les portes donnaient sur de magnifiques jardins paysagers.

C'était un lieu idéal pour recevoir amis et connaissances, même s'ils utilisaient peu la salle à manger. Ils préféraient se réunir dans la cuisine, près du four où les plats mijotaient, ou mieux encore, dans le patio où il y avait un barbecue en brique.

Le sublime parc qui entoure la maison était parfait pour les deux chiens dont la famille s'est agrandie, puisque, cet été-là, Harry et Meghan ont recueilli un labrador noir à qui ils ont donné le nom de la monnaie du Botswana : Pula. Le mot signifie « pluie » en tswana, une des langues bantoues, pour une raison évidente. Au Botswana, où la terre est semi-aride, la pluie est considérée à la fois comme un bien matériel et une bénédiction. À l'image de leur petit toutou plein d'énergie.

Beaucoup d'amis et de gens de la famille sont allés les voir à Great Tew, notamment Eddie Redmayne et sa femme, Hannah Bagshawe, qui faisaient partie de leur cercle élargi. La maison était d'autant plus jolie et agréable qu'elle contenait des objets personnels que Meghan avait fait venir de Toronto.

Jessica lui a rendu visite deux fois, dont la deuxième, juste avant le mariage. Les deux copines ont passé le week-end les cheveux lâchés, un masque sur la figure, buvant « pas mal de vin » et appelant Ben, le mari de Jessica, pour lui dire bonjour en gloussant parce qu'elles étaient pompettes.

Doria a fait le voyage deux fois de Los Angeles. Non seulement elle avait sa chambre et sa salle de bains, mais elle avait pu échapper à la presse grâce à un chauffeur venu la chercher sur le tarmac d'Heathrow pour la faire passer par la sortie des VIP et la conduire directement à la campagne. Un répit dont elle avait grand besoin depuis qu'elle était assaillie par les paparazzi.

Heureusement, le palais lui avait donné quelques conseils pour l'aider à surmonter la gêne que lui causait cet intérêt insistant pour sa vie privée. Jason lui avait demandé de ne jamais répondre aux journalistes et de l'appeler si quelqu'un déposait un pli chez elle – ce qui arrivait régulièrement. Les journalistes n'hésitaient pas à glisser des lettres sous sa porte pour lui proposer de « donner sa version de l'histoire ». Il lui avait aussi demandé de prévenir les autorités si quelqu'un la suivait. Harry avait clairement dit que si elle était harcelée, il paierait de sa poche pour qu'elle soit protégée.

À Los Angeles, les paparazzi étaient installés devant chez elle et la suivaient quand elle prenait sa voiture pour rendre visite à ses vieux patients. Ils fonçaient à côté d'elle pour prendre des photos avec d'énormes appareils avant qu'elle remonte l'allée jusqu'à leur porte. C'était très déstabilisant, non seulement pour elle, mais aussi pour les personnes âgées et vulnérables dont elle s'occupait.

Jusqu'au jour où elle s'est découvert une alliée précieuse et inattendue : Oprah Winfrey. L'animatrice vedette, que Meghan connaissait grâce à une amie commune, lui a proposé de l'aider quand elle a vu qu'elle était prise dans la tourmente médiatique. Il se trouve qu'elles fréquentaient parfois la même église, l'Agape International Spiritual Center, à Los Angeles. « Oprah a été à la fois une amie et un refuge. Doria s'est retrouvée dans une situation incroyable du jour au lendemain, dira une amie proche de Meghan. Je connais peu de gens qui se rendent compte de ce qu'elle a vécu. Elle a eu de la chance de tomber sur quelqu'un qui sait ce que c'est que la pression quand on se retrouve propulsé sur la scène publique. »

Doria a pu passer du temps avec Oprah loin de chez elle, à l'abri, sans avoir peur que celle-ci en profite pour lui demander un entretien. (Un conseiller du palais avait eu un échange franc à ce propos avant le mariage. Oprah lui avait promis qu'il s'agissait « d'un geste absolument désintéressé ».) « Meghan sera éternellement reconnaissante à Oprah d'avoir tendu la main à sa mère, confirme une source. Doria a beaucoup d'amis, mais c'est réconfortant de savoir que quelqu'un comme Oprah est là pour vous épauler. »

Malheureusement, la star ne pouvait empêcher que les photographes harcèlent Doria quand elle allait travailler. Et les conseillers du palais en contact avec elle non plus.

Quant au père de Meghan, Thomas, il était aussi l'objet d'une curiosité malsaine, mais c'était un autre cas de figure.

Tout avait commencé en décembre, à l'époque où Harry et Meghan venaient d'annoncer leurs fiançailles. Un journal avait publié un portrait de Thomas fait de bric et de broc, et préparé depuis des mois. L'article proposait une photo de sa maison construite à trente mètres au-dessus de la plage de Rosarito, une petite station mexicaine au bord du Pacifique, et exposait des détails de sa vie quotidienne, décrivant la Ford Escape rouge ou la Volvo argentée avec laquelle il allait faire des courses chez Walmart ou conduisait jusqu'à l'entrepôt dont le propriétaire avait eu droit à un discours sur Meghan parce qu'elle passait à la télé. Cependant l'article ne citait aucune déclaration de l'intéressé, et pour cause : chaque fois qu'un journaliste l'abordait, il répondait ce que les conseillers lui avaient recommandé de répondre : « Je ne peux rien dire par respect pour ma famille. »

Sauf que le *Daily Mail* avait révélé le lieu où il vivait et il était assailli par les journalistes et les photographes. Un paparazzi a été jusqu'à payer en liquide la location d'une bicoque voisine. « Meghan était inquiète pour lui, dira une source proche. Ils débarquaient de tous les côtés et elle se faisait du souci pour sa santé et sa sécurité. » Thomas avait bouché les fenêtres de la maison qui donnaient sur la rue avec du contre-plaqué, mais il détestait l'idée que son silence autorise les médias à donner une mauvaise image de lui.

Les émissions de divertissement et les journaux britanniques et américains étaient impitoyables et proposaient des sommes importantes au moindre parent de Meghan pour obtenir des secrets de famille. (*Good Morning Britain* a fait venir en avion l'ex-femme de son demi-frère qu'elle connaissait à peine et n'avait pas vue depuis des lustres, avec ses fils – dont l'un dirigeait un commerce légal de cannabis.) Que les parents en question soient honnêtes ou non n'avait aucune importance. Le public avait soif de la moindre information sur Meghan, peu importait les motivations des témoins.

Tout ce que les gens savaient sur Thomas se résumait à quelques photos volées : Thomas sortant les poubelles, attendant la fin d'une machine dans une laverie, achetant des bières pour les agents de sécurité de son quartier, ou sortant de chez Home Depot avec des toilettes neuves (que certains tabloïds ont appelées son « trône »). En les publiant sans aucun commentaire, les journaux donnaient l'impression que c'était un reclus un peu bizarre qui vivait avec de la bière et des clopes pour seule compagnie.

Jason, qui était son référent au palais, lui a dit dès le début qu'il était à sa disposition nuit et jour pour l'aider à résister à la pression. Il n'y était pas habitué, et personne, et surtout pas Harry ni Meghan, ne voulait qu'il se sente abandonné. Jason lui a donné son numéro de portable et son mail privés, ainsi que ceux de son adjoint, mais il n'a jamais pris contact avec eux. Régulièrement, ils lui envoyaient un mot pour savoir si tout allait bien, mais il répondait qu'il n'y avait pas de problèmes. « C'est un type orgueilleux, expliquait une source. Et têtu. »

C'est là qu'est intervenu Jeff Rayner, photographe et copropriétaire de l'agence de presse Coleman-Rayner. Il n'était plus un inconnu car ça faisait des mois qu'il surveillait la maison du père de Meghan. Jusqu'au jour où il lui a fait une proposition alléchante : organiser une ou deux séances de photos en ville pour corriger son image de vieil ours mal léché et en faire celle d'un père dévoué, ravi que sa fille se marie. Le temps qu'il entre au bras de Meghan dans la chapelle Saint-George, tout le monde imaginerait un père adorable qui s'était longuement renseigné sur la monarchie avant de rencontrer la reine.

Plusieurs coups de fil ont suivi. Harry et Megan lui ont personnellement demandé d'ignorer *toutes* les propositions. Hélas, il a craqué. Encouragé par Samantha, qui a réussi à obtenir un pourcentage dans l'accord avec Rayner, Thomas a accepté de poser pour le photographe. Jeff et lui ont fait le tour de la ville en s'arrêtant pour deux ou trois mises en scène choisies, y compris une photo où Thomas est plongé dans une histoire illustrée de la Grande-Bretagne, et une autre, où il est dans un cybercafé et feuillette les derniers magazines qui parlent de sa fille et de son futur gendre. Leur projet était de vendre les photos pour un prix exorbitant et une visibilité maximale.

Les photos ont en effet été publiées par une quantité d'organes de presse, mais elles n'ont rien fait pour redorer le blason de Thomas.

Le seul qui en ait profité, c'est Rayner, qui a empoché 120 000 euros au moins pour son agence. Thomas touchait 30 %.

Une semaine pile avant que Thomas s'apprête à faire son entrée au château de Windsor, vêtu d'un costume sur mesure coupé à mille lieues de la côte mexicaine, le palais a appris que le *Daily Mail* avait l'intention de révéler que les « sympathiques » clichés de Rayner avaient été mis en scène, y compris celui où Thomas feuillette le livre intitulé *Images of Great Britain. A Pictorial Tour Through History.*

Sur ordre de Harry, le service de communication du palais, secondé par le cabinet d'avocats Harbottle & Lewis, a immédiatement réagi pour empêcher la publication de l'article embarrassant.

En attendant, il fallait que Meghan joigne son père pour entendre de sa bouche ce qui s'était passé. D'après une confidente qui était auprès d'elle, elle a simplement dit à son père : « Écoute, papa, on a besoin de savoir si c'est vrai parce que si tu me confirmes que les photos sont bidon, mon équipe essayera de bloquer la parution de l'article.

« Si elles sortent, on se mettra en quatre pour te protéger, papa, a poursuivi Meghan au téléphone. Tu es en train de me dire qu'on te manipule, c'est bien ça ? »

Une fois de plus son père lui a menti. « Bien sûr », a-t-il répondu, sans préciser qu'il avait consenti à la mise en scène des photos.

« Chaque fois qu'elle l'appelait, elle lui disait des choses du genre : "Papa, je t'aime. Je veux que tu saches que je t'aime. Tout va bien. Viens. On se marie. On va s'amuser. Ne t'inquiète pas. On oublie tout, c'est derrière nous" », a ajouté la confidente.

« Autant voir le bon côté des choses, non ? a poursuivi la confidente. Je l'ai entendue dire : "Mon père n'a jamais fait ça. Je suis persuadée qu'il a été manipulé. Ça me désole parce que je pense qu'il a été soudoyé." »

La dernière fois, avant de raccrocher, elle lui a rappelé qu'une voiture viendrait le prendre chez lui le lendemain pour le conduire à Los Angeles. De là, il prendrait un vol pour Londres où tout avait été organisé. On l'accompagnerait en voiture de la porte de chez lui jusqu'à sa destination, avec des officiers de sécurité et un guide qui pourrait répondre à ses questions. Il n'avait aucun souci à se faire.

Pendant ce temps-là, le service de communication de Kensington se démenait pour éviter la catastrophe. Avec l'accord de Thomas, les chargés de communication ont envoyé une note à l'Independent Press Standards Organisation (l'organisme de régulation de la presse britannique) et un communiqué aux rédacteurs en chef de la presse pour les informer de la situation. En vain. Le lendemain du coup de fil de Meghan à son père, la une du *Daily Mail* annonçait : « LES PHOTOS DU PÈRE DE MEGHAN MISES EN SCÈNE AVEC UN PAPARAZZI. » Les images d'écran des caméras en circuit fermé montraient que les photos étaient complètement artificielles.

Meghan était affligée par la lâcheté de son père, mais en même temps elle s'inquiétait pour sa santé. Le moins qu'on puisse dire, c'est qu'il avait manqué de discernement. Or le mariage avait lieu une semaine plus tard. Il fallait absolument qu'il vienne à Londres où il serait protégé de la presse par des gardiens du palais et des officiers de sécurité.

Vite, Meghan a rappelé son père, mais il n'a pas décroché. Elle a encore appelé. Une fois, deux fois… Chaque fois elle laissait plus ou moins le même message : « Papa, je t'aime, je te promets. Rien n'a changé. On va te faire sortir du Mexique pour que tu viennes à Londres en toute sécurité. Je t'envoie une voiture. »

Une voiture… si seulement il y était monté.

CHAPITRE 13

Le problème Thomas Markle

Pour sa dernière nuit de roturière, Meghan Markle fut servie comme une reine.

À 18 h 15, la veille de son échange de consentements avec Harry, Doria et elle sont arrivées à Cliveden House, un somptueux château de style italien transformé en hôtel cinq étoiles.

Cliveden House a toujours été un lieu privilégié par les responsables politiques et la haute société. Mais il a fallu attendre le début du XXe siècle pour que Nancy et Waldorf Astor en fassent leur résidence et que cette propriété devienne célèbre pour ses invités prestigieux et son accueil exceptionnel. Nancy et Waldorf Astor y recevaient de grands noms qui allaient de Winston Churchill à George Bernard Shaw, de Gandhi à Henry Ford. Ce jour-là, Cliveden House accueillait la future duchesse de Sussex.

Mère et fille sont discrètement descendues de leur Range Rover avec chauffeur devant l'aile gauche du manoir, puis on leur a présenté leurs suites, dont la Suite Inchiquin à 1 500 euros la nuit. Elles y ont découvert le superbe assortiment d'épaisses tapisseries, de vieux meubles et d'œuvres d'art, tandis qu'on leur offrait des flûtes glacées de champagne Taittinger.

Les préparatifs avaient duré des mois, mais tout était prêt. Plutôt que de compter sur l'organisateur de mariages habituel, Meghan et Harry avaient préféré s'en remettre à une personne extérieure à la maison royale : Thea Garwood, qui avait travaillé plusieurs années avec l'ancien secrétaire privé de Harry et William, Jamie Lowther-Pinkerton, et était responsable de l'agenda des deux frères depuis 2007. Thea avait participé à l'organisation du concert donné en la mémoire de Diana et était devenue une personne de confiance, essentielle à leurs vies. Réputée pour son calme, même dans les situations les plus tendues, elle coordonnait tous les échanges entre les intéressés, du bureau du lord-chambellan (ligne directe de communication entre la reine et la chambre des Lords) au boulanger et à la fleuriste – choisie par Meghan.

Aucun détail n'avait été laissé au hasard. Ni les officiers armés de la police de protection qui patrouillaient dans les couloirs de Cliveden House, ni la vingtaine de gardiens supplémentaires qui encerclaient le domaine de plus de cent quarante hectares. L'ordonnance de Harry, Tifare Alexander (Tif pour les intimes), un ancien parachutiste, était également là au cas où Meghan aurait besoin de quoi que ce soit.

Le personnel distribuait des cruches d'eau pétillante, des tasses de thé vert et des verres d'Arnold Palmer (un des cocktails préférés de Meghan et de son père) dans les suites de l'aile du manoir réservée à la future duchesse et ses visiteurs. Sa mère et elle seraient les seules à y passer la nuit, mais plusieurs personnes sont venues voir Meghan, dont ses meilleures amies Lindsay et Jessica, et même le beagle qu'elle avait adopté, Guy, qui, la veille, s'était offert une petite balade à Windsor avec la reine.

André Garrett, le chef étoilé des cuisines, avait préparé un petit dîner dans une salle à manger privée. Chacun avait le choix entre des raviolis à la courge d'automne (clin d'œil au petit faible de Meghan pour les pâtes) et des filets de sole grillée.

Si les amis de Meghan le souhaitaient, le spa était à leur disposition. Les masseuses étaient prêtes, et des bains chauds parfumés à la rose et à la lavande les attendaient.

Meghan avait besoin de se détendre. Les futures mariées passent souvent des semaines à s'occuper des bouquets de fleurs, du placement des invités à table ou de la robe qui les mettra le plus en valeur. Meghan, elle, traversait une crise personnelle dont la presse anglaise et étrangère se faisait largement le relais.

En dépit d'une avalanche de SMS et de messages vocaux, Thomas Markle avait non seulement refusé de monter dans la voiture qui l'attendait à l'aéroport, mais il n'avait pas répondu à sa fille.

« Mon Dieu, mon téléphone, avoua-t-elle à une amie à qui elle expliquait avoir appelé son père une vingtaine de fois. J'espère qu'il reçoit mes messages », ajouta-t-elle, inquiète.

Ni elle ni Harry n'étant sûrs de rien, ils en étaient réduits à lire les tabloïds et suivre les réseaux sociaux pour connaître les derniers projets de Thomas Markle (savoir si oui ou non il serait présent au mariage).

Après l'article humiliant de *Mail on Sunday*, Thomas avait plaidé sa cause auprès de TMZ en expliquant qu'il avait besoin de « redorer » son blason parce qu'il avait été « pris en embuscade » par des photographes. Cela dit, pour éviter d'importuner sa fille et la famille royale, il n'assisterait pas au mariage.

En public, Kensington Palace maintenait un silence stoïque, mais, en coulisses, les récriminations et la colère allaient bon train : le père de Meghan était en train de gâcher la fête et de bouleverser l'organisation. D'un côté, il refusait d'écouter sa fille et ses conseillers, de l'autre, il n'arrêtait pas de faire toutes sortes de déclarations contradictoires à la presse. Les rumeurs autour du mariage comprenaient désormais des calomnies soigneusement choisies par TMZ, le média qui avait révélé les escapades de Harry à Las Vegas. À Kensington Palace, les courtisans redoutaient qu'une nouvelle explosive ne sorte. Il fallait s'attendre à tout.

« C'était très, très dur, avoua un conseiller de Kensington. Aucune solution n'était évidente, ils ont fait au mieux, mais vu de l'extérieur ça devait être la pagaille. C'est facile de critiquer Kensington, Dieu merci, je n'avais jamais vu une situation pareille – une jeune femme s'apprête à épouser un prince, mais le père de cette ravissante personne est à huit mille kilomètres et refuse de jouer le jeu. Non seulement il refuse, mais il joue avec le feu. »

Dans une de ses interviews, Thomas Markle avait affirmé que Harry l'avait appelé pour lui dire : « Si vous m'aviez écouté, ça ne se serait jamais passé comme ça. » Ce qui est faux. Autre revirement spectaculaire, le lendemain du jour où il avait annoncé qu'il n'assisterait pas au mariage, Thomas Markle avait affirmé à des journalistes qu'il jugeait impensable de rater un tel événement.

Blessée, Meghan avait demandé aux responsables de Kensington Palace de publier une déclaration qu'elle avait rédigée elle-même, où elle qualifiait l'incident de « question purement personnelle », tout en exigeant qu'ils règlent le problème avec discrétion. Elle n'avait aucune envie que le linge sale familial soit révélé au public, mais elle ne pouvait pas ne pas intervenir.

Elle était désespérée à l'idée que son père n'assiste pas à son mariage. Depuis toujours, elle était sa chouchou. Une année à Noël, il lui avait offert une petite famille Barbie interethnique qu'il avait réunie lui-même ; chaque fois qu'elle jouait dans une pièce de théâtre à l'école, il participait au décor ; et le jour où elle avait emménagé dans sa grande maison à Toronto, il était venu de Los Angeles lui donner un coup de main.

« Elle avait beau être blessée et humiliée, elle voulait qu'il soit présent et elle était prête à oublier, dira une amie proche. En plus, elle se faisait du souci pour lui. Elle n'était pas sûre qu'il aille très bien. Son comportement était étrange. »

Un costume et des chaussures faits sur mesure l'attendaient chez Oliver Brown à Chelsea, et Harry avait demandé qu'on l'accompagne de Londres à Windsor. « Les égards auxquels Doria a eu droit en arrivant ici étaient les mêmes que ceux qui étaient prévus pour Thomas », dira un ancien conseiller, qui précisait qu'il aurait logé dans un hôtel avec un officier de protection et un assistant pendant son séjour.

Hélas, quatre jours avant le mariage, Meghan recevait des nouvelles encore pires de son père – toujours via un site de portraits de célébrités.

Accusant la presse de voyeurisme, Thomas venait d'annoncer qu'il avait eu un infarctus à cause du stress. Son médecin lui conseillait de se faire opérer le jeudi suivant, deux jours avant le mariage de sa fille ; on devait lui déboucher les artères et lui poser plusieurs stents. À moins d'un miracle, il ne pourrait jamais prendre l'avion et traverser l'Atlantique pour assister au mariage de sa fille.

Troublée, Meghan décida de lui envoyer un SMS. « J'ai essayé de te joindre tout le week-end mais tu ne réponds pas aux appels ni aux textos… Me fais du souci pour ta santé et ta sécurité, ai pris toutes les mesures pour ta protection mais ne sais plus que faire puisque tu ne réagis pas… Tu as besoin d'aide ? Tu veux qu'on te renvoie une équipe de sécurité ? Je suis désolée que tu sois à l'hôpital mais j'ai besoin que tu prennes contact avec nous, s'il te plaît… Dans quel hôpital es-tu ? »

Dix minutes plus tard suivit un nouveau SMS. « Harry et moi avons décidé de t'envoyer les gardes du corps que tu as refusés ce week-end pour que tu soies protégé et en sécurité… ils seront à ta disposition au cas où. S'il te plaît appelle dès que tu peux… Tout ça est très inquiétant mais ta santé est une priorité. »

Le soir même Thomas envoya une brève réponse pour dire qu'il était sensible à leur proposition mais qu'il ne se sentait pas en danger. Il irait se reposer après l'opération dans un motel. Meghan lui demanda des précisions, mais en vain.

Résignée, elle pria Kensington Palace de publier une déclaration en son nom : « Malheureusement, mon père n'assistera pas à notre mariage. J'ai toujours eu beaucoup d'affection pour lui et j'espère qu'il aura l'espace dont il a besoin pour veiller à sa santé. »

Pas un mot n'avait été échangé à ce propos quand Meghan avait présenté Doria à la reine et au prince Philip le matin même, mais l'après-midi, quand ils avaient pris le thé à Windsor, Meghan s'était sentie gênée.

Les conseillers de Kensington ne savaient plus que faire des déclarations de Thomas, jusqu'au moment où elle les somma de ne pas discréditer son père.

« Meghan était très claire, peu importe ce qui s'était passé, personne n'était en droit de le critiquer à sa place, avait expliqué une source fiable. La semaine du mariage, on pouvait dire n'importe quoi ou presque. Elle a eu l'intelligence de comprendre qu'il n'y avait aucune raison de se rétracter si c'était pour démolir son père. »

À vrai dire elle s'en voulait un peu. Elle avait passé un an et demi sous le feu des projecteurs et mesurait parfaitement la pression des médias.

« Il est vulnérable, avoua-t-elle à une amie. Il a mordu à leur hameçon. Plusieurs journalistes de tabloïds ont réussi à l'amadouer et l'ont payé. Je ne suis même pas sûre qu'il ait eu le choix. »

Harry en voulait aussi aux médias.

« La pression qu'on lui a mise pendant six mois avant qu'il craque et accepte de se montrer, voilà ce qui rend Harry furieux », affirma un courtisan plus âgé à propos de Thomas Markle.

Une personne qui connaît bien le couple résumait ainsi la situation : « Il y a une forme d'agression intrusive, une sorte d'hostilité permanente et irresponsable des médias, que je trouve profondément nuisible. Je ne pense pas que les paparazzi soient comme avant. Ça a changé. Mais la malveillance sans vergogne de certains médias est vraiment néfaste. Ce qu'ils ont fait à son père, l'arracher à sa vie privée et l'obliger à devenir un personnage public, puis l'appâter avec des chèques, c'est atroce. Il rêvait de rester à l'abri des regards. Il aurait continué de vivre tranquillement. Il serait allé au mariage si les médias lui avaient fichu la paix. L'intérêt public ne justifiait pas qu'on viole la vie privée de Thomas Markle. »

Sensible au désarroi de sa fiancée, Harry se tourna vers celui qui lui semblait le mieux placé : son père. Le prince Charles avait une certaine expérience puisque c'est lui qui avait accompagné à l'autel Alexandra Knatchbull, une amie de la famille dont le père, lord Brabourne, était tombé malade au dernier moment. « Je lui ai demandé, mais je pense qu'il s'y attendait, avoua Harry dans un documentaire de la BBC. Il m'a tout de suite dit : "Oui, bien sûr. Je serai là si Meghan en a besoin, je suis là pour vous aider." » (Aujourd'hui, à Clarence House, le futur roi a une photo noir et blanc encadrée sur laquelle il accompagne sa belle-fille à l'autel.)

Au bout d'une semaine d'hésitations où le père de Meghan lui avait volé la vedette, gâchant le plus beau moment de sa vie, Kensington Palace annonça que ce serait le prince Charles qui escorterait la jeune femme : « Mlle Meghan Markle a demandé à son Altesse Royale le prince de Galles de l'accompagner à l'autel de la chapelle Saint-George le jour de son mariage. Le prince de Galles est heureux d'accueillir ainsi Mlle Markle dans la famille royale. »

La veille de leur mariage, Harry et Meghan ont parcouru la longue Promenade qui mène au château de Windsor dans leur Range Rover bleu marine pour avoir un dernier regard sur ce lieu dont ils étaient tombés amoureux. Dans la ville de Windsor, la foule avait déjà commencé à se rassembler pour le spectacle. Des centaines de télévisions et de radios du monde entier étaient prêtes à immortaliser la magie de la fête.

La répétition finale – qui fut l'occasion pour Doria de faire la connaissance de William, Kate, George et Charlotte – contribua à apaiser une Meghan trop tendue pour arriver à dormir.

« À la fin, elle savait qu'il fallait qu'elle lâche ; elle ne pouvait plus revenir sur ce qui s'était passé », dira une amie proche.

Tout le monde, y compris William, était désolé pour elle. Le plus beau jour de sa vie risquait d'être gâché par son père, c'était déchirant. Doria était désespérée pour sa fille, mais pas vraiment surprise. Son ex-mari n'était pas quelqu'un de fiable.

Heureusement, Meghan avait sa mère et ses amis auprès d'elle. « Si elle n'avait pas eu Harry, Doria et ses amis, elle l'a déclaré elle-même, elle n'aurait pas tenu mentalement », dira une amie.

La veille du mariage, après une ultime séance d'entraînement à répondre aux médias, Meghan s'est offert un soin du visage énergisant avec Sarah Chapman, grande prêtresse de la peau, qui était devenue une amie proche. Cette femme dégageait une énergie apaisante que Meghan appréciait. Les soins qu'elle prodiguait étaient plus qu'un entretien du visage, c'était une thérapie.

En dépit de cette séance relaxante, Meghan avait encore un détail à régler. Elle envoya un dernier SMS à son père. Il ne répondit pas.

Assise dans son bain un peu plus tard, elle bavardait sur Face Time avec une amie à qui elle avoua qu'elle avait lancé un ultimatum à son père. « Je ne vais passer toute la nuit à appuyer sur Envoyer. »

Très calme, elle rappela aux amis qui s'inquiétaient pour elle que le lendemain était le jour où elle épousait l'homme de sa vie. « Je me marie, dit-elle, il faut que ce soit un vrai moment de bonheur. »

CHAPITRE 14

« Stand by Me »

Le réveil étant à 6 heures du matin, Meghan se leva presque en même temps que le soleil.

Des chariots couverts de céréales, de fruits, de jus de fruits frais et de thé arrivèrent dans sa suite où elle prit son petit déjeuner avec sa mère.

« On aurait dit deux vieilles copines qui ne s'étaient pas vues depuis des années, avait commenté Daniel Martin, maquilleur et ami proche de Meghan. Je me souviens, on jouait avec son beagle, Guy, mais il faisait frisquet. »

À part les atermoiements de Thomas Markle, les préparatifs se déroulaient dans le calme (sans doute parce qu'il n'y avait plus d'espace pour un nouveau drame).

Meghan était sereine, mais Daniel, dont la mission était de maquiller l'heureuse élue du plus beau mariage de l'année, était un peu tendu. C'était un *make-up artist* qui s'était lié à Meghan pendant la Fashion Week de New York qui avait suivi la sélection de *Suits*, et il se préparait depuis le mois de décembre, plus exactement depuis le jour où Meghan lui avait envoyé un SMS en lui demandant quels étaient ses plans pour le 19 mai.

Le gala du Met tombait plus ou moins à cette date-là, lui avait répondu Daniel. Puis il y aurait le festival de Cannes. Mais pour elle, il pourrait s'arranger. Pourquoi ?

Elle lui avait répondu par un émoji qui représentait deux jeunes mariés.

Daniel avait tout de suite pensé au look qu'il lui faudrait élaborer : naturel mais pétillant, presque « lumineux de l'intérieur ». Le problème était l'incompatibilité de leurs emplois du temps qui les empêchait de faire de vrais essais. Il était obligé de s'inspirer des images des coiffures qu'elle avait tentées début mai. Heureusement, il la suivait depuis plusieurs années et il savait ce qu'elle voulait. C'était une femme assez sûre d'elle pour que sa beauté, assortie de quelques taches de rousseur, irradie.

À cause du secret qui entourait l'événement, Daniel ne savait pas exactement qui était dans le coup. Deux professionnels de la beauté qui s'occupent de la même personne, ce n'est pas une situation idéale. Jusqu'au moment où il aperçut Serge Normant, le coiffeur attitré de Julia Roberts, qui descendait l'escalier. Ouf, il était soulagé.

Pendant que Serge torsadait les mèches de Meghan pour créer le superbe chignon coiffé-décoiffé qui n'appartient qu'à elle, Daniel mélangea plusieurs ombres à paupières dans les tons pêche pour aiguiser le regard de Doria. Peu après, les deux hommes échangèrent leurs places, et Daniel illumina délicatement la peau de Meghan avec une succession de lotion tonique, de crème hydratante et de protection solaire, et une noix de fond de teint sur le front et le nez. Il finit en lui appliquant du fard à paupières châtaigne, cacao et rouille, en soulignant ses yeux d'un trait d'eye-liner et en leur ajoutant des faux cils dans les coins. Pas de rouge sur les lèvres, il préférait sublimer leur couleur naturelle avec un baume, avant de poser un léger blush corail sur ses joues pour leur donner de l'éclat.

Pendant ce temps-là, Meghan écoutait sa playlist Spotify sur son portable. Billie Holiday. Ella Fitzgerald, Buddy Holly et Ben E. King chantaient et jouaient pendant qu'ils papotaient. « C'était sympa, on était comme des vieux copains qui préparent une tournée promo », dira Daniel.

Meghan se leva et aperçut son reflet dans un antique miroir en pied : elle était radieuse. Elle portait une robe longue classique, relevée par un voile de cinq mètres sur lequel étaient brodées cinquante-trois fleurs qui représentaient les pays du Commonwealth, le chimonanthe qui poussait devant le cottage où Harry et elle vivaient, et le pavot de Californie de son pays natal. Le tissu de la robe était un cady de soie fabriqué pour l'occasion et destiné à refléter son teint lumineux. L'ourlet avant était à deux centimètres et demi du sol, si bien qu'elle semblait flotter.

Au dernier moment, elle fut escortée derrière la grande tente blanche montée pour que personne ne voie sa tenue jusqu'à la Rolls-Royce Phantom IV de la reine, un modèle de 1950. La limousine lie-de-vin et or l'attendait au pied de sa suite depuis trois heures, quand soudain elle prit conscience du moment exceptionnel qu'elle s'apprêtait à vivre. Deux milliards de personnes allaient la regarder se marier en direct.

Daniel suivait la Rolls Royce au volant de sa petite citadine, sidéré de voir la foule éparpillée çà et là dans la campagne vallonnée. « Il y en avait qui campaient depuis plusieurs jours, juste pour entrevoir le cortège », s'exclamera-t-il, émerveillé.

Beaucoup de gens qui n'étaient jamais représentés dans les cérémonies royales – dont les Britanniques d'origine caribéenne de Brixton – se réjouissaient du bonheur de Meghan.

En janvier, elle avait rencontré plusieurs DJ et producteurs talentueux de la radio Reprezent, lancée pour réagir aux agressions au couteau de plus en plus nombreuses à South London. Sa petite tournée lui avait gagné les faveurs de cette communauté à dominante afro-caribéenne, pas vraiment dans le radar de la famille royale jusque-là.

C'était un de ses premiers engagements, mais l'initiative venait d'elle. La radio avait un programme de formation destiné aux jeunes en difficulté qui correspondait aux idéaux que Harry et elle partageaient. Trois jours avant Noël, le fondateur et PDG de la radio, Shane Carey, avait reçu un coup de fil d'un conseiller de Kensington Palace qui lui avait annoncé que le jeune couple souhaitait lui rendre visite. Légèrement angoissé, Carey avait passé des nuits entières à préparer leur arrivée pour leur montrer le « boulot » sur lequel il « galérait » depuis quinze ans.

Le jeu en valait la chandelle. Après avoir fait la connaissance de Carey, Harry et Meghan avaient fait le tour des studios et n'avaient pas hésité à mettre des casques pour écouter un morceau de Poté, un musicien né à Sainte-Lucie. Meghan avait impressionné Gloria Beyi, une DJ de 17 ans, dont elle suivait les débuts, et elle avait sidéré YV Shells, un étudiant en médecine de 24 ans qui travaillait pour la radio, dont elle savait qu'il militait pour l'égalité des genres.

On se quitta en remplaçant la poignée de main par un check, et Meghan et Harry étaient tellement contents qu'ils s'offrirent un détour pour saluer les fans qui les attendaient à l'extérieur. Meghan s'agenouilla pour dire bonjour à chaque enfant dans la queue qui faisait le tour du studio. Un charmant monsieur lui annonça qu'il ferait la route jusqu'à Windsor pour assister à son mariage, et elle le remercia pour sa gentillesse. « C'est tellement important pour moi, lança-t-elle joyeusement. Ce sera une journée particulière pour tout le monde. »

Elle avait raison. Les habitants de Brixton n'ont pas hésité à sortir de chez eux pour fêter les noces de Meghan et Harry. Quelqu'un avait pavoisé une portion de rue en remplaçant les drapeaux caribéens et africains par des Union Jack et des drapeaux américains.

« Elle fait bouger les lignes », dira Antoney Waugh, un Anglais né en Jamaïque qui les avait rencontrés en janvier.

Pendant ce temps-là, les invités commençaient à arriver dans la Tour ronde du château de Windsor, vêtus de leurs plus beaux atours et de superbes bibis, comme s'ils sortaient d'un conte de fées. Ils passaient sous une frondaison luxuriante que la fleuriste, Philippa Craddock, et ses trente assistants avaient mis plusieurs jours à créer, et qui vous enveloppait d'effluves de pois de senteur et de jasmin et embaumait la vieille chapelle gothique du XIVe siècle.

George et Amal Clooney, David et Victoria Beckham, Elton John, Priyanka Chopra, Idris Elba, Serena Williams, Oprah Winfrey, les comédiens avec qui Meghan jouait dans *Suits*, y compris Abigail Spencer et Rick Hoffman, tous avaient leur nom gravé sur une carte déposée sur les bancs de chêne de la chapelle Saint-George, ou étaient attendus dans le chœur, devant, décoré de morceaux d'écorce de bouleau blanc, des digitales et du cerfeuil des bois cueillis dans le domaine de Windsor. Philippa Craddock avait repéré les jolies fleurs blanches du cerfeuil des bois qui parsemaient la campagne quelques jours plus tôt et avait demandé à John Anderson, responsable des jardins du Domaine royal, s'il en avait qu'elle pourrait mêler à ses arrangements de roses de jardin et de pivoines, les fleurs préférées de Meghan.

La Rolls-Royce s'est arrêtée devant la chapelle pour déposer la mère de Meghan, en robe Oscar de la Renta. Deux mois plus tôt, Doria avait fait des essayages à Los Angeles. Fernando Garcia, le coresponsable des achats, se souvenait qu'elle leur avait « offert des petits en-cas. Ils étaient sains parce que c'est une femme qui court régulièrement ». Le chapelier, Stephen Jones, avait dessiné un béret vert-menthe pour elle et confectionné des chapeaux pour plusieurs amies de Meghan.

Puis la Rolls-Royce a embarqué Brian et John, les jumeaux de 7 ans de Ben et Jessica, garçons d'honneur de leur « tante Meg » adorée. Encore dix minutes, et la jeune Californienne qui avait abandonné le soleil et la liberté allait officiellement devenir duchesse. En l'absence de demoiselle d'honneur pour aider Meghan à manipuler sa robe, c'est Clare Waight Keller, la styliste, qui l'a aidée à descendre de la limousine. Directrice artistique de Givenchy, elle était arrivée avant la mariée pour l'attendre sur les marches de la grande porte ouest du château.

Les deux femmes avaient fait connaissance peu après l'annonce des fiançailles de Meghan et Harry. Après avoir vu de nombreux croquis de couturiers, Meghan avait demandé à rencontrer Clare Waight Keller. Non seulement celle-ci était d'une vieille famille britannique, mais c'était la première femme à être directrice artistique de Givenchy, une des marques préférées de Meghan.

Les conseillers de Kensington Palace avaient organisé plusieurs rendez-vous d'une demi-heure où elles avaient pu commenter les croquis de robes et discuter, car Meghan voulait une tenue qui soit à la fois moderne et intemporelle. En janvier 2018, après leur deuxième entrevue, Meghan avait officiellement choisi Clare pour dessiner sa robe. « Ç'a été un moment extraordinaire, avoua l'intéressée. C'est exceptionnel de participer à un événement aussi historique. »

SMS, coups de fil, allers-retours de croquis : la relation s'était nouée très facilement. En février, Meghan s'était fait déposer discrètement à South London pour voir l'atelier dans lequel Clare conservait ses archives et ses modèles. Les deux femmes avaient peaufiné les derniers détails avant que deux équipes de petites mains ne commencent la création, sans oublier de glisser un morceau du tissu bleu de la tenue que Meghan portait le jour de son premier *blind date* avec Harry. Le 27 mars, Meghan avait pris l'avion pour passer quelques jours avec sa mère. Elle avait emporté plusieurs croquis de la robe pour les montrer à Doria.

Meghan et Clare s'étaient beaucoup vues, mais jamais sur un mode protocolaire ni guindé. « On parlait de la cérémonie, de la façon dont Meghan était accueillie par la famille et de ce que serait son rôle, de ce qu'elle voulait incarner, des émotions qu'elle voulait mettre en scène, de l'idée de robe de mariée princière qu'elle voulait imposer, de l'ampleur qui allait avec, témoignera Clare. Elle était vraiment grisée. »

Le jour du mariage, à l'aube, la robe – qui avait nécessité plusieurs essayages supervisés par Clare pour que rien ne filtre à l'extérieur – avait été déposée dans une pièce sécurisée de Cliveden House. L'opération secrète était menée par la secrétaire personnelle de Meghan, Melissa Toubati, et Jason, ainsi que d'officiers formant comme un long tunnel de protection. C'était fou ! Melissa et Jason étaient morts de rire de voir tout ce monde se précipiter pour cacher la robe la plus convoitée du moment.

Le secret avait été préservé jusqu'au dernier instant, y compris le nom de la styliste. « Je n'ai strictement rien dit, comme si c'était un secret médical », dira Clare. Son apparition en haut des marches, accompagnée de son mari et de ses trois enfants, était le premier signal envoyé au public sur son rôle stratégique.

En parfaite professionnelle, elle a soigneusement déployé le voile face aux caméras du monde entier. C'était un chef-d'œuvre de soie et de tulle, d'une telle finesse et d'une telle blancheur que les couturières qui avaient passé cinq cents heures à le confectionner devaient se laver les mains toutes les trente minutes. « Je savais que la robe formerait cette ligne extraordinaire quand elle monterait les marches, expliquera la styliste. Le voile était tellement long qu'il fallait qu'il soit spectaculaire. »

Meghan s'est détournée pour jeter un œil à Clare et voir si le voile était prêt avant qu'elle bouge, admirant la foule au passage. Clara Loughran, la conseillère de Harry qui supervisait la logistique des fleurs, attendait en haut des marches pour lui remettre le bouquet de la mariée, un mélange de muguet, de myrte et de myosotis, la fleur préférée de Diana.

La styliste a remis le voile aux garçons d'honneur qui avaient répété la veille avec un voile de dentelle en polyester. Les deux fils de Ben et Jessica étaient tout sourire et affichaient les dents du bonheur. Ils « ont adoré le moment » où les trompettes ont sonné, dira Clare. « Il n'avait jamais entendu de trompette », confirmera Ben à propos de son fils, Brian, épaté par la fanfare d'accueil. « Je suis trop content qu'on leur ait fait couper les cheveux correctement ! »

Rayonnante sous la tiare de diamants de la reine Mary, chaussée d'escarpins sur mesure en satin duchesse de soie, signés Givenchy, Meghan a entamé les quatre-vingts mètres qui la séparaient de son fiancé, ébloui. Debout dans l'uniforme de la cavalerie de la Maison royale, Blues and Royals, taillé à Savile Row, Harry était bouleversé.

Doria eut la larme à l'œil en voyant sa fille monter vers l'autel de la chapelle. Pour éviter que le public ne remarque trop qu'elle était seule, Meghan avait demandé qu'elle soit assise entre deux de ses meilleures amies, Benita et Geneviève, qui la connaissaient bien. Doria était surtout proche de Benita, dont les filles, Rylan et Remi, étaient les filleules de Meghan et ses demoiselles d'honneur.

Le temps que les deux jeunes mariés soient côte à côte, Harry avait lancé à son père un « Merci, 'Pa » qu'il était impossible de ne pas interpréter comme une déclaration d'amour filial poignante. « Tu es sublime, déclara-t-il à Meghan, tu me manquais. » « Merci », répondit-elle, intimidée.

La cérémonie d'une heure avait beau être empreinte de la pompe et de la grandeur requises, le couple avait réussi à lui donner une touche personnelle.

« D'une certaine façon, c'était un mariage mondialisé, mais on tenait à ce que chacun se sente inclus », a expliqué Harry dans un enregistrement que Meghan et lui ont accordé pour l'exposition de Windsor intitulée *Un mariage royal : le duc et la duchesse de Sussex*. « On a privilégié ce qui nous était cher pour que la cérémonie ait quelque chose d'intime, même si c'était un grand mariage. »

Le couple avait donné la priorité à tous ceux qui comptaient dans leurs vies pour remplir la chapelle gothique éclairée par le soleil, superbe alliance de vitraux et de plafonds voûtés. De nombreux représentants d'associations caritatives avec qui ils travaillaient étaient là. Les ex-petites amies de Harry, Cressida Bonas et Chelsy Davy, ont été témoins de l'instant où l'archevêque de Canterbury, Justin Welby, a invité quiconque souhaitait s'opposer au mariage à s'exprimer ou se taire à jamais.

Le révérend Michael Curry, premier Afro-Américain à la tête de l'Église anglicane américaine, a fait le sermon. Ne connaissant ni Meghan ni Harry, il avait été surpris de recevoir un appel de l'archevêque de Canterbury qui lui proposait de prendre la parole le jour de la cérémonie. « Hors de question ! » avait-il répondu spontanément.

Mais le jour où il avait rencontré Meghan et Harry, il avait été sensible à la force de leur amour. « Ça se voyait à la façon dont ils se regardaient, dit-il. J'ai compris que l'amour qu'ils éprouvaient l'un pour l'autre était ce qui unit nos différents mondes, au-delà des frontières qui nous séparent. Cet amour-là avait ce pouvoir. »

L'arrivée d'une jeune femme métisse dans la famille royale était plus qu'un nouveau chapitre. C'était un bouleversement sociétal, sanctifié par un évêque afro-américain affirmant que l'amour de Meghan et Harry avait le pouvoir de changer le monde.

« Martin Luther King l'a dit, je le cite : “Nous devons découvrir le pouvoir de l'amour, le pouvoir rédempteur de l'amour. Le jour où nous y arriverons, nous ferons de l'ancien monde un monde nouveau” », prêcha le révérend Michael Curry.

L'alliage de citations du célèbre défenseur des droits civiques et de psaumes du Nouveau Testament était à l'image du nouveau type de duchesse que Meghan voulait incarner. Évidemment, le révérend ne s'attendait pas à ce que les gens réagissent par des cris de joie, mais, dit-il, « je voyais les Amen ! » dans les yeux de la foule.

À la fin du sermon, les vingt chanteurs du Kingdom Choir, un chœur gospel britannique, ont entonné le classique « Stand by Me ». (La décision de faire appel au révérend Michel Curry et au Kingdom Choir revenait au prince Charles.) Il avait fallu beaucoup de travail pour obtenir un gospel à trois voix à partir de la chanson de Ben E. King, un des cris de ralliement du mouvement pour les droits civiques. Le couple avait refusé une douzaine de versions que la chef de chœur, Karen Gibson, leur avait soumises. Le prince Charles, qui avait contribué au choix des musiques, avait même organisé une répétition à Kensington Palace avec Karen Gibson, cinq chanteurs et un claviériste.

« La version que les gens ont entendue était la douzième, mais je ne sais pas si c'est celle qu'ils voulaient parce qu'on était à court de temps, témoignera Karen Gibson. Sur le moment, je ne comprenais pas qu'ils refusent tout. Finalement, ils avaient raison. La version qu'on a chantée était plus épurée. Elle s'accordait parfaitement au style du mariage. »

Karen ne savait pas si leur interprétation avait enthousiasmé les invités. Elle était habituée à avoir des publics expansifs, mais, ce jour-là, la seule réaction qu'elle avait eue était « le bruissement des gens qui tournaient la tête à droite et à gauche », dit-elle en riant. En revanche, à la sortie de la chapelle, ils avaient été « littéralement assiégés ». Le comédien Tom Hardy – un ami proche de Harry qui avait quitté un tournage à La Nouvelle-Orléans pour assister au mariage – l'avait remerciée en la serrant dans ses bras. Quelques jours plus tard, leur interprétation comptait plusieurs millions de vues sur YouTube. Les médias britanniques l'appelaient « la marraine du gospel » et la reine invita le Kingdom Choir à une garden-party à Buckingham Palace le mois suivant.

L'émotion dégagée par la musique était encore palpable quand les deux époux s'engagèrent « à s'aimer et à se chérir – mais pas à « s'obéir ». Meghan avait laissé tomber ce troisième terme qu'elle jugeait daté, comme Kate le jour de son mariage avec William en 2011. Les époux échangèrent une alliance en or gallois (avec un dragon gallois en guise de poinçon), un métal utilisé depuis longtemps par la famille royale, et une alliance en platine. Ils furent déclarés mari et femme pour la plus grande joie de l'assistance. Harry et Meghan étaient désormais leurs Altesses royales le duc et la duchesse de Sussex.

Le jeune violoncelliste Sheku Kanneh-Mason (premier musicien noir à remporter le titre de BBC Young Musician of the Year) a joué trois morceaux de musique, dont l'*Ave Maria* de Schubert, puis Harry et Meghan se sont rendus dans une pièce adjacente, suivis de leurs parents, pour la signature des registres. Charles veillait sur Doria à qui il a donné la main avant d'entrer dans la petite salle. « Il a eu un geste adorable, dira Camilla qui était à côté, dans un documentaire de la BBC intitulé *Prince, Son and Heir : Charles at 70*. Beaucoup de gens ont vu mon mari prendre la mère de la mariée par la main avant de signer ; ils étaient profondément touchés [...]. C'est le genre d'attentions qu'il a sans que personne ne soit au courant. Je ne pense pas que les autres se rendent compte de sa gentillesse. »

Il était un peu plus de 13 heures quand Harry et Meghan se sont arrêtés au sommet des marches pour échanger le baiser traditionnel entre mari et femme. On a entendu les voix du Kingdom Choir entonner *The Little Light of Mine* dans la chapelle et les jeunes époux sont montés dans une calèche Ascot Landau découverte, tirée par des chevaux, pour parcourir les rues de Windsor pendant vingt-cinq minutes.

La main sur la poitrine, Meghan n'a eu qu'un mot quand elle a vu la foule éparpillée autour du château, « Waouh ! ».

Assis à côté d'elle, Harry riait parce que son pantalon était « trop étroit ».

Le mariage de l'année, du moins ce qui avait été mis en scène aux yeux du monde, s'achevait. Harry et Meghan s'en allaient, leur calèche conduite par de magnifiques chevaux, mariés, heureux, agitant la main face aux admirateurs ravis et échangeant des regards émerveillés, sidérés par le pas de géant qu'ils venaient de franchir.

CHAPITRE 15

Le duc et la duchesse de Sussex

Le rideau était tombé sur l'événement public, et le vrai mariage commençait à peine.

Après avoir sillonné les rues de Windsor, la calèche des jeunes mariés les a déposés au pied des appartements d'État. De leur côté, les invités traversaient le St. George's Hall et admiraient à la fois le plafond orné de blasons, la statue équestre du Champion du roi et la pièce montée aux citrons d'Amalfi et fleurs de sureau couverte de pivoines, réalisée par la pâtissière californienne Claire Ptak. À peine arrivés, Harry et Meghan ont été escortés dans la Green Drawing Room pour être photographiés par Alexi Lubomirski. Celui-ci avait vingt-cinq minutes exactement pour réaliser six clichés différents, dont l'un avec les quatre garçons d'honneur dans leur uniforme miniature et les six petites filles d'honneur dans leur robe Givenchy. Heureusement, il connaissait Harry et Meghan et les appelait par leur prénom depuis qu'il avait photographié leurs fiançailles en décembre 2017.

Au dernier moment, Harry a voulu faire un geste : il s'est éloigné de sa jeune épousée pour aller féliciter Clare. « Il est venu directement vers moi », se rappellera la styliste qui était en train d'arranger la traîne et le voile de Meghan.

« Merci mille fois, dit-il. Elle est d'une beauté à couper le souffle. »

Pendant que Daniel bavardait avec Doria, manifestement soulagée d'être loin des projecteurs, Alexi et son équipe ont demandé à Harry de s'asseoir sur le canapé en soie damassée Morel & Seddon sur lequel Diana le tenait sur ses genoux le jour de son baptême en 1984. Meghan devait s'installer juste en dessous, sur le tapis Axminster, entre les garçons et les filles d'honneur.

Alexi a réussi à obtenir que tous les enfants sourient en leur demandant : « Qui aime les Smarties ici ? ».

Il a fait la même blague avec Doria, William, Kate, Charles, Camilla, la reine et le prince Philip, après avoir soigneusement placé chacun sur les chaises tapissées de soie. « Je voulais qu'on ait l'impression d'avoir une photo de famille, dit-il. Je n'avais pas envie que ça ressemble à la photo d'une équipe de sport ou d'un régiment. » L'allusion aux Smarties marchait aussi avec les adultes. Même la reine a esquissé un sourire. Peu après, voyant qu'il ne restait plus que quelques minutes pour photographier les mariés seuls, Alexi a préféré sortir avec eux sur la pelouse du jardin de roses de la reine. Ils ont contourné les buissons et les parterres de fleurs tandis que le soleil plongeait derrière les tours du château, quand soudain Alexi a repéré un escalier qui serait parfait pour la photo. Harry s'est assis sur une des marches en béton et Meghan, enfin libérée de son voile un peu encombrant, s'est laissée aller contre sa poitrine. Ils riaient en pensant à la matinée qu'ils venaient de traverser et à toutes les émotions qu'ils avaient vécues. « Ç'a été un de ces moments magiques que connaît un photographe, se souviendra Alexi, quand tout tombe parfaitement en place. »

À peine la photo prise, il a filé en voiture chez sa mère, qui n'habitait pas loin, pour travailler à l'abri des curieux. Il en a profité pour faire défiler les images qu'il n'avait pas eu le temps de regarder, préférant confier le premier coup d'œil à son assistant. Quand il a vu la photo qu'il avait prise sur l'escalier, il a poussé un soupir de soulagement. Harry et Meghan étaient non seulement « fantastiques », mais « émouvants ».

De fait, comment imaginer une journée plus « émouvante » ? C'est ce qu'a déclaré le jeune marié quelques instants plus tard quand la réception a commencé. Les invités (dont beaucoup avaient retiré leurs chaussures à talons pour mettre les patins blancs rembourrés fournis par la maison) étaient réunis dans l'immense St. George's Hall restauré après l'incendie de 1992, quand Harry a pris la parole. À peine avait-il prononcé la formule « Ma femme et moi » qu'un tonnerre d'applaudissements avait éclaté : l'assistance était aussi ravie de l'entendre que lui-même l'était de la prononcer.

L'humeur était d'autant plus joyeuse que des verres de champagne de la cuvée Brut Réserve de Pol Roger passaient parmi les invités. Quant à la jeune génération qui comprenait lady Louise Mountbatten-Windsor et le vicomte Severn, elle avait droit à un mocktail à base de jus de pommes Cox Orange de Sandringham et de fleurs de sureau. De ravissants plateaux de canapés circulaient, proposant au choix des langoustines écossaises enroulées dans du saumon fumé avec de la crème fraîche aux agrumes, des asperges anglaises grillées avec du jambon cru de Cumbria, une *panna cotta* de petits pois aux œufs de caille et à la verveine citronnée, ou des morceaux de poulet bio pochés dans une sauce au yaourt légèrement épicée et accompagnés d'abricots rôtis. Le menu du déjeuner comprenait une fricassée de poulet bio avec des morilles et de jeunes poireaux, un risotto de pois et menthe servi avec des pousses de pois mange-tout, des chips au parmesan et à l'huile de truffe, et de la poitrine de porc de Windsor cuite pendant dix heures, avec une compote de pommes et de la couenne.

La réception avait beau être officiellement donnée par la reine, c'est le témoin de Harry, William, qui a présenté les jeunes époux avant d'annoncer le discours de leur père.

Usant de son humour pince-sans-rire, Charles n'a pas hésité à évoquer les biberons et les couches du bébé Harry avant de reconnaître que c'était devenu un beau garçon. Puis il s'est laissé aller à un mot qui a ému l'assistance – il était bouleversé de voir son jeune fils se marier. « Mon cher Harry, conclut-il, je me réjouis du fond du cœur pour toi. »

Rayonnant de bonheur, Harry a improvisé un petit discours pour dire qu'il était enchanté de se lancer dans cette nouvelle aventure familiale, saluant le courage de son épouse qui avait maîtrisé la situation « avec une grâce inouïe » en dépit d'obstacles fort malvenus. Il a poursuivi par des commentaires gentiment taquins pour rendre la pareille à son père, avant de s'adresser aux Américains de l'assistance en leur demandant de ne pas partir en emportant des épées de St. George's Hall et en rappelant à tout le monde de ne pas faire trop de bruit à cause des voisins.

Juste avant que les mariés coupent la génoise imbibée d'un sirop de fleurs de sureau, il a discrètement repris le micro pour demander s'il y avait des gens qui jouaient du piano. Aussitôt Elton John – qui portait ses lunettes roses reconnaissables entre mille – a réagi. Il était évidemment entendu qu'il donnerait un petit concert.

« Qu'est-ce qui se passe ? » a chuchoté une amie de Meghan, un peu étonnée.

« Mon cadeau de mariage sera cette chanson, a entonné le musicien, et elle a été écrite pour vous. »

Après *Your Song*, il a enchaîné avec *Circle of Life* (un clin d'œil au *Roi Lion*, un des films préférés de Harry) et *I'm Still Standing*. Les invités, notamment Oprah, avaient les larmes aux yeux.

Le chanteur a poursuivi à pleins poumons avec *Tiny Dancer*, hochant la tête vers Meghan aux premières paroles, « Blue Jean Baby, LA Lady ». Il n'aurait pu mieux choisir pour Harry, le fils d'un de ses meilleurs amis, l'enfant qu'il avait vu grandir. C'était là, dans St. George's Hall, le jour du vingt-et-unième anniversaire du prince Andrew, qu'Elton avait fait la connaissance de Diana, en 1981.

Son absence était comblée par la présence de ses deux sœurs, lady Sarah McCorquodale et lady Jane Fellowes, de son frère, Charles Spencer, de la marraine de Harry et ancienne colocataire de Diana, Carolyn Bartholomew, et de Julia Samuel, la marraine du prince George, qui est à la tête de l'association caritative Child Bereavment UK, dont William assure le patronage. (L'association soutient les enfants et les familles confrontés à la perte d'un être cher et les personnes qui s'occupent de proches atteints de maladies incurables.) Dans la chapelle lady Jane Fellowes a lu un extrait du Cantique des Cantiques pour honorer la mémoire de sa sœur.

Accompagnés par la pensée de Diana, Harry et Meghan sont allés se reposer dans leurs appartements avant de se préparer pour la soirée. Harry avait prévu de faire une petite sieste, mais il était trop excité pour tenir en place.

Meghan a profité de ces trois heures de battement pour changer de look. Le coiffeur londonien George Northwood a repris ses mèches pour relever et resserrer son chignon en veillant à laisser de jolies boucles encadrer son visage. De son côté, pour sublimer le visage de Meghan dans la lumière plus tamisée du soir, Daniel lui a donné un look un peu plus sexy et plus rêveur, et lui a appliqué des fards légèrement plus sombres autour des yeux. Sa nouvelle robe – en crêpe de soie, col haut, signée Stella McCartney – était aussi plus sensuelle. Il était temps que Meghan fasse la fête.

« Le rôle qu'elle a accepté d'endosser est très austère, très grave. Elle a acquis une forme de pondération qu'elle prend très au sérieux, avouera Stella à la BBC. C'est la dernière fois qu'elle a pu révéler le versant léger de sa personnalité. »

Comme Harry voulait que Meghan porte un bijou familial avec une touche bleue, il lui a prêté la bague signée Asprey en or 24 carats, surmontée d'une aigue-marine, qui appartenait à sa mère.

« Allez, j'en ai marre, j'ai envie de m'amuser », s'exclama soudain Meghan devant Daniel qui tamponnait quelques gouttes d'huile bio sur sa peau avant de lui donner des mouchoirs en papier et un rouge à lèvres.

La jeune mariée fila rejoindre la Jaguar Type-E Zero, bleu argenté, où l'attendait Harry, en smoking, et tous deux ont remonté la longue promenade qui mène à Frogmore House.

Les deux cents amis et membres de la famille qui avaient reçu des invitations dessinées à la main y étaient arrivés vers 19 heures. La plupart avaient choisi les bus à impériale mis à leur disposition, mais Doria avait préféré profiter d'une Range Rover dans laquelle elle s'était offert une petite sieste. Les deux cousines de Harry, la princesse Beatrice et la princesse Eugenie, avaient choisi une Bentley noire. George et Amal Clooney étaient au volant d'une Audi argentée.

(Skippy, le vieux copain de Harry qui n'avait jamais vu d'un très bon œil sa liaison avec Meghan, était absent. Sa femme, Lara, et lui avaient été invités à la cérémonie religieuse et au déjeuner mais ils n'étaient pas conviés à la soirée. Le lendemain, Skippy avoua à des amis avec qui il brunchait que « Meghan avait transformé Harry, c'est trop ». Il déplorait que le prince soit subjugué par des stars comme Clooney et Oprah. « On l'a perdu », avait-il conclu. Il n'était pas le seul, beaucoup d'amis de Harry interprétaient la liste des invités comme une façon d'affirmer : « Voilà les gens qui font partie de notre vie désormais. »)

Après avoir éteint leurs portables (les mariés avaient insisté pour que la soirée soit absolument privée), les invités ont quitté l'abri de deux grandes tentes blanches pour s'éparpiller sur la pelouse qui avait servi de décor aux photos des fiançailles. De nombreux invités en avaient profité pour se changer. Serena Williams avait troqué sa tenue rose Versace contre une robe à fleurs Valentino qu'elle portait avec des baskets du même styliste pour être plus à l'aise. Priyanka Chopra avait abandonné son tailleur bleu lavande Vivienne Westwood et son bibi assorti pour une robe Dior en tulle et sequins et des bijoux Lorraine Schwartz.

Harry n'aimait pas les atmosphères empesées, les gens le savaient. Il rêvait que la fête soit à la hauteur des folles nuits de sa jeunesse, quand ses meilleurs potes et lui descendaient des cocktails au champagne servis dans des coffres au trésor au Mahiki ou dansaient jusqu'à l'aube au Boujis. Frogmore House : cette auguste demeure du XVIIe siècle, qui avait été habitée par le roi George III, avait beau être un cadre ultra-formel, la réception ne le serait pas.

À 19 h 30 pile, les invités, *black-tie* de rigueur tout de même, ont été conviés sous le chapiteau monté devant le manoir afin de rejoindre leur table. Il y en avait vingt en tout, et chacune portait le nom d'un légume orthographié à l'anglaise ou à l'américaine. Certains se retrouvaient à la table « Tomate », d'autres à la table « Basilic », « Origan », « Pomme de terre » ou « Roquette ». Décrivant la soirée dans *Vanity Fair*, la comédienne et amie Janina Gavankar témoignera : « Le dîner était plein de clins d'œil subtils au métissage des cultures. »

Les invités avaient beau être nombreux, le dîner avait quelque chose de très personnel, surtout comparé à la pompe et à l'apparat dont avaient été témoins des millions de spectateurs.

« C'était incroyable de participer à la cérémonie, y assister était déjà un honneur, mais la soirée, on avait vraiment l'impression d'être au mariage d'une amie proche. On formait une petite bande solidaire. La plupart d'entre nous se connaissaient ou s'étaient rencontrés dans les dix-huit mois précédents. C'était juste différent, commentera une amie proche. La soirée leur ressemblait. On sentait que chaque détail avait été pensé avec amour. Nous, les filles, on se disait : “C’est tellement Meg !” »

La seule exception était le menu, choisi par le prince Charles : exclusivement bio et préparé avec des produits locaux par Clare Smyth, une chef étoilée au Michelin (devenue proche de Meghan). Le poulet rôti à la sauge et aux oignons, par exemple, venait d’une ferme du Devon appelée Creedy Carver où les poules sont élevées en plein air suivant une durée de croissance naturelle de soixante-quatre jours en moyenne.

Les serveurs commençaient à faire passer le premier des trois plats quand William a pris la parole. Après avoir rappelé la bourde de Harry qui avait révélé des conversations téléphoniques entre Kate et lui à l’époque où ils sortaient ensemble, il lui a promis de ne pas se venger trop cruellement puisqu’il était son témoin.

Cela dit, pour être sûr de bien mettre son frère dans l’embarras, il a tendu le micro à Charlie van Straubenzee, que Harry appelait *God’s Gift, Charlesworth* (« Charlie, cadeau de Dieu »). Associé dans une entreprise de gestion de biens, ce dernier a évoqué des souvenirs de l’époque où ils étaient en pension ensemble.

« Tout ce que je veux, c’est un câlin de ma maman », avait dit le jeune Charlie en arrivant au pensionnat Ludgrove où Harry était chef de dortoir. « Et qu’est-ce qu’il a fait ? Il m’a pris mon ours en peluche et l’a balancé sur le toit. Mesdames, mesdemoiselles, messieurs, je vous le demande, comment peut-on confier la responsabilité d’un dortoir à quelqu’un dont le comportement est dix fois pire que celui d’un dortoir entier ? »

Il a rappelé en riant que le « petit prince blond vénitien » refusait de reconnaître qu’il avait les cheveux roux et se moquait des gamins poil de carotte alors qu’il en était. Puis il a ajouté que Harry avait tendance à tomber de cheval quand il jouait au polo, souvent parce qu’il avait la gueule de bois. Une fois les blagues passées, y compris une allusion aux célèbres frasques du jeune Harry, il a adopté un registre plus émouvant en évoquant le deuil de sa mère et le courage avec lequel il avait su dépasser la colère et la dépression.

Diana aurait été tellement fière, tellement heureuse de voir qu'il était tombé amoureux d'une femme aussi admirable. Elle aurait été ravie de savoir qu'ils avaient décidé de vivre ensemble. Meghan était celle qu'il lui fallait, conclut Charlie, et il lui était infiniment reconnaissant de rendre son vieil ami heureux.

Bouleversé, Harry a repris le micro pour dire sa gratitude à tous ceux qui avaient contribué à cette journée exceptionnelle. Il a notamment remercié son père pour son amour infini et sa participation aux préparatifs du mariage. (Plus tard, Charles, qui avait réglé une bonne partie de la facture, avouera en riant que le budget « avait explosé dans les grandes largeurs ».) Puis il a salué sa belle-mère qui avait su élever « une fille formidable, mon épouse », provoquant des cris de joie dans l'assistance. À la fin, il s'est tourné vers Meghan en avouant : « Je n'ai pas de mots pour dire la chance que j'ai d'avoir une femme aussi merveilleuse à mes côtés. »

Comme l'annonçait la rumeur, Meghan a pris la parole – une première pour une jeune mariée princière, dont le geste confirmait qu'elle n'était pas une duchesse comme les autres.

« On aurait entendu une mouche voler, témoignera un confident en ajoutant que son discours avait été un moment exceptionnel pour les Américains. Pour elle qui n'avait pas dit un mot depuis longtemps et qui avait la possibilité de parler en toute sincérité, c'était une occasion inespérée. Que ce soit à l'université, à la télé, pour encourager les femmes à prendre le pouvoir, elle s'est beaucoup exprimée publiquement. Elle s'en est toujours tenue à sa ligne. Elle a un profond respect pour les traditions, pour la famille et pour l'institution qu'elle a accepté de rejoindre, mais elle vit et pense autrement. Sa voix nous manquait. »

Elle devait aussi manquer à Meghan, puisqu'elle s'est levée en lançant : « Je sais que ça faisait longtemps ! »

La mariée a poursuivi en disant sa reconnaissance à la reine qui l'avait chaleureusement accueillie dès le début. Puis elle a personnellement remercié Charles d'avoir accepté de l'accompagner à l'autel et d'avoir eu la courtoisie de veiller sur sa mère qui était en territoire inconnu. Doria a aussi été saluée pour sa sagesse et son soutien, mais sa gratitude la plus profonde allait à Harry, le prince que le hasard avait mis sur son chemin et qui ne cessait de l'étonner.

Autour des tables, ses copains américains sifflaient et applaudissaient à cœur joie.

« C'était typique de Meg, dira le confident. Elle a l'art de créer du lien. »

Il était temps d'apporter une note d'humour, laquelle arriva en la personne de James Corden, l'animateur du *Late Late Show*, qui débarqua au milieu de la tente déguisé en Henri VIII. Même sa femme, Julia, une amie de Meghan, eut un mouvement de recul en le découvrant.

« Vos Altesses royales, mesdames, mesdemoiselles, messieurs, je n'avais aucune idée de ce qu'il fallait porter pour un mariage royal, déclara l'animateur, vêtu comme un parfait Tudor, tunique et collants compris, du coup j'ai pris un précis d'étiquette de la cour et j'ai découvert cette tenue magnifique. J'espère que je ne me suis pas trompé. »

Après le numéro de James Corden – qui compara la taille de la tente et celle du château de Windsor –, les invités ont suivi les conseils de Harry encourageant tout le monde à s'amuser.

Les mariés ont ouvert le bal avec *I'm In Love*, un classique soul de Wilson Pickett qui remonte aux années soixante, suivi par d'autres chansons soul, dont *My Girl* des Temptations, ou *Soul Man* de Sam et Dave, jouées par un orchestre du sud des États-Unis qui comprenait douze musiciens. Jusqu'au moment où le DJ Sam Totolee a pris les commandes. La star des DJ qui avait fait ses classes dans les clubs les plus chauds d'Ibiza et les soirées privées de Diddy, Elon Musk, ou au mariage de Pippa Middleton en 2017, a enchaîné les tubes de boîtes – suivant ce que Harry lui avait demandé.

Il ne s'est arrêté que pour céder la place à Idris Elba pendant une heure. Le comédien, qui s'était lié au prince pendant les jeux Invictus, a raconté sur le plateau du talk-show *Ellen* : « Un jour Harry m'a dit : "Qu'est-ce que tu fais le jour de [mon mariage] ?" Moi je lui ai répondu : "Euh, rien de spécial", et lui me demande : "Est-ce que tu aimerais, *primo*, venir au mariage, *deuxio*, être DJ à la soirée ?" J'ai répondu : "Non... enfin, oui ! Bien sûr que j'aimerais !" »

Pour les invités qui avaient du mal à suivre les rythmes hip-hop et la house music qui rendaient fou Harry quand il avait 20 ans (dont les battements résonnaient bien au-delà du domaine de Windsor) ou ceux qui goûtaient peu aux cocktails servis au bar à thème « Drinks of the World », George Clooney était là. Le comédien accompagnait gentiment les gens au bar et faisait rire les fêtards à qui il servait des verres de tequila Casamigos dont il était un des copropriétaires. « Je voulais être sûr que tout le monde en profite », dira-t-il.

À 23 heures, ce fut le clou de la soirée. Pendant qu'une partie du personnel apportait des canapés pour éponger les cocktails au rhum et au gingembre, baptisés « When Harry met Meghan », une autre partie s'en allait chercher des cordes pour chasser les cygnes du lac où le show devait commencer. Puis les invités furent conviés à sortir pour assister à un superbe feu d'artifice.

Serrant la main de son tout nouveau mari, Meghan fixait le ciel. Son avenir était là, face à elle, aussi flamboyant et resplendissant que les feux qui illuminaient la nuit. Le mariage s'achevait, point d'orgue du voyage de deux jeunes gens qui venaient de franchir maints obstacles. Hélas, de nouveaux ennuis allaient bientôt surgir.

CHAPITRE 16

Motus et bouche cousue

Harry et Meghan venaient de rentrer de leur voyage de noces. Ils avaient pris le jet d'un ami pour passer une semaine au soleil dans un endroit tellement secret que la plupart de leurs proches ne savent toujours pas où c'était exactement.

Ils profitaient encore du bonheur de leur statut de jeunes mariés quand soudain, le 18 juin 2018, Thomas Markle apparut au *Good Morning Britain*, à qui il avait accordé un entretien explosif. Enregistré en direct dans une chambre d'hôtel à San Diego, le père de Meghan abordait différents thèmes et s'excusait pour les photos publiées avant le mariage, alors qu'on disait qu'il touchait 9 000 euros pour cette interview télévisée. « J'ai compris que c'était une grave erreur, dit-il, mais j'aurai du mal à revenir dessus. »

Difficile d'imaginer que Harry et sa fille puissent lui pardonner. Autour d'eux, plus personne ne savait que faire de ce franc-tireur. Pour Kensington Palace, la discrétion et le respect de la vie privée étaient des vertus cardinales. « Il ne va pas bien, il est vulnérable, avoua une source proche du couple. Tous ces journaux et ces télés qui le soudoient pour qu'il parle, c'est lamentable. »

Le dernier coup de Thomas était d'autant plus humiliant pour Harry et Meghan qu'ils avaient décalé leur voyage de noces pour assister au soixante-dixième anniversaire du prince Charles dans les jardins de Buckingham Palace. Six mille personnes – dont les représentants de trois cent quatre-vingt-six associations patronnées par Charles, de vingt régiments militaires et de différents services d'urgence du pays – étaient là pour rendre hommage au demi-siècle d'engagement humanitaire de Charles. Son anniversaire était en fait en novembre, et la présence de Harry et de Meghan ce 22 mai montrait que le lien qui les unissait était de plus en plus fort.

« Son enthousiasme et son énergie sont contagieux, déclara Harry ce jour-là en saluant son père. Il a évidemment été un modèle pour mon frère et moi, quelles que soient les causes qui nous tiennent à cœur à chacun. Beaucoup de sujets que nous défendons sont liés à ce qu'il nous a transmis quand nous étions plus jeunes.

« Du coup, papa, je sais que tu ne voulais pas qu'on parle de toi aujourd'hui, alors pardonne-moi si je ne t'obéis pas – ça te rappellera de vieux souvenirs –, mais je voudrais que toutes les personnes présentes ici te remercient pour le travail incroyable que tu accomplis depuis cinquante ans. Un travail qui a donné confiance et ouvert la porte à des milliers de jeunes qui n'étaient pas toujours bien partis dans la vie, qui t'a amené à éveiller les consciences sur des sujets comme le réchauffement climatique bien avant que tout le monde en parle, à partager ta vision et à galvaniser les gens pour que le changement ait réellement lieu. Tu as été une source d'inspiration pour William et moi, et quand je vois le nombre de personnes présentes aujourd'hui, j'en conclus que nous ne sommes pas les seuls. »

Meghan avait aussi de nombreuses raisons d'admirer ce beau-père qui l'avait accompagnée à l'autel. Un de ses confidents le disait : Meghan « a trouvé chez lui un père aimant et présent qui a changé sa vie ». Non pas un « beau-père », mais un « second père », insistait-il.

Un ami de Charles le confirmait : le prince de Galles s'était « pris d'une profonde affection pour Meghan. C'est une Américaine belle et sûre d'elle qui ne manque pas d'audace. Il aime les femmes qui ont de l'aplomb. Elle est intelligente, consciente de sa valeur, je comprends très bien qu'ils s'entendent ».

Il était sensible à l'énergie particulière de Meghan. « Le prince de Galles a toujours aimé les artistes, comme Emma Thompson, dont il est proche depuis des années, témoigne une autre source. Meghan coche beaucoup de cases. En plus, elle est mariée à son fils chéri et le complète parfaitement. Pour Charles, c'est plus qu'un plaisir, un vrai bonheur. »

Camilla était sur la même longueur d'onde que son mari. Dès le début, Charles et elle avaient aidé Meghan à prendre de la distance pour surmonter les hauts et les bas de la vie publique. Ils avaient été particulièrement rassurants et compréhensifs avant le mariage, quand tout semblait tanguer. Harry et Meghan avaient passé un week-end au château de Mey, une retraite qui avait appartenu à la reine mère, très proche de Charles. Ils avaient pris un jet pour passer cinq jours à Caithness, sur la côte nord de l'Écosse, dans ce château du XVIe siècle, isolé, où Meghan avait appris à connaître Charles et Camilla.

Avant que son père sème la zizanie, elle s'adaptait parfaitement à son rôle de dernière pièce rapportée de la famille royale. Non seulement elle s'était rapprochée de Charles et Camilla, mais le 14 juin elle avait accompagné la reine en déplacement à Chester – sans Harry. Les deux femmes avaient pris le train de nuit royal ensemble, seules (avec quelques conseillers).

C'était un voyage intimidant pour la jeune épousée, même si les conditions étaient exceptionnelles puisque le train de Sa Majesté comprend des chambres privées. (Le prince Philip a droit à de simples oreillers, alors que la reine a des oreillers ornés du monogramme royal et de dentelles.) On note également un petit salon avec un canapé couvert de coussins de velours cousus à la main, une table de salle à manger pour six personnes, un bureau où la reine peut travailler, et un système de suspension secondaire qui évite les cahots trop violents. Détail amusant : le conducteur du train est prié de ralentir à 19 h 30, le moment où la reine prend son bain, pour éviter que l'eau ne déborde.

Meghan savait gré à la reine de sa générosité. C'était évidemment un honneur d'être prise sous son aile si tôt après son mariage. Le premier déplacement officiel de Kate avec la reine, qu'elle connaissait depuis plusieurs années, n'avait eu lieu que dix mois après son mariage avec William.

La reine faisait confiance à Meghan parce que, comme l'explique une source de Kensington Palace, « elle maîtrise parfaitement ce genre de situation, elle s'y prépare et respecte les règles. Elle est intelligente et comprend très bien ce qu'on attend d'elle ».

Ce jour-là, vêtue d'une robe fourreau à cape Givenchy couleur crème, signée Clare Waight Keller, la styliste qui avait dessiné sa robe de mariée, Meghan fit un parfait sans-faute. (Même si les tabloïds lui ont reproché de ne pas porter de chapeau, ce qui n'est pas obligatoire.)

« La reine a été formidable, chaleureuse et généreuse avec la nouvelle duchesse, dira une source proche de Sa Majesté. Elle s'est arrangée pour que Meghan puisse suivre et se sente chez elle, alors que c'était son premier déplacement. »

Juste avant de descendre du train, la reine lui a offert une ravissante paire de boucles d'oreilles en perles et diamants.

Meghan avait souvent été vue avec des dossiers qui montraient sa volonté de bien faire et de ne pas commettre de faux pas. Elle tenait à maîtriser l'étiquette et prenait son rôle très au sérieux.

Mais ce jour-là, c'était une master class donnée par la reine en personne.

« La journée a été agréable et lui a servi d'initiation à la vie royale – la reine a un savoir exceptionnel à transmettre et Meghan est une élève très appliquée », témoigne une source.

Les deux femmes ont successivement inauguré un pont, visité un complexe de jeux et déjeuné dans la mairie de Chester avec des responsables politiques et des édiles locaux.

À un moment, juste avant de monter dans la Bentley royale avec la reine, Meghan a hésité à monter avant la reine. « Que préférez-vous ? demanda-t-elle poliment.

– Allez-y, répondit la reine.

– Ah d'accord », réagit Meghan qui s'appliquait pour que tout soit parfait – ce qui rendait l'apparition de son père dans l'émission d'une chaîne publique d'autant plus violente. C'était un camouflet.

Hélas, l'épisode de *Good Morning Britain* n'était que le début d'une nouvelle guerre éclair médiatique.

En juillet, Thomas Markle expliqua à des journalistes du *Sun* que sa fille avait l'air terrifiée quand elle était en voyage officiel et portait des vêtements beaucoup trop classiques. En outre, disait-il, elle avait coupé les ponts avec lui et il n'avait aucun moyen de la joindre – alors qu'elle avait le même portable que celui avec lequel elle lui avait envoyé ses SMS avant le mariage. Le 10 juin, trois mois après avoir annoncé qu'il n'y assisterait pas à cause de son opération du cœur, il avait soi-disant envoyé un texto à sa fille : « L'opération s'est bien passée. Je vais prendre des anticoagulants et être au régime jusqu'à la fin de mes jours, mais au moins je serai vivant. Juste pour que tu le saches. » Ce texto n'a jamais été envoyé.

Deux jours plus tard, *The Sun* a publié un nouvel entretien avec Thomas qui menaçait de débarquer sans prévenir s'il n'avait pas de nouvelles de Meghan. « J'ai envie de voir ma fille. J'y pense, oui, disait-il. Je me fous de savoir qu'elle m'en veut. »

« C’est triste d’en arriver là, poursuivait-il. Je suis désolé que ça finisse comme ça. Oui, je suis en partie responsable. Mais j’ai déjà dit que j’allais payer toute ma vie pour ça. »

Il aurait été plus facile de l’éconduire si ce n'avait pas été le père de Meghan. Il refusait tout contact avec Kensington et ne parlait plus qu’à Samantha. Pendant ce temps-là, les journalistes accumulaient les articles sur les erreurs de Kensington vis-à-vis de la famille Markle. À cause de Thomas, Meghan et Kensington se retrouvaient du côté des perdants.

Contrairement à Harry qui épluchait souvent la presse et suivait les comptes Twitter de plusieurs correspondants royaux, Meghan évitait de lire ce qui s’écrivait. Cela dit, ses conseillers en communication et ses amis la prévenaient chaque fois qu’une info importante ou ambiguë sortait, et elle était au courant des commentaires les plus désobligeants.

Une de ses meilleures amies avoua que Meghan était désespérée et « voulait réparer les dégâts ». En dépit des nombreuses humiliations dont elle avait souffert, l’été finissant, elle fit un dernier effort et envoya à son père une lettre de cinq pages, écrite à la main.

« Papa, c’est avec un cœur lourd que je t’écris parce que je ne comprends pas pourquoi tu as choisi ce chemin et pourquoi tu refuses de reconnaître le mal que tu fais. À cause de toi j’ai le cœur en miettes, mais pas seulement à cause de la souffrance inutile et injustifiée que tu nous infliges. Parce que tu ne dis pas la vérité et tu acceptes d’être manipulé. Ça, ça me dépasse. »

Plus loin elle plaidait : « Si tu m’aimes autant que tu l’affirmes dans les journaux, s’il te plaît, arrête. S’il te plaît, laisse-nous vivre notre vie en paix. S’il te plaît, cesse de mentir, cesse de faire tant de mal, cesse d’exploiter ma relation avec mon mari. »

Thomas a gardé la lettre dans son enveloppe FedEx au fond de sa sacoche pendant des mois. Il ne pouvait évidemment pas diffuser son contenu puisqu’il contredisait ce que racontaient les tabloïds. Il aurait répondu par une lettre de quatre pages dans laquelle il proposait à Meghan de se réconcilier avec elle – en réalité, la lettre n'a jamais été envoyée.

La meilleure façon de surmonter la crise, écrit-il alors dans une nouvelle lettre, ce serait d'organiser une séance de photos où Harry, elle et lui seraient réunis et heureux.

Meghan n'en revenait pas. « Je suis dévastée, avoua-t-elle à une amie. Mon père a été corrompu, c'est clair. »

« C'est douloureux pour elle parce qu'elle est très dévouée. Elle lui a offert de l'argent. Elle a essayé de lui donner ce dont il avait besoin, confirme un confident. Elle ne s'en remettra jamais. En même temps elle a beaucoup de compassion pour lui. Parce qu'il n'a jamais été frapper à la porte de la presse. Il n'a pas dit un mot pendant deux ans. Ils l'ont eu à l'usure. En le bombardant tous les jours. En faisant le siège à côté de chez lui. Il a fini par être pris au piège. Du coup, il est allé trop loin. »

Meghan n'a plus jamais cherché à le joindre. Au contraire, elle a bâti ce que son père a qualifié plusieurs fois de « mur de silence ».

Plus tard dans l'année, Samantha a tenté de déposer un courrier à Kensington Palace pour avoir un rendez-vous en tête à tête avec Meghan. Elle était venue à Londres pour une série d'entretiens avec les médias et elle était avec un photographe de *Splash News* qu'elle avait mis dans le secret. Sauf qu'elle n'a pas déposé la lettre à la bonne porte, ratant l'entrée d'une petite allée privée située derrière Kensington Palace. Mais peu importe, Meghan a avoué à plusieurs amies qu'elle était « flippée » par le comportement de sa sœur.

C'était dur pour elle de se séparer de certains membres de sa famille. Refuser toute relation avec son père – alors qu'elle n'avait pas tari d'éloges à son sujet en le remerciant de l'avoir initiée au monde de la télé, de lui avoir transmis son éthique du travail et son goût pour les mots de remerciements écrits à la main – était un sacrifice énorme pour elle, peu importe que sa nouvelle vie soit merveilleuse.

Et elle l'était. Quelques mois après le drame avec son père, George Clooney invita Harry et Meghan à venir chez lui au bord du lac de Côme avec son jet privé. C'est ainsi que le soir du 16 août, ils ont atterri à l'aéroport de Milan avant d'être conduits dans une voiture de police banalisée jusqu'à la villa L'Oleandra.

George et Amal Clooney les attendaient là, chez eux, dans ce palais de vingt-cinq pièces, où ils venaient de recevoir une série d'invités prestigieux, dont Cindy Crawford et Rande Gerber, Stella McCartney et son mari. Un an avant, ils avaient accueilli David et Victoria Beckham et leurs enfants.

Située dans le village de Laglio, la villa L'Oleandra a été achetée par George Clooney en 2002 et possède un petit théâtre extérieur, une piscine et un garage qui abrite les cinq motos vintage du comédien, outre un court de tennis, une salle de gymnastique, d'immenses salles de bains et un vrai four à pizzas. Les plafonds peints de chaque pièce étaient un sujet de discussion.

« Meghan et Amal se sont beaucoup reposées au bord de la piscine, dira une source. Elles jouaient avec les jumeaux pendant que George et Harry commentaient la collection de motos du comédien. Harry a fait un tour à moto avec un officier de sécurité. Mais George a eu un accident il n'y a pas longtemps, il a préféré rester sur place. »

Le duc et la duchesse n'étaient pas les seuls invités de ce week-end de trois jours. La princesse Eugenie et son fiancé, Jack Brooksbank, étaient là aussi. Pour des raisons de sécurité, la petite bande dînait sur place et profitait des chefs qui tournaient. La veille de leur départ, George a embauché le chef du Gatto Nero, un de ses restaurants préférés dans la région, qui a préparé un dîner pour quinze. Les invités, dont plusieurs voisins, étaient installés autour de longues tables à tréteaux dans le jardin. Ils ont ri jusqu'au bout de la nuit au son d'une douce musique qui résonnait dans la propriété.

Harry et George se connaissaient depuis longtemps, bien avant que le prince rencontre Meghan. Ils s'étaient vus pour la première fois lors d'une soirée de charité et s'étaient découvert de nombreux points communs, malgré leur différence d'âge, dont le goût pour les motos. George en possédait d'autres à LA et à Sonning.

Amal et lui avaient reçu Harry et Meghan déjà deux fois à Sonning, leur propriété située à une heure du domaine royal de Great Tew dans l'Oxfordshire. Le couple princier y était allé avec leurs chiens, et les Clooney s'étaient fait un plaisir de leur montrer le lac avec sa terrasse en bois et son lounge couvert de lambris, derrière des tentures de velours foncé. Des fauteuils confortables y accueillaient aussi les visiteurs, sans oublier le bar.

Une fois rentrés dans leur jolie ferme de l'Oxfordshire, Harry et Meghan ont vécu la douceur d'une vie de jeunes mariés. Ils prenaient leur café et leur thé dans la cuisine tous les matins, puis préparaient à tour de rôle le petit déjeuner avec les produits de saison qui venaient de la ferme Daylesford ou de chez Waitrose.

Eux aussi recevaient leurs amis. Au début du mois de juillet, Serena, venue pour Wimbledon, et son mari, Alexis Ohanian, ont fait un petit saut. Quelques jours plus tard, Meghan et Kate sont allées la voir affronter Angelique Kerber en finale. Meghan avait beau être duchesse, au même titre que Kate, qui avait succédé à la reine en assurant le patronage de Wimbledon en 2016, elle a foncé dans le salon VIP pour serrer dans ses bras Serena et sa mère, Oracene Price. « Meghan est une femme formidable et une grande amie de la famille, dira Oracene. Nous sommes fières de sa réussite. »

L'automne 2018 étant exceptionnellement clément, ils ont pu profiter du jardin et du patio avant d'entamer un voyage officiel de seize jours en Australie, aux Fidji, aux Tonga et en Nouvelle-Zélande. Ce n'était pas leur premier déplacement dans le Commonwealth. En juillet ils avaient passé deux jours à Dublin, en Irlande, ancien membre dudit Commonwealth. Puis ils étaient rentrés en jet pour regarder la deuxième mi-temps du match de foot Croatie-Angleterre dans le joli salon d'Oxfordshire.

Autre différence majeure entre ces deux voyages : Meghan était enceinte, et tous deux étaient aux anges parce qu'ils avaient à cœur de fonder une famille.

Le 15 octobre, la veille de leur départ en Australie, Kensington Palace a réuni la presse qui les attendait à Sydney pour lui offrir une petite session surprise. Les journalistes s'attendaient au briefing logistique classique qui leur permettrait de suivre la tournée, mais tel ne fut pas le cas. Agglutinés autour d'un iPhone 6, ils ont appris l'heureux événement de la bouche même du directeur de la communication du couple, Jason : « Le duc et la duchesse attendent un enfant [...]. Nous allons l'annoncer officiellement dans un quart d'heure. »

Meghan, dont le bébé devait naître au printemps 2019, était enceinte de presque douze semaines quand leur tournée devait commencer. Un conseiller de Kensington a tout de suite dit que les futurs parents préféraient l'annoncer dès maintenant pour éviter que les spéculations des uns et des autres ne leur gâchent le voyage. « Ça se voyait déjà, elle ne pouvait pas le cacher, dira le conseiller. Leur tournée aurait souffert des rumeurs et n'aurait eu aucun sens. Tout ce que Meghan redoutait. »

(L'annonce de la grossesse de Meghan télescopait un événement qui venait d'avoir lieu : le mariage de la princesse Eugenie, la cousine la plus proche de Harry. La famille royale avait appris la grossesse de Meghan ce jour-là, le 12 octobre 2018. Eugenie n'était pas très contente, elle aurait préféré qu'ils attendent un peu pour annoncer la nouvelle.)

Meghan n'a rien changé à son rythme ni aux quatorze vols et aux soixante-seize visites qui les attendaient dans le Pacifique. Le couple a atterri à Sydney, avec une série de valises bleues sur lesquelles étaient gravés leurs noms, et des bagages cabine Rimowa, qui contenaient leurs trousses de toilette, leurs vêtements, et toutes sortes de notes et d'accessoires qu'une assistante veillait à inclure avant chaque vol. Une dizaine de personnes avaient fait le voyage avec eux, dont Samantha Cohen, leur secrétaire particulière et cheffe du personnel ; Anne Pickerill et Heather Wong, leurs secrétaires attitrées ; Marnie Gaffer, conseillère de Kensington Palace ; et le coiffeur George Northwood.

À Sydney où ils devaient assister à plusieurs réceptions et ouvrir les quatrièmes jeux Invictus, Harry et Meghan ont réussi à s'échapper un soir avec Jessica et Ben Mulroney, qui couvrait les Jeux pour le réseau télé canadien CTV. Un magnat de l'immobilier leur avait prêté sa maison pour qu'ils passent une soirée tranquille et puissent jouir d'un petit dîner préparé par un chef.

Partout où ils allaient, Harry et Meghan étaient accueillis par des foules en délire, style Beatlemania. La presse locale a même vanté leur « touche magique » le soir où leur avion a atterri à Dubbo, en Nouvelle-Galles du Sud, un immense État fermier d'Australie qui avait souffert de la pire sécheresse depuis cinquante ans. À peine sont-ils descendus sur le tarmac que des nuages noirs sont apparus, le ciel s'est ouvert et il est tombé plus de pluie en un jour qu'en six mois. La terre était gorgée d'eau. Pour les 38 943 habitants de Nouvelle-Galles du Sud, c'était un don du ciel, que la moitié de la population de l'État a fêté en pique-niquant avec le couple royal. Les gens, y compris Harry et Meghan, étaient trempés mais ravis.

Tout le monde sait que la famille royale a toujours attiré les foules, mais leur voyage dans le Pacifique avait quelque chose de spécial. Beaucoup de jeunes étaient intrigués, alors qu'en général ils sont indifférents à la monarchie britannique. Les adolescents, notamment les filles et les Aborigènes, considéraient Meghan comme un symbole de la prise de pouvoir par les femmes, un visage qui les représentait comme personne avant elle dans la famille royale. « C'est sympa de penser qu'il y a des jeunes filles qui voient la duchesse de Sussex et se disent : "C'est marrant, elle me ressemble un peu" », affirma Sherry-Rose Bih, une entrepreneure sociale qui avait discuté avec la duchesse au cours d'une réception en l'honneur des jeunes dirigeants à Melbourne.

Après l'Australie, Harry et Meghan sont allés aux Fidji et aux Tonga, deux destinations qui en inquiétaient certains à cause du virus Zika, qui peut provoquer des malformations des fœtus chez les femmes enceintes. Les deux pays avaient été déclarés « zones à risque d'infection Zika » par l'Organisation mondiale de la santé et le Center for Disease Control, mais le couple n'a en rien modifié son programme.

Meghan avait vu des médecins avant de partir et suivait scrupuleusement leurs recommandations. Elle portait des vêtements de couleurs claires avec des manches longues, pour éviter d'attirer les moustiques, et chaque fois qu'elle mettait le pied dehors, elle était « aspergée » de DEET, dira l'un des conseillers. Harry et Meghan avaient chacun leur gel hydroalcoolique et leur flacon de répulsif dans la pochette de leur voiture. Aux Tonga, les autorités sanitaires vaporisaient des produits désinfectants deux fois dans chaque espace où ils étaient attendus.

Meghan était-elle inquiète ? En tout cas elle n'en montrait rien. À l'université du Pacifique Sud des Fidji, elle a pris la parole devant plusieurs centaines d'étudiants et d'enseignants pour défendre le droit à l'éducation universel – un des trois discours officiels de sa tournée, ce qui était beaucoup pour une princesse consort. Elle avait rédigé elle-même le texte de son allocution de trois minutes et avait à peine regardé la version imprimée, couverte de ratures et de corrections.

Meghan s'est révélée un atout précieux pour la famille royale : jamais elle n'a été déstabilisée par la moindre obligation, ni par les bains de foule, ni par le décalage horaire qu'elle a mis une semaine à vraiment surmonter. Au contraire, elle a su mettre à profit ses nuits blanches à l'Admiralty House de Sydney : la veille de son départ à Dubbo, elle a fait du gâteau à la banane suivant une recette personnelle, avec des pépites de chocolat et du gingembre, et l'a offert aux fermiers dont elle a visité l'exploitation, avec une boîte de thé Royal Blend (son mélange préféré) estampillée Fortnum & Mason. « Ma mère m'a toujours dit que c'est poli d'apporter quelque chose aux gens qui vous reçoivent », dit-elle en arrivant. Aussitôt les médias australiens l'ont baptisée « la reine des cœurs ».

Harry a aussi contribué à changer l'image empesée de l'Establishment britannique. Chemise légèrement ouverte, pas de cravate (il n'en avait que deux pour tout le voyage), candeur quand il en venait à évoquer ses vieux démons : tout cela le rendait plus accessible. Le voyage a également confirmé le sérieux avec lequel il prenait son rôle d'ambassadeur de la Jeunesse du Commonwealth, un poste qu'on lui avait confié en avril 2018, destiné à encourager les jeunes de tous les milieux sociaux. Jamais il n'a oublié de le mentionner au cours de sa tournée dans le Pacifique.

En Nouvelle-Zélande, à Wellington, dans un café au bord de la plage où il avait rendez-vous avec des responsables de la santé mentale, Harry a eu un échange avec des adolescents qui avaient des problèmes et n'a pas hésité à évoquer sa propre histoire. Meghan en a profité pour aborder un sujet qu'elle connaissait bien, les réseaux sociaux, alertant les jeunes contre les dangers de la vie en ligne : « Vous voyez des photos superbes sur les réseaux, mais vous ne savez pas si elles sont authentiques ou si elles ont été retouchées, dit-elle. Vous risquez d'avoir une image de vous très biaisée si elle dépend du nombre de likes que vous récoltez. »

Harry a renchéri en ajoutant : « Les problèmes liés aux réseaux sociaux et au jeu sont essentiels chez les jeunes du Royaume-Uni – et du monde entier. » Sans doute parce qu'il allait bientôt être père, il leur a conseillé de ne pas mettre tout sur le dos de leurs parents. « On a tendance à montrer du doigt les parents, mais ce n'est pas toujours justifié. Eux aussi, ils ont besoin d'être formés sur ces questions. »

Même enceinte, Meghan était infatigable. Qu'elle rédige elle-même ses discours, qu'elle veille à ce que les restes des gâteaux soient donnés aux enfants de l'école venus les accueillir, ou qu'elle largue ses conseillers et ses gardes du corps pour faire les derniers cent mètres dans la forêt de Whakarewarewa seule avec Harry avant qu'il la prenne en photo au milieu des séquoias, elle était fidèle à son éthique de travail.

À la demande du prince Harry et de plusieurs conseillers de Kensington, certains de ses engagements ont été allégés, mais, à bientôt quatre mois de grossesse, elle ne trahissait pas le moindre signe de faiblesse. « La grossesse est un moment où vous êtes souvent fatiguée, déclara la Première ministre néo-zélandaise Jacinda Ardern, qui avait passé trois jours avec le couple princier. C'est fou ce qu'elle a donné de sa personne. C'est une femme extraordinaire, je suis ravie d'avoir fait sa connaissance. » (Le couple est resté en contact avec Jacinda Ardern, échangeant des mails et ravi de la revoir à Kensington le 21 janvier 2019. Meghan porte souvent les boucles d'oreilles que lui a offertes la Première ministre : deux petits boutons en or blanc sur lesquels une plume de miro-miro a été gravée par la chanteuse et créatrice kiwi Boh Runga.)

La tournée s'achevait, mais la vie qui attendait Meghan ne serait plus jamais aussi douce.

CHAPITRE 17

La « duchesse différente »

L'annonce de sa grossesse et sa tournée royale sans faute ont valu à Meghan les faveurs de la presse pendant plusieurs semaines. Jusqu'au 10 novembre, jour où le *Mail on Sunday* a publié le premier d'une série d'articles désastreux. La secrétaire de Harry et Meghan, Melissa Toubati, avait tout planté, disait-on, alors qu'elle était là depuis six mois à peine. L'article citait un conseiller plus âgé qui affirmait que Melissa, embauchée par Kensington Palace en mars, était « une personne très talentueuse dont le rôle a été essentiel pour le succès du mariage et que tout le monde va regretter dans la maison royale », ajoutant que Meghan était une mauvaise patronne.

Une semaine plus tard, c'était au tour du *Mirror* de publier sa version du départ précipité de Melissa, en expliquant qu'elle avait éclaté en sanglots plusieurs fois à cause de Meghan. « Elle a beaucoup pris sur elle. Meghan est tellement exigeante que cela finissait en drame, affirmait une source anonyme. Melissa est une excellente professionnelle, mais leurs relations se sont envenimées et il valait mieux qu'elles se séparent. »

Dès lors, les surnoms des tabloïds (« Meghan-Ouragan », « Me-Gain ») et les récits peu flatteurs sur son fonctionnement (« Lever à 5 heures, avalanches de textos aux conseillers, haussements de sourcils systématiques ») allaient se multiplier.

Harry et Meghan ne comprenaient pas que Kensington ne fasse rien pour contrer les articles fallacieux sur le départ de Melissa. À en croire de nombreux témoins de sa démission, elle avait beau avoir des articles élogieux, le couple avait de plus en plus à redire sur son travail et était soulagé qu'elle s'en aille. À Kensington, Melissa avait des amis proches : peut-être quelqu'un avait-il davantage intérêt à protéger l'une des leurs qu'à la protéger, elle, songeait Meghan.

Harry et elle se consolaient en comptant sur le soutien de #SussexSquad, leur fan-club mondial. C'était une bande de supporters passionnés, des hommes et des femmes de tous les horizons qui les défendaient contre les attaques de la presse et veillaient à ce que leurs engagements apparaissent en tête des tendances Twitter. En prenant modèle sur leurs activités caritatives, le #SussexSquad a lancé ses propres initiatives dans le monde entier, réunissant par exemple 50 000 dollars grâce à l'opération #GlobalSussexBabyShower[1] pour des associations de protection de l'enfance, ou plantant 100 000 arbres aux noms du couple. « Leur soutien et leur enthousiasme comptent beaucoup », a avoué Harry à un ami.

En dépit de cet appui venu d'en bas, Harry et Meghan continuaient à alimenter la controverse, notamment le 24 novembre, le jour où Kensington Palace a annoncé que les jeunes mariés allaient s'installer à Windsor alors que l'appartement 1 du palais qui leur était réservé était en travaux. Une nouvelle salve de critiques a fusé dans les médias.

1. Le « baby shower » est une fête que l'on donne avant la naissance des bébés. (NdT)

La presse spéculait depuis des mois sur leur éventuel départ de Nottingham Cottage et leur emménagement dans la maison du duc et de la duchesse de Gloucester, voisine de l'appartement 1A où vivaient William et Kate, jusqu'au jour où elle a eu la surprise d'apprendre qu'ils s'éloignaient de plusieurs kilomètres – 35 exactement.

« Le duc et la duchesse de Sussex vont s'installer à Frogmore Cottage, dans la propriété de Windsor, au début de l'année prochaine pour préparer l'arrivée de leur premier enfant », annonça Kensington. Frogmore Cottage est à un jet de pierre du château et de Frogmore House, là où avaient eu lieu leur soirée de mariage et les photos de leurs fiançailles. « Windsor est un lieu cher à leurs Altesses Royales, qui sont enchantées que leur résidence officielle soit située sur le domaine du château. »

La reine prenait plaisir à attribuer ses maisons aux différents membres de la famille royale, expliquait un conseiller. Sa Majesté avait donné Sunninghill Park au prince Andrew ; Bagshot Park au prince Edward et son épouse, Sophie, comtesse de Wessex ; et Anmer Hall à William et Kate. « C'est son truc ! » dit-il.

Frogmore Cottage était parfait pour Harry et Meghan à cause de la proximité avec Windsor – mais la maison est loin de celle de William, Kate et leurs enfants. Il n'en fallait pas plus pour que la presse échafaude une sombre histoire de « duel entre duchesses ». Deux jours plus tard, le 26 novembre, le *Telegraph* affirmait qu'en février Meghan avait abandonné Kate en larmes après une séance d'essayage de la princesse Charlotte, future demoiselle d'honneur. « C'était juste après la naissance du prince Louis, Kate était à fleur de peau », dira une source. Le 28 novembre, *The Sun* ajoutait son grain de sel en racontant que la jeune maman avait craqué à cause des « exigences excessives » de Meghan.

Une troisième personne, qui avait assisté à l'essayage mais n'avait jamais commenté cet épisode avant ce livre, a avoué que cette histoire de pleurs était passablement « douteuse ». « Certains petits refusaient d'essayer les vêtements, il y avait du grabuge. On faisait ce qu'on pouvait, les essayages d'enfants ne sont jamais très commodes. Mais personne n'a pleuré. Finalement tout s'est bien passé. Kate et Meghan étaient un peu stressées, mais très professionnelles, il y avait plusieurs personnes, dont Clare [Waigt Keller] et deux assistantes de chez Givenchy. »

Les proches de Meghan se demandaient si la rumeur n'avait pas été lancée par un conseiller de Kensington ou un de ses anciens employés, n'hésitant pas à demander tout haut pourquoi personne n'intervenait pour corriger le tir. « Qu'ils travaillent pour la famille ou qu'ils en fassent partie, ils savent que cette histoire est largement fausse, mais ils n'ont pas le droit de s'exprimer. L'épisode de Meg et Catherine à propos des robes des petites filles d'honneur est ridicule », expliqua un confident proche. Sur le moment, un conseiller du palais s'était contenté de dire que les deux jeunes femmes étaient « très différentes ». (Plusieurs assistants de la maison royale ont confirmé aux auteurs de ce livre qu'il n'y a jamais eu d'essayage dont Kate serait sortie en larmes.)

Meghan serait évidemment d'accord, même si les relations entre les deux belles-sœurs avaient peu évolué depuis le début. Meghan avait beau comprendre que Kate hésite à lui offrir son amitié, elle était membre de la famille royale à part entière et épouse du frère de William – en vain, cela ne les rapprochait pas. Elle avait apprécié les fleurs envoyées par Kate le jour de son anniversaire, mais elle aurait préféré qu'elle se manifeste à l'époque où la presse la harcelait.

Refuser de nier ou de corriger les rumeurs infondées allait dans le même sens. La tradition voulait que Kensington ne se mêle pas des ragots, mais les Sussex avaient l'impression que le Palais était prêt à enfreindre les règles pour rectifier ce qu'on racontait sur les membres plus haut placés de la famille royale. (Un exemple : en juillet 2019, un porte-parole avait nié les déclarations d'un cabinet de chirurgie esthétique affirmant que Kate avait eu des injections de Baby Botox.) Harry et Meghan étaient frustrés. Ils n'avaient pas l'impression qu'on les défendait autant que les autres.

Les deux duchesses n'étaient pas les meilleures amies du monde, mais elles n'étaient pas non plus en guerre. Oui, il y avait eu des malaises, comme le jour où elles s'étaient croisées dans Kensington Palace (début 2017, quand Harry et Meghan sortaient ensemble) alors que chacune s'apprêtait à aller faire des courses – dans la même rue ; Kate était partie dans sa Range Rover personnelle sans proposer à Meghan de monter. La vérité, c'est qu'elles se connaissaient peu. Certains conseillers avaient beau jeu d'affirmer qu'elles s'envoyaient des SMS et discutaient régulièrement, on ne peut pas dire que les belles-sœurs s'étaient beaucoup vues avant le mariage.

Un environnement professionnel n'est jamais neutre. La monarchie est un univers en vase clos qui génère une pression folle, de même que la politique interne des trois maisons royales, Buckingham Palace, Clarence House et Kensington Palace, qui donnent souvent l'impression d'être rivales. Les connaisseurs qui suivent les réseaux sociaux ont d'ailleurs ricané quand chaque maison s'est mise à annoncer des événements et à afficher des posts le même jour pour se faire la nique. « La concurrence entre les trois maisons a toujours existé, tempère un conseiller. Ça ne changera jamais. »

Le personnel de Kensington Palace était contrarié par les articles malveillants ou erronés publiés sans relâche par les tabloïds. En revanche, il pouvait difficilement être surpris par les fuites en interne. Un courtisan s'était vanté en privé de pouvoir obtenir n'importe quel article, flatteur ou ravageur, sur un claquement de doigts. Un autre avait affirmé au rédacteur en chef d'un quotidien respecté qu'il pouvait « tout supporter depuis qu'il s'était coltiné une colère de Meghan ». D'autres encore ont avoué aux auteurs de ce livre que l'atmosphère des trois maisons était « à la concurrence », « pitoyable » ou « dure ».

Le problème ne venait pas uniquement des employés, il venait aussi des princes. La tension créée par le duc de Cambridge le jour où il avait dit que la liaison entre Harry et Meghan allait un peu trop vite, se confirmait depuis le mariage.

Les sentiments de William et Kate ne faisaient plus aucun doute. Cet été-là, Harry et Meghan ont reçu de nombreux amis et proches dans l'Oxforshire, mais les Cambridge n'y ont pas mis les pieds. « Ils étaient pourtant invités », dira une source.

En tout cas, ce n'était pas l'avenir que Harry envisageait pour lui et ses proches, puisqu'il avait avoué à un ami qu'il s'imaginait marié et passant du temps avec William et Kate, tous les quatre avec leurs enfants qui joueraient ensemble.

Les frictions avec son frère étaient une des raisons pour lesquelles il préférait s'installer à Windsor. « Il voulait s'éloigner du marigot de Kensington, confirmera une source. Au palais, vous êtes sans cesse entouré de la famille et du personnel. C'était à un moment de sa vie où il travaillait avec son frère, montait sa fondation avec lui et vivait près de lui. Ça faisait trop. »

En attendant, la presse continuait de réserver ses critiques les plus vaches à Meghan. Elle avait exigé des flacons de désodorisant le jour de son mariage, disait un article, pour parfumer la chapelle Saint-George qui « sentait le moisi » (là où la reine allait se recueillir, la chapelle qui renferme le caveau royal). Les conseillers de Buckingham étaient horrifiés. En vérité, les diffuseurs de parfum « Baies » de chez Dyptique qu'on avait installés – comme les bougies de la même marque que Kate avait choisies pour son mariage dans l'abbaye de Westminster en 2011 – avaient été avalisés par tout le monde.

En décembre, un papier mettait en scène une Kate « furibonde » obligée d'intervenir parce que Meghan faisait « chier » une des employées. On disait que c'était Katrina McKeever, secrétaire adjointe de la communication, qui travaillait à Kensington depuis cinq ans. Même le Palais était dépassé. En réalité, Katrina était partie en bons termes avec les Sussex qui lui avaient envoyé une lettre écrite à la main et un superbe bouquet.

Une semaine plus tard, *The Express* révélait que le personnel de Kensington l'appelait « la duchesse difficile », un titre dont Meghan n'a jamais réussi à se débarrasser. La moindre initiative de sa part était interprétée comme un défi – y compris le vernis noir et la robe épaule asymétrique qu'elle portait pour les British Fashion Awards en décembre, où elle a remis le prix du designer de l'année à Clare Waight Keller. Deux heures plus tard, quelqu'un avait retiré la photo du compte Instagram du British Fashion Council sur laquelle on voyait Meghan poser avec Clare et l'actrice Rosamund Pike. « C'était un souvenir personnel qui n'avait aucune raison d'être partagé en ligne », a justifié un conseiller du palais. Au British Fashion Council, on disait que c'était à cause du déluge de commentaires racistes qui avait suivi.

Le chroniqueur Richard Kay (le journaliste préféré de Diana) a même repris une source qui avait lâché : « Il y avait quelque chose d'ostentatoire dans sa façon de tenir son ventre arrondi. En plus, elle avait du vernis foncé, la reine a horreur de ça. »

La princesse Diana portait du vernis rouge et des robes épaules dénudées. La princesse Eugenie avait fait peindre l'Union Jack sur ses ongles pour le jubilé de la reine en 2012, et elle avait un vernis prune foncé proche de celui de Meghan le jour d'une fête organisée par la galerie Serpentine. Même Kate, toujours fidèle à l'étiquette, avait osé une fois porter du vernis rouge aux pieds. À Windsor, ces dames, y compris Meghan, privilégiaient les tons neutres, mais il arrivait qu'elles fassent des exceptions quand l'occasion le justifiait. Du reste, le protocole ne disait rien sur le vernis à ongles.

L'indignation suscitée par cet épisode trahissait une réalité plus cruelle : la chasse à Meghan était ouverte. Les journalistes guettaient le moindre détail pour avoir le plaisir de l'éreinter. « La "duchesse différente", résume une de ses amies proches, voilà ce qui pose problème aux gens. C'est quelqu'un avec qui il est très facile de collaborer. On lui en veut de se distinguer. »

À en croire plusieurs courtisans, certains employés du palais lui reprochaient d'être américaine et d'avoir été comédienne. Il faut dire que les Anglais et les Américains n'ont pas la même conception du travail ni des rapports humains. Les seconds ont une franchise difficilement compatible avec la subtilité de l'institution monarchique. Le pragmatisme américain a tendance à être considéré comme une forme d'agression.

« C'était cousu de fil blanc dès lors qu'une actrice américaine entrait dans la famille royale », explique un autre conseiller.

Du point de vue de Meghan, les commentaires et les articles des tabloïds étaient plus qu'un clash de cultures, ils étaient sexistes et truffés de préjugés. Un homme se lève à l'aube pour travailler : on le félicite pour son goût du travail. Si c'est une femme, on dit qu'elle est difficile ou que c'est une chienne. Deux poids deux mesures exacerbés dès qu'il s'agit de femmes de couleur qui réussissent : soit elles sont trop exigeantes, soit elles sont trop pugnaces.

Le 4 décembre, Meghan était dans le public du Southbank Center de Londres qui était venu écouter Michelle Obama parler de son livre, *Devenir*. « Ce qui se passe avec les femmes noires, dit l'auteure, c'est que nous sommes des caricatures [...]. Les gens prennent ce qu'ils veulent chez nous. Notre style, notre allant est forcément emprunté, du coup nous sommes diabolisées. Nous sommes trop offensives, nous sommes trop bruyantes, nous sommes trop je ne sais quoi. J'en ai fait l'expérience, croyez-moi. Alors comment oser avoir une voix et s'en servir ? »

Un exemple : en février 2019, Meghan a été dézinguée par la presse et les réseaux sociaux parce qu'elle avait rédigé des messages encourageants – écrits sur des bananes ! – à l'adresse des travailleuses du sexe de Bristol au cours d'un déplacement officiel. En réalité, elle était dans la cuisine de l'association One25 qui aide les femmes à sortir de la prostitution, de la pauvreté, de la drogue et de la violence. Elle a vu une bénévole préparer des colis de nourriture, elle a pris un feutre Sharpie et écrit un petit mot sur chaque banane : « Vous êtes forte », « Vous êtes incroyable », « On vous aime ».

C'était un geste inattendu qui a profondément touché les membres de l'association dont la camionnette tâche de venir en aide aux deux cent quarante travailleuses du sexe du quartier rouge de Bristol. « J'ai découvert cette initiative au cours d'un déjeuner dans une école, a expliqué Meghan. C'est l'histoire d'une Américaine responsable de cantine dans une école élémentaire de Virginie. Un jour elle a écrit un mot d'encouragement sur chaque banane pour donner confiance aux gamins. Je trouvais l'idée géniale – juste un petit mot. »

De sa part, c'était aussi une marque d'attention vis-à-vis des travailleuses du sexe. « On a l'impression d'être invisibles, témoigna l'une d'elles. Ça peut paraître idiot, mais le fait d'être reconnues et de lire des mots qu'on lit rarement, ça compte. »

Il fallait s'y attendre, le message n'a pas été perçu de la même façon par tout le monde. Un tabloïd a envoyé un journaliste incognito pour essayer de récupérer une banane, et *The Sun* a qualifié le geste d'« offensant ». Piers Morgan – auteur de cent commentaires et entretiens désobligeants envers la duchesse parce qu'il n'avait pas été invité au mariage – a déclaré qu'elle faisait de la monarchie et des prostituées une « parodie ». Un chroniqueur du *Daily Mail* a osé dire à propos de celles-ci : « Elles n'ont rien de touchant, d'ailleurs elles le savent parfaitement quand elles couchent avec un homme pour de l'argent. »

Meghan était écœurée. « Ces gens sont des porcs », se lâcha-t-elle devant une amie.

« Des trolls, oui », renchérit Harry.

Hélas, le protocole exige que Meghan se taise et ne se défende pas, peu importe qu'elle soit mortifiée. Si bien qu'en avril 2019, quand le *Sun* a publié, en une, un article affirmant que la reine lui avait « interdit » de porter des bijoux qui avaient appartenu à Diana, elle a dû la boucler. Une fois de plus.

« Certains traits de son comportement, même avant le mariage, provoquaient de la rancœur au sein de Buckingham Palace », assurait un tabloïd en citant de prétendus témoignages sur son tempérament tyrannique, y compris son soi-disant refus d'avoir recours aux services de la reine pour une partie de l'organisation de son mariage, comme les fleurs ou le gâteau. Le journal enfonçait le clou en ajoutant que Kate avait le droit de porter ce qu'elle voulait : « Il revient à la reine et à ses conseillers les plus fiables de choisir les pièces de la collection royale qu'elle accepte de prêter et à qui. » Ce que ne disait pas la source, c'est que cette collection ne comprend aucun bijou ayant appartenu à Diana.

Au contraire, Meghan et Kate avaient toutes les deux porté les bijoux iconiques de Diana, qui avaient été transmis à ses fils si c'étaient des biens privés, ou à la reine s'ils relevaient du pouvoir royal. Kate avait choisi la tiare Lover's Knot, le bijou fétiche de Diana, pour plusieurs dîners officiels. Quant à Meghan, elle avait mis les boucles d'oreilles papillons en diamants et un bracelet serti de saphirs de Diana lors de sa tournée dans le Pacifique.

Ce n'était pas la première fois que la presse mettait en scène les jalousies suscitées par les joyaux de la Couronne. Le *Sun* prétendait que Meghan avait des vues sur « une tiare avec émeraudes » que la grande-duchesse Vladimir de Russie aurait portée le jour de son mariage, plutôt que celle que portait la reine Mary le jour du sien. Sorti en cachette de Russie après la révolution de 1917 et acquis par la reine Mary en 1921, c'est le diadème le plus sophistiqué de la collection. Il avait été porté par la princesse Diana et la reine Élisabeth, et celle-ci y avait fait ajouter des entrelacs de cercles pavés de diamants ronds, ornés d'émeraudes et de perles blanches en forme de gouttes.

Les gens confondent parfois cette tiare avec la tiare Lover's Knot à cause de ces gouttes. Conçue par la maison Garrard pour la reine Mary en 1914, avec des perles et des diamants qui appartenaient à la famille royale, la tiare Lover's Knot avait pour modèle un diadème qui appartenait à sa grand-mère, la princesse Augusta de Hesse. Après la mort de la reine Mary en 1953, la couronne avait été transmise à sa petite-fille, la reine Élisabeth II.

La tiare de la grande-duchesse Vladimir aurait pu plaire à Meghan grâce à la couleur verte qui était une des notes personnelles de son mariage (les photos prises dans la Green Drawing Room, la robe verte que portait la reine et l'ensemble vert menthe de Doria). « On aurait pu imaginer une tiare idéale avec des émeraudes », dira un des organisateurs de la noce.

Peut-être, sauf que Meghan n'a jamais réclamé une nouvelle tiare après avoir choisi la sienne avec la reine – un rite de passage des futures mariées princières. Depuis qu'elle est reine, Élisabeth II prête des bijoux de la Couronne à toutes les épouses de la famille royale. « Sa Majesté est toujours très heureuse de pouvoir offrir quelque chose » à l'occasion des grands événements, confirme un conseiller. Elle aime ajouter sa touche personnelle, donner le ton des fêtes d'apparat, notamment les banquets d'État et les cérémonies officielles. « Elle a souvent sa petite idée. »

La différence pour Meghan, c'est que Harry était présent lors du choix. C'est ainsi qu'en février 2018, les fiancés, qui vivaient à Kensington Palace depuis quatre mois, sont allés dans le salon de réception de Buckingham Palace avant d'être escortés dans un ascenseur sécurisé qui donne sur une chambre forte située douze mètres plus bas. Étaient exposées là cinq tiares parmi lesquelles ils devaient choisir celle du mariage.

Meghan, qui a une assurance folle même dans les situations les plus intimidantes, était légèrement fébrile à l'idée d'essayer ces joyaux sans prix, dont certains ont rarement vu la lumière du jour.

Rien dans son enfance californienne, ni dans sa carrière d'actrice, ni dans son féminisme, ne l'avait préparée à être à l'aise avec ce type de bijoux. La reine est d'ailleurs « la seule personne capable de mettre une tiare d'une main tout en descendant un escalier », a témoigné sa sœur, la princesse Margaret.

Avant la séance, Meghan avait appelé Clare Waight Keller qui avait commencé à dessiner sa robe de mariage. « Elles avaient leur petite idée sur ce qui fonctionnerait, dira une source, mais elles n'étaient pas sûres du choix final. Il fallait qu'elles sachent ce qu'on leur proposerait. »

Les deux femmes avaient consulté des photos d'archives de tiares qui leur plaisaient, mais ça ne servait pas à grand-chose puisque la sélection ne dépendait pas d'elles. L'emprunt d'une couronne était à la fois un cadeau et un privilège, et comme tous les cadeaux, vous n'avez pas le choix : vous acceptez celui qui vous est offert.

Aujourd'hui, chaque tiare est conservée dans un coffre, lui-même conservé dans cette chambre forte, une salle de quarante-cinq mètres de longueur, divisée en plusieurs parties. Cet immense espace – proportionnel à la richesse de la collection de Sa Majesté qui comprend des tiares, des broches, des colliers, des boucles d'oreilles et autres joyaux – est loin d'être aussi froid et aussi lugubre qu'une chambre forte de banque. Au contraire, il est très bien éclairé, un peu comme un showroom.

Le joaillier de la Couronne, Mark Appleby – qui avait exposé les tiares après avoir réuni les éléments conservés séparément dans des pochettes et réinséré la pierre centrale du diadème en diamants de la reine –, n'était pas présent car il s'agissait d'un moment jugé éminemment privé. Cela dit, il n'était pas loin, prêt à intervenir en cas de problème. Aucun des responsables habituels des joyaux n'était là. La seule personne présente était la conservatrice des bijoux, Angela Kelly, chargée de présenter les tiares à la reine et à Meghan, comme elle l'avait fait pour la duchesse de Cambridge et la princesse Eugenie.

Officiellement désignée « Habilleuse royale, conseillère personnelle et conservatrice auprès de Sa Majesté la Reine » (chargée des bijoux, des insignes et de la garde-robe), Angela Kelly est la seule personne à avoir accès à la collection de bijoux de la reine, outre le joaillier de la Couronne. Étant donné la façon dont chaque pierre est polie et parfaitement placée et assortie pour les bracelets, bagues, colliers et tiares, chacun dans un écrin tapissé d'une doublure rose et d'un linge en dentelles, cousus main par la grand-mère de la monarque, la reine Mary – il était évident qu'Angela veillait avec le plus grand soin sur ces joyaux.

Alors qu'il est de mise de porter des gants pour manipuler les tiares, Angela – également responsable du nettoyage des bijoux avant et après qu'ils quittent la chambre forte – a préféré ne pas en mettre pour avoir une meilleure prise sur ces pièces uniques.

Sous l'œil attentif de la reine et du prince Harry, elle a donc proposé cinq tiares à Meghan. La reine a beau aimer bavarder, comme Meghan d'ailleurs, surtout quand elle est intimidée, personne ne pipait mot.

Angela avait évoqué plusieurs options avec la reine avant leur rendez-vous et Sa Majesté avait fait des suggestions jusqu'à ce que les deux femmes en viennent à limiter l'éventail à cinq possibilités. Ce jour-là, Meghan était assise devant un miroir en pied et chaque tiare a été soigneusement posée sur sa tête jusqu'à ce que décision soit prise.

En général les couronnes sont fixées avec un bandeau en satin ou une barrette, mais c'était trop tôt. Il aurait fallu convoquer un coiffeur et violer l'intimité du moment. On avait le temps pour les détails pratiques, a expliqué Angela : il faudrait essayer différentes fixations et demander à Meghan de bouger la tête pour voir si elles tenaient. La journée était exclusivement consacrée au choix de la tiare, qui s'imposa très vite au vu de la chevelure sombre de la future mariée.

Il s'agissait du bandeau de diamants de la reine Mary, créé en 1932, à partir d'une broche de dix diamants qui lui avait été offerte en cadeau de mariage par le comté de Lincoln en 1893. La broche, large et détachable, avait été intégrée au centre d'une couronne de platine flexible divisée en onze sections serties d'ovales et de diamants de tailles plus ou moins grandes. Ce n'était pas le bijou préféré de la reine Mary, qui le portait pour des événements moins formels, en revanche Meghan trouvait qu'il « se distinguait ».

La reine était du même avis. Meghan avait essayé les cinq diadèmes mais elle n'avait pas hésité. « Ç'a été un moment privilégié pour toutes les deux », dira un conseiller du palais.

Un an après, quand le bruit a couru que la future mariée avait exigé une nouvelle tiare, celle-ci a appelé une amie : « C'est nul, je l'adore, ma tiare. »

Les journaux se sont donc trompés sur ce point, en revanche ils avaient raison sur le conflit qui a eu lieu après entre Angela et Harry.

Tout a commencé à la fin du mois de mars, quand le coiffeur de Meghan, Serge Normant, est venu de New York pour faire des essayages avec la tiare. Les deux complices pensaient aller à Buckingham et demander à Angela de leur prêter le diadème comme elle l'avait fait devant la reine.

Hélas, en dépit des nombreuses requêtes de Kensington Palace, l'habilleuse de la reine ne réagissait pas. Pas moyen de connaître ses disponibilités. Harry était hors de lui.

Angela Kelly – qui a débuté comme une des habilleuses de la reine en 1993 avant de prendre du galon et de devenir première habilleuse, puis première assistante personnelle – est exceptionnellement proche de la reine. C'est une des rares personnes autorisées à toucher la souveraine, et elle fait désormais office de bras droit, ou, comme le disent certains, de « gardienne » de la reine depuis plus de dix ans. Sa Majesté lui rend régulièrement visite dans la maison de Windsor qu'elle a eu « la grâce et la faveur » de lui attribuer, et quand les deux femmes sont seules à Buckingham, on les entend souvent rire dans le couloir.

Comme beaucoup du personnel supérieur de Buckingham, Angela est à la disposition de Sa Majesté, or il semble qu'au moment où elle a été contactée, elle était occupée au château de Windsor où la reine passait la traditionnelle saison pascale. Sauf que le temps pressait et que les conseillers de Harry insistaient : il fallait organiser un deuxième essayage de la tiare.

Harry, qui connaissait évidemment le protocole, avait du mal à croire qu'Angela ne puisse pas se libérer. Il était persuadé qu'elle snobait Meghan. Suivit alors un échange houleux qui contrevenait aux règles de bienséance. Peu importe, Harry n'avait aucun problème à passer à l'attaque, témoigne une source. Il n'en pouvait plus.

C'était quelques semaines à peine avant le mariage. À Kensington Palace, personne n'arrivait à obtenir quoi que ce soit d'Angela. Tout le monde était frustré – et décontenancé. Pourquoi diable était-il si compliqué d'organiser cette séance d'essayage ? Harry a fini par en parler à sa grand-mère. Et, comme par hasard, la séance a eu lieu.

À Buckingham, un conseiller supérieur a reproché à Harry d'être « trop sensible » et d'avoir créé des tensions avec Angela. À l'inverse, une source proche du prince l'a reconnu : Harry ne démordait pas de l'idée que la vieille garde de Buckingham n'aimait pas Meghan et ferait tout pour lui mettre des bâtons dans les roues.

CHAPITRE 18

Frères ennemis ?

Les hauts conseillers des trois maisons royales étaient effrayés de voir ce qui se racontait sur les divergences entre les deux frères et leurs épouses. Si personne ne réagissait, pensaient-ils, cela pouvait nuire à l'institution monarchique. Depuis des mois, les gros titres mettaient en scène la fracture familiale, et les bavardages allaient bon train sur les réseaux sociaux. La situation était telle que « même la reine était inquiète », disait une source.

Au printemps 2019, les courtisans ont donc été réunis pour réfléchir au problème. « C'est simple, il faut inventer un dispositif pour protéger la monarchie, déclara l'un d'eux. Tout le monde sait que le futur de la royauté repose sur les quatre personnes qui vivent actuellement à Kensington. La popularité de la monarchie dépend exclusivement d'elles [...]. La seule façon de maintenir cette popularité le jour où il [le prince de Galles] sera roi, c'est d'éviter la guerre entre ces quatre-là. On ne peut pas se permettre une guerre. »

« Harry était furieux que leurs dissensions soient jetées en pâture au public et fourmillent de fausses informations, ajoutera une source. Il avait parfois l'impression que les collaborateurs de son frère étaient prêts à tout pour que William ait le beau rôle, y compris lui faire des croche-pattes à lui, Harry. C'était dur, il ne savait plus où donner de la tête. Qui croire ? Que croire ? Par ailleurs il parlait peu avec son frère, ce qui n'améliorait pas les choses. »

Leur mésentente était d'autant plus regrettable qu'elle rappelait les années 1990 quand le mariage de Charles et Diana battait de l'aile – la presse et le public se posaient déjà des questions sur l'avenir de la monarchie. Les courtisans avaient beau dire que les frères étaient en bons termes, les rumeurs continuaient de plus belle.

Le 14 mars 2019, Buckingham Palace a annoncé que William et Harry prendraient du champ en séparant leurs bureaux.

« La reine a autorisé la création d'une nouvelle maison pour le duc et la duchesse de Sussex après leur mariage en mai dernier. La maison, qui bénéficiera du soutien de la reine et du prince de Galles, sera établie au printemps. »

L'attribution d'une maison indépendante à Harry et Megan était un secret de polichinelle depuis le mois de novembre, mais les conseillers en rajoutaient, expliquant que c'était une décision parfaitement logique. Les princes n'étaient plus des « petits garçons », comme les appelait Diana. C'étaient des hommes, dont chacun avait sa personnalité, son style et un rôle à jouer suivant la Constitution. Pour reprendre la formule d'un porte-parole, ils avaient choisi des « chemins divergents ».

Autour d'eux, tout le monde pensait qu'ils surmonteraient leurs différends en prenant de la distance. « C'est très difficile de travailler ensemble quand on fait partie de la même famille, dira un courtisan. À un moment il y a forcément des tensions. »

Le prince Charles, qui finance beaucoup de ses entreprises caritatives privées et publiques avec les revenus de son domaine privé, le duché de Cornouailles, « tenait les cordons de la bourse ». C'était aussi une source de tensions entre les frères qui cherchaient à obtenir des fonds supplémentaires pour leurs projets. Sans oublier que

Charles couvrait les dépenses liées à Camilla et certaines de celles de ses fils (dont les garde-robes de Kate et Meghan). « Ils sont parfois obligés de rivaliser pour obtenir des fonds de leur père, confirme un conseiller. Ajoutez à ça le fait qu'il y a une hiérarchie inhérente entre eux, ça devient vraiment délicat. »

« Charles est évidemment un père pour Harry, mais c'est aussi son patron, d'où leur relation compliquée, ajoute une source. Charles entretient très soigneusement son image, Harry a parfois l'impression que ça l'emporte sur le reste. »

Il n'était pas le seul à avoir des rapports difficiles avec le prince de Galles. « Les garçons soufflent le chaud et le froid avec leur père, confiait une source à propos de la séance de photos du soixante-dixième anniversaire de Charles qui avait viré au cauchemar absolu. »

« Ni William ni Harry n'ont fait le moindre effort pour se rendre disponibles. »

Un autre conseiller présent aux réunions organisées pour parler de l'avenir des frères expliquait : « La position de votre naissance dans la famille détermine votre position politique, ce qui explique que Harry est toujours derrière son frère, surtout quand il s'agit d'obtenir des financements. Il lui arrive de vouloir lancer des projets plus ambitieux et s'impliquer davantage, mais il obtient rarement les fonds dont il a besoin. William est toujours prioritaire. Ils se brouillent souvent pour des questions de budget. C'est le risque, quand vous faites des affaires en famille. »

Le prince Andrew et le prince Edward n'ayant pas de rapports professionnels avec leur aîné, le prince Charles, ils ne souffraient pas de ce type de tensions. Harry n'avait pas envie de vivre dans l'ombre de William, surtout au moment où il emménageait avec sa femme, expliquaient les courtisans.

Harry et Meghan voulaient avoir une maison indépendante à Windsor, c'est-à-dire un bureau à part et une équipe dédiée, mais les responsables séniors avaient exclu cette option.

Les courtisans de haut rang que Diana appelait « les hommes en costume gris » ne voyaient pas d'un très bon œil l'enthousiasme qu'ils provoquaient dans le monde entier. Leur mariage féerique avait propulsé la monarchie à des sommets de popularité ; Harry et Meghan lui apportaient quelque chose de plus humain. Même les gens les plus indifférents étaient touchés. Il n'empêche qu'il fallait les remettre sur le droit chemin, sans quoi leur popularité risquait d'éclipser celle de la famille royale.

« Les conseillers qui cherchaient à les discipliner pensaient évidemment à celle qui s'était servie de la plateforme royale pour mener une croisade humanitaire à l'échelle mondiale : la propre mère de Harry », écrivait le journaliste Tim Shipman dans le *Sunday Times*. Il citait une source anonyme affirmant, « le danger, pour eux, c'est que Meghan dépasse Diana ».

L'ancienne actrice était loin de faire l'unanimité au sein de l'institution monarchique. Quant aux tabloïds, certains parlaient d'elle comme d'une menace, alors qu'elle avait les faveurs du public. Quelles que soient leurs origines, au Royaume-Uni ou à l'étranger, les gens la considéraient comme une pionnière – une femme qui incarnait un monde interdit jusque-là.

Les féministes se félicitaient qu'elle use de son patronage royal en faveur des femmes. Le 10 janvier 2019, par exemple, elle annonçait officiellement son soutien à Smart Works, une association qui aide les femmes à trouver un emploi et à se préparer pour leurs entretiens d'embauche. En réalité, elle travaillait déjà pour Smart Works à titre privé et coachait des clientes qui avaient besoin de conseils sur leur présentation et leurs tenues. La fondatrice de l'association, Juliet Hughes-Hallett (une ancienne rédactrice de mode de *British Vogue*), avait pris le temps d'apprendre à connaître Meghan avant d'annoncer son patronage, et elle avait été impressionnée par sa franchise dès leur premier rendez-vous, en mars 2018. « Meghan était très partante, elle voulait s'engager tout de suite, dit-elle. Ce qui a frappé tout le monde, c'est son empathie et sa capacité à rassurer les femmes. En plus, elle est très marrante. »

L'annonce coïncidait avec la visite du bureau de l'association dans le quartier de West London. À peine arrivée, Meghan a pointé la tête à la porte du bureau du fond pour dire bonjour aux personnes qu'elle connaissait, manifestement très à l'aise. « Il ne s'agit pas seulement de donner des vêtements et de voir où ils finissent, mais de participer au succès de chaque femme en tant que telle », expliqua Meghan en évoquant les tenues offertes à une mère de trois enfants, Patsy Wardally, une plombière qualifiée qui voulait recommencer à travailler après avoir élevé sa fille autiste. Marina Novis, qui coache les femmes avant leurs entretiens, avait passé du temps avec elle et témoignait : « C'est quelque chose de la voir discuter avec les candidates. Elle les écoute vraiment et pose des questions très pertinentes. L'année dernière [avant le mariage], elle est venue parler de ce qu'est la confiance en soi, jusqu'au moment où quelqu'un lui a demandé : "Comment vous la gérez ?" Voilà ce qu'elle a répondu : "Je suis sur le point d'accepter de jouer un rôle de premier ordre, là, bientôt. Le plus important, c'est de respirer et de laisser s'exprimer cette confiance intérieure." »

Confiance, voilà ce qu'elle apporte aux quatre associations dont elle est la marraine, y compris les deux qui lui ont été confiées par la reine : le National Theater et l'Association of Commonwealth Universities (ACU) qui crée des ponts entre les universités de cinquante pays. « Elle croit beaucoup à l'impact de la culture et au concept de prescription sociale, que ce soit pour la santé ou le sentiment de communauté, témoigne le directeur artistique du National Theater, Rufus Norris. Elle a une façon merveilleuse de mettre son expérience au service d'un monde qu'elle connaît et de la relier à son nouvel univers. »

Les œuvres philanthropiques de Meghan touchent effectivement des domaines qui l'intéressent, où elle sait qu'elle peut être utile.

« Elle voulait que ces activités reflètent ce qu'elle est, ce qu'elle sait faire, et ce qu'elle aimerait découvrir en tant que membre engagé de la famille royale, ajoute un conseiller. L'autonomie des femmes et la diversité de genres seront toujours les pierres angulaires de son travail. »

Le jour où elle est allée au bureau de l'ACU en février, elle a été horrifiée par les chiffres qui montraient que les professeurs sont majoritairement des hommes blancs. « Mon Dieu ! s'est-elle écriée face à Rachel Cowan, responsable de l'égalité, de la diversité et de l'inclusion à l'université de Manchester. C'est choquant ! Il y a un sacré chemin à faire ! »

Longtemps avocate de la campagne en faveur des animaux et du slogan « Adoptez, n'achetez pas », Meghan est devenue marraine du refuge d'animaux de l'association Mayhew, avouant à la directrice, Caroline Yates : « Les animaux sont très importants dans ma vie. Nous avons besoin d'avoir plus de refuges comme le vôtre – à Londres, au Royaume-Uni, dans le monde entier –, mais je sais qu'il faut des fonds. Je ferai mon maximum pour vous aider. »

Il ne faut pas oublier que les gestes et le style vestimentaire de Meghan sont suivis de très près au Royaume-Uni, mais aussi aux États-Unis, notamment par les magazines les plus prestigieux. Au sommet mondial des femmes d'avril 2019, Anna Wintour a d'ailleurs qualifié le style de Meghan de « fantastique ». « Je pense que je vais porter des tailleurs, a déclaré la rédactrice en chef de *Vogue* à l'assistance. Je remercie la duchesse de Sussex d'avoir lancé la tendance ! »

La création de deux maisons séparées permettait aux deux frères de poursuivre leurs propres intérêts, mais c'était aussi une façon de les sensibiliser à leurs futures responsabilités. « Ils ne sont pas promis au même avenir. Ils doivent se préparer au changement de règne, expliquait un conseiller en évoquant le jour où le prince Charles sera roi. Le but, c'est que toutes les structures soient en place pour qu'ils puissent assurer la pérennité de la monarchie. »

Harry savait que la popularité mondiale dont Meghan et lui bénéficiaient n'aurait qu'un temps. Le jour où George aurait 18 ans et deviendrait un membre actif de la royauté, l'institution veillerait sur la succession de Charles, autrement dit, sur William et George. Harry serait sur la touche, comme ses deux oncles, Edward et Andrew, quand Charles avait atteint sa majorité.

En dépit des déclarations officielles, les Sussex n'ont jamais eu de bureau indépendant. On leur a très vite fait comprendre qu'ils n'auraient droit à aucun traitement de faveur, expliquait un conseiller. Ils l'ont pris en pleine figure, mais ils ont accepté un compromis et obtenu une petite équipe indépendante au sein de Buckingham. C'était moins que ce qu'ils réclamaient, mais plus que ce qui avait été prévu au départ – partager une équipe avec d'autres membres de la famille royale, le tout sous la direction de Buckingham Palace.

Le prince Charles ne voulait pas que cette nouvelle organisation entraîne des coûts supplémentaires. En revanche, d'après plusieurs conseillers, William militait pour qu'on alloue assez de ressources à la maison Sussex pour qu'ils aient un espace de travail correct et un budget de communication à la hauteur. C'était important pour la famille royale. Attribuer un rôle secondaire à Harry et Meghan revenait à attribuer une charge de travail plus lourde au duc de Cambridge et à sa femme. William et son secrétaire particulier, Simon Case, ont assisté à de nombreuses réunions de conseillers haut placés de Buckingham pour s'assurer que Harry et Meghan obtiennent le meilleur accord possible.

C'est ainsi qu'ils ont pu embaucher Sara Latham au poste de responsable de la stratégie de communication de la maison Sussex. Celle-ci est une communicante très respectée, qui a été conseillère principale de Hillary Clinton pendant la campagne présidentielle de 2016, sous la direction de John Podesta. Elle a la double nationalité anglaise et américaine, et elle a aussi été conseillère du secrétaire d'État à la culture, aux médias et aux sports dans le gouvernement de Tony Blair, en 2005 et 2006.

Juste avant, elle était associée chez Freud's, une agence de communication internationale créée par l'ex-mari d'Élisabeth Murdoch, la fille du magnat Rupert Murdoch. Elle a travaillé au côté de Nick Loughran, un des chargés de communication préférés de Harry, marié à Clara, secrétaire à Kensington, la royauté ne lui est donc pas complètement étrangère.

Intelligente, drôle, excellente stratège, c'est une femme qui a son franc parler – Harry et Meghan ont tout de suite accroché avec elle.

La séparation des maisons allait de pair avec des aménagements comme la séparation des équipes qui travaillaient pour les deux frères. Jason Knauf, directeur de la communication des Sussex depuis longtemps, a choisi d'être au service du duc et de la duchesse de Cambridge pour avoir un poste plus important, qui couvrait aussi leurs activités caritatives, avant de devenir directeur de leur fondation. Plus tard, il serait également chargé de superviser la séparation de la « Royal Foundation » créée par les frères en 2009, et de détricoter nombre de leurs initiatives communes. « Les deux ménages auraient pu collaborer comme avant, mais les Cambridge tenaient à ce que la rupture soit claire et nette, dira une source. Ils préféraient mener leurs activités caritatives séparément. » Cela ne signifiait pas la fin immédiate de toutes les entreprises lancées par les *Fab Four*, une référence aux Beatles. Leur dernier projet commun était un service téléphonique baptisé *Shout*, destiné aux personnes souffrant de troubles mentaux, annoncé au mois de mai suivant. En revanche, cela voulait dire ne plus rien entreprendre sous le même parapluie, comme le Forum de la Royal Foundation organisé en février 2018, où ils avaient présenté plusieurs projets, dont Heads Together, une association qui lutte contre les préjugés sur la santé mentale, et United for Wildlife, qui encourage la conservation des espèces animales sauvages.

Christian Jones – ancienne plume du secrétaire d'État chargé de la sortie de l'Union européenne – a aussi été contacté pour s'occuper de la nouvelle communication du duc et de la duchesse de Cambridge. C'était un coup dur pour les Sussex, puisqu'il travaillait pour les deux familles depuis décembre 2018, et Meghan s'était tout de suite bien entendue avec lui. Ils avaient déjeuné ensemble pour la première fois chez Chucs, un restaurant italien de Notting Hill, et elle était emballée. Elle adorait le fait qu'il s'adresse à elle comme à une copine et porte des baskets. Elle trouvait ses idées formidables et organisait régulièrement des séances de brainstorming avec lui, sans chichis. Évidemment, la perspective de devenir le fer de lance de l'image du futur roi était difficile à refuser pour lui.

Quant à la réputation de patronne coriace de Meghan, les conseillers nuançaient en disant qu'elle était à la fois déterminée et très attentive. Elle envoyait souvent des cadeaux aux différents services du palais. Début 2018, par exemple, elle avait fait parvenir aux chargés de la communication et aux secrétaires particuliers une superbe sélection de sorbets pour les remercier de leur aide. Elle envoyait aussi des fleurs et des mots écrits à la main aux principaux conseillers le jour de leur anniversaire.

Pourtant, elle serait la première à reconnaître qu'elle cherchait à faire bouger les lignes. « C'est une réalité, confirme une source qui la connaît bien. C'est ce qui la motive, c'est pour ça qu'elle se lève le matin. Du reste, elle dispose d'une plateforme assez large pour y arriver. »

Forte du soutien exceptionnel de la reine, Meghan a été nommée vice-présidente du Queen's Commonwealth Trust, dont la mission est de mettre en avant la jeunesse prometteuse des 44 États membres. L'organisation, dont Harry est le président à ses côtés, encourage, finance et relie entre eux les jeunes dirigeants de ces 44 pays du Commonwealth. La première initiative de Meghan a été de participer à un panel de femmes – dont la chanteuse Annie

Lennox et l'ancienne Première ministre australienne Julia Gillard – au King's College de Londres pour insister sur l'importance de la Journée internationale des femmes. Ce jour-là, Anne McElvoy, journaliste de *The Economist*, lui a demandé ce que lui inspiraient les articles qui réduisaient son féminisme à une « mode ». « L'idée que le mot féminisme soit à la mode n'a aucun sens pour moi, dit-elle. Malheureusement, c'est une question qui ne sera jamais résolue. »

Harry n'a pas tardé à lui emboîter le pas. En avril 2019, Oprah et lui ont annoncé la coproduction d'une série consacrée à la santé mentale pour Apple TV+, prévue pour fin 2020, début 2021. Oprah, qui était venue à Londres en mars pour en parler avec Harry et Meghan, « très enceinte », expliquait qu'elle en avait eu l'idée après un échange avec le prince. « Quels sont les principaux défis auxquels nous faisons face aujourd'hui, d'après vous ? » avait-elle demandé à Harry. « Le changement climatique et la santé mentale, ou le bien-être mental », avait-il répondu sans hésiter.

« Je suis fier de travailler avec Oprah, avait déclaré le prince. J'ai la conviction que la santé mentale est la clé d'un leadership fort, de communautés productives et d'une volonté organisée [...]. Nous espérons que cette série sera positive, instructive et inclusive – ce sera une façon de partager des histoires venues du monde entier, pour témoigner de la capacité de l'esprit à se reconstruire et de la possibilité de mieux nous comprendre, nous et les autres. »

La vie professionnelle de Harry démarrait, tandis que sa vie personnelle semblait épanouie. Il espérait que la prise de position de William en faveur de sa maison signait un nouveau départ. « C'est le moment où il a décidé de passer l'éponge et de reconnaître les efforts de son frère », explique une source proche du couple.

Il était prêt à accepter leur différence de statut. Son frère était marié à l'institution de la monarchie, dans laquelle il avait un rôle très précis à jouer. Lui, Harry, devait tracer sa voie. Certes, ils s'agaçaient mutuellement, mais ils formaient une famille, un lien qu'il valait mieux ne pas rompre.

De son côté, William se réjouissait d'être en meilleurs termes avec son frère. « Vous savez quoi ? confiait-il à quelqu'un du palais en mars. Pour la première fois depuis deux mois, j'ai eu une discussion formidable avec mon frère. »

À Pâques cette année-là, Harry est allé seul à la cérémonie religieuse au château de Windsor. Meghan était trop avancée dans sa grossesse pour assister à un événement public. Les deux frères ont bavardé et ri ensemble dans la chapelle.

« C'était un plaisir de voir la chaleur de cet échange », avoua un conseiller de Buckingham.

CHAPITRE 19

Un nid à Windsor

Après la cérémonie de Pâques, Harry est rentré à Frogmore Cottage avec William et Kate, qui voulaient saluer leur belle-sœur.

Meghan a rejoint tout le monde dans le salon familial (qui n'est pas le salon de réception officiel) pour bavarder autour d'une tasse de thé. La visite fut brève, trente-cinq minutes à peine, mais elle signait le début du rapprochement des deux couples et leur volonté de tourner la page – en tout cas c'est ce que pensait Harry vu le soutien que lui avait manifesté son frère. Ravi, il leur a fait faire le tour du propriétaire car c'était la première fois que William et Kate passaient depuis les travaux.

Harry rêvait que son frère et sa belle-sœur viennent régulièrement avec leurs enfants dans leur petit nid de Windsor, qui « a une place très spéciale dans leur cœur », d'après une source proche. À l'époque où Meghan et lui étaient de jeunes tourtereaux, ils faisaient de longues promenades dans le domaine privé de Frogmore House sans craindre les paparazzi. C'est là qu'ils avaient décidé d'être photographiés pour leurs fiançailles et d'organiser leur soirée de mariage.

« C'est un endroit idéal pour élever un enfant, explique une confidente de Meghan. Il suffit d'ouvrir la porte pour profiter d'une enfilade de jardins privés. Ils pensaient que ce serait parfait pour leur bambin de pouvoir marcher en toute liberté. Ils n'y avaient jamais réfléchi avant, mais le jour où l'occasion s'est présentée, ils étaient grisés. »

En attendant, Frogmore Cottage avait dû être rénové en profondeur. Construit en 1830, c'était une maison de campagne destinée à la reine Charlotte et à ses filles, qui n'étaient pas mariées. Beaucoup de grands noms y avaient logé, notamment Henry James Sr., le père du romancier Henry James, et son frère, le philosophe William James. Plus tard, au début du XXIe siècle, la maison, qui comprenait dix chambres, avait été divisée en cinq unités indépendantes attribuées au personnel de Windsor. Avant que Meghan et Harry y emménagent, il avait fallu tout refaire.

Tous les parquets d'origine, les montants des fenêtres et les portes avaient été conservés, mais on avait ajouté une cuisine familiale ouverte, plusieurs foyers au gaz, une nurserie et des extensions pour construire une serre d'hiver. Il était aussi prévu que la mère de Meghan y séjourne assez longuement pour profiter de son petit-fils, même si elle était très prise par son travail. Finalement, en dépit de l'« annexe de bonne-maman » dont on parlait, Doria s'installerait dans une chambre d'invités située à quelques pas de celle de Harry et Meghan.

La rénovation comprenait aussi l'intervention d'un paysagiste, le principal atout de Frogmore Cottage étant les magnifiques jardins où le bébé pourrait jouer en toute liberté.

Les 2,6 millions d'euros des travaux ont été pris en charge par le Sovereign Grant, le budget annuel que la reine reçoit du gouvernement pour remplir ses devoirs et couvrir les déplacements de la famille royale, l'entretien des palais et la rémunération du personnel.

Harry et Meghan, qui sont plutôt économes, ont payé les frais de la décoration intérieure sur leurs propres deniers. Contrairement à ce qu'on a dit, ils n'ont jamais dépensé plus de 1 million d'euros pour acheter des œuvres d'art. « C'est tout ce qu'il y a de plus faux », renchérissait un ami qui faisait remarquer que la plupart de ces œuvres étaient des gravures ou des posters *vintage* encadrés, dont une étude de nu d'Inslee Faris, une artiste new-yorkaise, que Meghan avait conservée après son départ de Toronto.

Par ailleurs, Frogmore Cottage est une propriété immense certes, mais la maison elle-même n'est pas très profonde : la plupart des pièces en occupent toute la largeur. « C'est une des caractéristiques qu'ils adorent, explique une amie. Ça donne une lumière traversante magnifique et une excellente énergie. »

Enfin, le cottage appartenant à la zone protégée du domaine de Windsor, Harry et Meghan avaient la sécurité dont ils rêvaient pour leur nouvelle vie hors de Londres, mais il avait fallu faire de nouveaux aménagements. On avait planté des arbres adultes autour de la maison pour éviter les regards (ou les caméras) des curieux. Une clôture laser de haute technologie empêchait de s'approcher trop près. Et, en renfort, à quelques encablures, un bâtiment exclusivement réservé aux officiers de sécurité, recrutés dans le commando Scotland Yard's Royalty et la police de protection spéciale.

L'ensemble formait un rempart dont ils avaient absolument besoin, surtout depuis leur fuite de l'Oxfordshire où Splash News (l'agence qui les avait poursuivis jusqu'en Jamaïque) avait envoyé un hélicoptère pour prendre des photos aériennes de leur maison. Les clichés étaient tellement nets qu'on voyait la chambre principale et les pièces à vivre. Mi-janvier 2019, *The Times of London* avait publié une des photos, suivi par de nombreux organes de presse. Harry était furieux ; Meghan, désespérée.

L'incident les avait d'autant plus fragilisés que Meghan était enceinte. Leur maison de l'Oxfordshire avait beau être très protégée,

« le fait d'être en pleine campagne où vous ne savez pas qui rôde la nuit, ni qui pourrait s'infiltrer » avait suffi pour les convaincre de s'en aller. À l'origine ils devaient y rester jusqu'à la fin du bail de location et éventuellement acheter la maison. Finalement ils avaient préféré revenir à Nottingham Cottage, plus étroit et moins confortable, jusqu'à ce que Frogmore soit prêt. (Harry a fait un procès à Splah News, et le 16 mai 2019, il a obtenu des réparations financières importantes et des excuses de l'agence.)

Les Sussex ont également pris des mesures pour sécuriser leurs liaisons numériques après une fuite de données. Le 12 septembre 2018, un ingénieur informaticien établi en Russie avait réussi à pénétrer le compte d'un cloud sur lequel étaient stockées plus de deux cents photos inédites prises par Alexi Lubomirski.

Il y avait notamment des clichés plus personnels, pris pendant la séance photos des fiançailles, et d'autres, de leur mariage (dont certaines photos de la reine). Figuraient aussi des portraits moins flatteurs et des photos sur lesquels ils avaient les yeux à moitié fermés, et destinés au rebut. Le hackeur en avait transmis un paquet à Tumblr. Beaucoup de fans pensaient qu'il s'agissait de faux ou d'images photoshopées, mais, à Kensington, on était inquiet parce que c'était une brèche très préoccupante dans la sécurité. Harry et Meghan « paniquaient de voir à quel point il était facile de récupérer des fichiers privés, dira un proche. L'incident a été un coup de semonce pour eux ».

Malheureusement, à en croire une source royale, Frogmore Cottage posait « des problèmes de logistique » car Harry et Meghan « seront loin de leur bureau [de Buckingham]. Comme ils sont très attachés à leur travail, ça risque d'être difficile ».

C'est la raison pour laquelle ils comptaient avoir une base à Londres un peu plus tard. Ils avaient laissé tomber Nottingham Cottage, toujours inoccupé.

Ils ne seraient pas les premiers à avoir deux résidences. La reine avait offert Anmer Hall à William et Kate, sur le domaine de

Sandringham, dans le Norfolk, mais leur résidence principale était l'appartement 1A, dans Kensington Palace. Le prince Charles vivait entre Clarence House, la semaine, et Highgrove, dans le Gloucestershire, le week-end. La princesse Anne et le prince Andrew avaient chacun un appartement dans Buckingham Palace.

Pendant un moment Harry et sa femme ont vécu exclusivement à Frogmore. C'était à la fin de la grossesse de Meghan, au mois d'avril : elle n'est pas sortie une seule fois de chez elle. Elle avait besoin de se reposer après trois mois épuisants où elle avait accepté trois patronages royaux et enchaîné les sorties officielles, dont la première de *Totem*, un spectacle du Cirque du Soleil, au Royal Albert Hall de Londres, destiné à lever des fonds pour l'ONG Sentebale. Quelques jours plus tard, le 15 février, elle avait pris un avion British Airways pour s'offrir une petite escapade à New York.

C'était la première fois qu'elle y retournait depuis son mariage. Elle se réjouissait de passer cinq jours à faire du shopping et aller au restaurant avec ses amis les plus proches et les plus loyaux. Toute duchesse qu'elle était, elle était trop contente de pouvoir dormir les trois premières nuits chez Misha Nonoo, qui avait un duplex dans Greenwich Village, à deux pas du Waverly Inn, un restaurant ultra-couru. Misha était fiancée à Michel Hess, héritier d'un groupe pétrolier, qu'elle a épousé l'automne suivant.

Le premier jour, Meghan a retrouvé Jessica qui l'a invitée à prendre un thé avec des macarons chez Ladurée, dans Soho, où elles disposaient d'un espace privé. La future maman a aussi acheté de la layette chez Bonpoint, le chiquissime magasin parisien. Mais il a fallu qu'elle attende la nuit tombée pour se promener dans le West Village et avoir l'impression d'être celle qu'elle était avant. Vêtue de noir, les cheveux lâchés, personne ne la remarquait. Une fois, un passant a sorti son portable pour la photographier, mais il a tout de suite été intercepté par le garde du corps qui la suivait à quelques mètres. Ce n'était rien à côté des attroupements qu'elle provoquait au Royaume-Uni.

Sauf le quatrième jour, quand elle s'est installée au Mark Hotel, dans l'Upper East Side. Les paparazzi se sont précipités devant l'entrée quand ils ont su qu'une *baby shower* était organisée par Serena Williams et Genevieve, son amie de fac, pour la future maman.

Serena avait réservé le Grand Penthouse de l'hôtel et invité une vingtaine d'amies de Meghan plus ou moins anciennes pour une soirée que l'une d'elles qualifiera de « cool et sympa ». Meghan était enchantée de les voir toutes réunies. Organisée par Jennifer Zabinski pour JZ Events, laquelle avait aussi organisé le mariage de Serena Williams avec Alexis Ohanian, cofondateur d'une plateforme Internet, en 2017, la fête était dominée par les tons bleus, roses, jaunes et verts, pour ne rien trahir du sexe du bébé. En réalité, Meghan a profité de l'occasion pour confier à plusieurs personnes, dont Amal Clooney, qu'elle attendait un garçon.

Étaient notamment présentes Misha, Gayle King, Jessica, la coach sportive Taryn Toomey, Lindsay, Bonnie Hammer, directrice d'une chaîne câblée de NBC, Janina Gavankar, actrice et amie proche, et Abigail Spencer, qui jouait avec elle dans *Suits*. Toutes ont eu droit à un dîner préparé par Jean-Georges Vongerichten, chef étoilé au Michelin, tandis qu'Erin Hill jouait de la harpe. Il n'y avait pas que des femmes : Daniel Martin, son maquilleur, Serge Normant, son coiffeur, et Markus étaient aussi de la fête.

Les invités ont pu bénéficier d'un cours sur l'art des bouquets donné par Lewis Miller, connu pour ses *Flower Flashes*, des compositions florales qu'il installe au gré de son inspiration dans New York, y compris sur des poubelles, des statues, et autres mobiliers de la ville. Les fleurs de la soirée, elles, ont été offertes à Repeat Roses, une association qui crée des bouquets de fleurs récupérées pour des événements privés, mais aussi pour des hôpitaux, des maisons de retraite, des refuges de sans-abri et d'autres établissements de services à la personne.

Le clou de la soirée était le dessert, servi avec des ramequins dorés pleins de cristaux de sucre et de cookies en forme de cigognes. Le gâteau était un fondant blanc à deux étages, surmonté de figurines en papier qui représentaient Harry, Meghan et une poussette. Sans compter des pyramides de macarons, des tartes au citron vert et à la cerise, un gâteau de carotte, un gâteau rouge velours, des mini-barbes à papa, et une jatte de petits beignets sans gluten de toutes les couleurs.

Meghan est rentrée en Angleterre sur un petit nuage. Au moment où elle embarquait dans le jet des Clooney avec Amal, et Ella et Alexander, ses jumeaux, Daniel, son maquilleur, lui a envoyé un SMS pour lui dire que Beyoncé et Jay-Z lui avaient rendu hommage aux Brit Awards. Il avait joint la vidéo des Carter[1] devant un portrait officiel de Meghan en reine peint par Tim O'Brien. « Elle était gênée et m'a répondu par un émoji qui représentait un œil grand ouvert, perplexe », témoignera Daniel.

Pendant ce temps-là, en Angleterre, les courtisans ont failli s'évanouir quand ils ont vu que cette luxueuse fête prénatale devenait un cirque médiatique, avec ce qui ressemblait à une mise en scène savamment orchestrée de paparazzi qu'on aurait crus là pour accompagner la duchesse – lunettes noires de rigueur – de son hôtel à sa voiture. Sans compter la presse américaine qui ne s'est pas privée de publier les notes de frais de la *baby shower*.

« Il n'est pas faux de dire que le ton de cette fête légèrement tapageuse n'était pas tout à fait du goût de certaines personnes au palais », expliquait prudemment un conseiller. L'incident apportait de l'eau au moulin de ceux qui jugeaient Meghan trop « Hollywood », c'est-à-dire trop ostentatoire, surtout au regard de la

1. Carter est le nom de famille de Beyoncé et Jay-Z. (NdT)

réserve imposée par la monarchie. « Plusieurs personnes qui avaient pris sa défense ont été un peu déçues. Quand vous êtes dans sa position, cela dit, soit vous jouez le jeu et on vous maudit, soit vous ne le jouez pas, et on vous maudit autant. Au fond, c'était juste une petite soirée organisée par ses amies pour fêter un heureux événement. »

Heureusement pour elle, Meghan n'a pas eu le temps de gamberger sur les commentaires des uns et des autres. Quarante-huit heures après son retour à Londres, elle était de nouveau dans l'avion pour un voyage officiel au Maroc avec Harry. Elle était en pleine forme et ne trahissait pas le moindre signe de fatigue. À peine arrivés, les jeunes époux sont montés dans un hélicoptère pour aller dans l'Atlas et visiter un centre d'Education for All, une ONG qui veille à ce que les jeunes filles de milieux ruraux puissent aller au collège et au lycée. Meghan a mis un casque antibruit, pris la main de Harry et respiré un grand coup quand l'hélicoptère a décollé. « Elle a une énergie sans limite, témoignera Thomas Reilly, l'ambassadeur de Grande-Bretagne qui a escorté le duc et la duchesse pendant trois jours. Il faut imaginer une jeune femme qui saute dans un hélicoptère qui fuse à 1 400 mètres d'altitude, toujours souriante, prête à rendre service et faire avancer les dossiers. »

À Asni, une petite ville où se trouve un des pensionnats de l'ONG, elle a impressionné les journalistes par son aisance avec les jeunes filles à qui elle a posé des questions en français. « Aucune jeune Marocaine ne doit être oubliée, dit-elle. Il est essentiel que chacune puisse faire des études plus longues et plus avancées. »

Égalité des genres, éducation universelle, entreprenariat social, pouvoir des femmes : la visite a été l'occasion pour Meghan de plaider pour les thèmes qui lui sont chers. Harry, qui défend ses propres causes, n'a d'ailleurs pas hésité à lui donner la priorité au cours des neuf visites qu'ils ont enchaînées, se penchant régulièrement vers elle pour lui demander si elle se sentait bien.

Les jeunes époux ont même fait une petite apparition avec un chef marocain pour la promotion d'un livre de recettes intitulé *Together. Our Community Cookbook*, initié par des femmes qui avaient survécu à l'incendie de la tour Genfell en 2017. Préfacé par Meghan, l'ouvrage était au top des ventes d'Amazon quelques heures à peine après sa sortie, cinq mois plus tôt. C'était un des plus grands succès officiels de Meghan, alors que tout avait commencé par la visite privée d'une petite cuisine communautaire de West London qui aidait les familles victimes de l'incendie. Le feu avait fait soixante-douze victimes et privé des centaines de personnes de toit.

Au centre culturel musulman Al Manaar, Meghan n'a pas hésité à mettre un tablier pour aider un groupe de femmes, alors qu'il était simplement prévu qu'elle visite l'espace où elles préparaient des plats pour les familles du quartier. « Elle avait envie de mettre la main à la pâte, explique Zahira Ghaswala, responsable de la cuisine. La première fois qu'elle est venue, elle était à peine arrivée qu'elle a aidé les femmes à rincer le riz, faire des galettes et servir les plats. »

La deuxième fois, elle leur a proposé de lever des fonds pour la cuisine, qui, à l'époque, ne fonctionnait que deux fois par semaine. « On devrait faire un livre de recettes », a-t-elle proposé. Impressionnées par sa volonté, les femmes n'ont pas hésité à suivre. « On ne pensait pas que ça irait aussi vite ! » se rappelle Zahira. Meghan appelait toutes les femmes par leur prénom, à tel point qu'il lui arrivait de passer à l'improviste, toujours accueillie par de chaleureuses embrassades. « Elle fait partie de la famille, confirme Intlak Al Saliegh, qui pilote le projet. Les enfants l'adorent. Elle s'asseyait et les prenait sur ses genoux pour bavarder avec eux. »

Un sentiment de confiance partagé : « Je me suis tout de suite sentie connectée à cette cuisine communautaire. C'est un endroit où les femmes peuvent rire, pleurer, faire leur deuil et cuisiner ensemble, écrit-elle dans la préface du livre de recettes. Réunir différentes identités culturelles sous un même toit permet de créer un espace où l'on a un sentiment de normalité – au sens le plus simple, un sentiment fondé sur le besoin universel de lien et de partage à travers la nourriture, que ce soit en temps de crise ou dans la joie. C'est une idée qui parle à tout le monde. »

Le lancement du livre a eu lieu à Kensington, et Doria en a profité pour faire une apparition surprise avant de passer quelques jours avec sa fille et son gendre. « Bonjour, je suis la maman de Meghan, avait-elle dit aux femmes réunies pour l'occasion. J'ai beaucoup entendu parler de chacune de vous. Je suis contente de faire votre connaissance. »

Après l'avoir présentée à tout le monde, Meghan a improvisé un petit discours : « Je venais de m'installer à Londres, dit-elle, et j'ai tout de suite été conquise par ces femmes qui préparaient des plats pour le quartier. Leur chaleur, leur gentillesse, mais aussi le fait de découvrir que le multiculturalisme de Londres était là, résumé dans cette cuisine [...]. Je suis fière de vivre dans une ville si cosmopolite. À elles seules, ces femmes représentent douze pays ! C'est impressionnant. » Doria aussi était épatée. « C'est ça, le pouvoir des femmes, dit-elle. Nous, les femmes, nous faisons bouger les choses. Nous sommes curieuses. Nous n'hésitons pas, nous nous engageons. C'est une vraie source d'inspiration. »

Au moment où Harry et Meghan étaient au Maroc, le livre était sur la liste des best-sellers du *New York Times* : 71 000 exemplaires avaient été vendus en sept semaines. Sur place, ils ont rencontré le chef marocain Dar Moha avec qui ils ont cuisiné, puis ils ont fait des pancakes en suivant une recette du livre avec de jeunes handicapés employés par un restaurant de Rabat. « Les femmes seront enchantées, a commenté Meghan. C'est la preuve que leur message porte jusqu'au Maroc. »

Une fois rentrée à Londres, Meghan a commencé à ralentir le rythme. Il n'était plus question qu'elle prenne l'avion. Hélas, vu les critiques toujours aussi acerbes de la presse, son retour en Angleterre n'était pas une sinécure. Peu habituée à attirer autant d'attention, elle ne supportait plus les commentaires malveillants. Que ce soit ses vêtements de femme enceinte ou la façon dont elle portait son ventre arrondi, les tabloïds tiraient sur elle à boulets rouges. Quoi qu'elle fasse, les médias ne lui passaient rien. Ils continueront « jusqu'à ce que mort s'ensuive », a-t-elle confié à une amie.

Elle était mortifiée. Elle se sentait d'autant plus fragile et à fleur de peau qu'elle était en fin de grossesse. Harry faisait ce qu'il pouvait pour l'aider, mais il aurait aimé que ses proches interviennent. Aucun membre de la famille royale ne faisait le moindre geste.

Meghan avait deux sorties officielles prévues avant la naissance du bébé. Dont le 20 mars, où elle devait accompagner Harry qui planterait un arbre pour la Queen's Canopy Forest, un programme de conservation de la forêt. Au dernier moment elle s'est décommandée – elle préférait rester chez elle et se concentrer sur d'autres sujets.

Personne ne l'obligeait à travailler, mais, comme le dit l'une de ses amies qui l'appelle « Super Meg », « il en faut beaucoup pour l'empêcher de s'activer ». Sara Latham, leur chargée de communication, allait souvent à Frogmore Cottage, où ils avaient emménagé début avril, pour des réunions. La presse avait beau dire que les travaux avaient un mois de retard, ils s'étaient installés neuf jours à peine après la date prévue, ce qui est peu sachant que le chantier avait commencé début octobre 2018.

Heureusement, Meghan a reçu la visite de plusieurs amis proches, dont Daniel Martin, qui est arrivé le 6 avril et l'a trouvée « incroyablement calme, profitant des derniers jours avec son ventre épanoui ». Harry et lui étaient aux petits soins pour elle et lui préparaient ses repas. « Je n'ai senti aucune tension, ils avaient l'air ravis de leur nouvelle maison. »

Dix jours plus tard, Doria est arrivée, la naissance étant prévue pour le 28 avril. Dans l'avion, quelqu'un était venu la voir pour lui demander si elle était bien la mère de Meghan. « Oui, et je suis une maman très fière ! » avait répondu Doria. À peine avait-elle atterri qu'elle avait filé en voiture de Heathrow au cottage.

Entre sa mère et Harry, qui s'occupait de la cuisine, Meghan était dorlotée. Guacamole et crudités, c'était son régime de base. Non pas qu'elle crache sur les sucreries, mais sur le moment, ça ne lui disait rien.

Elle ne surveillait pas trop sa ligne, même si elle a avoué à une amie qu'elle ressemblait à un gros « ballon ». Elle n'arrivait plus à enfiler son alliance. Comme sa grossesse s'est prolongée jusqu'à début mai, elle a continué à faire des exercices de yoga pour femme enceinte tous les matins. Elle faisait aussi de longues promenades avec ses deux chiens, un rituel qu'elle avait adopté dès son installation à Frogmore.

Le couple a eu des visites jusqu'au dernier moment. Sara Latham a continué à venir jusqu'au 3 mai, trouvant Meghan « très posée et contente ». Le lendemain, Gayle King qui était venu à Windsor pour réaliser un documentaire à l'occasion de leur premier anniversaire de mariage, est passé les voir une heure. Il a été impressionné par le dynamisme de Meghan.

Le 6 mai, Meghan avait largement dépassé le terme de sa grossesse. « Ç'a été les huit jours les plus longs de sa vie ! s'exclamera une amie. Elle était pourtant d'un calme et d'une patience inouïs. Elle disait juste : “Le bébé arrivera quand il arrivera”, c'est tout. »

CHAPITRE 20

Bienvenue Archie

Le 5 mai tombait un dimanche. Il faisait nuit quand Harry sauta au volant de la Range Rover bleue dans laquelle Doria et Meghan l'attendaient sur la banquette arrière. Elles avaient un officier de protection à leurs côtés, et la voiture était suivie par une seconde Range Rover avec des gardes du corps. Le prince a pris la route de l'hôpital Portland, situé au centre de Londres, à 35 kilomètres de Frogmore Cottage.

À l'origine, Meghan voulait accoucher chez elle, mais elle avait finalement préféré aller à l'hôpital. Beaucoup de gens la disaient « dévastée » d'avoir dû renoncer à ce rêve. En réalité, à en croire une source, le jour où elle a eu ses premières contractions, cela faisait longtemps qu'elle s'était rendue à la raison. « On a beaucoup dit qu'elle voulait accoucher à domicile. C'est vrai qu'au début elle en parlait, mais ça faisait plusieurs mois qu'elle savait qu'elle irait à l'hôpital. »

« Elle voulait que le bébé naisse dans les meilleures conditions possible, ajoutait la source. Plus le terme approchait, plus elle était anxieuse, du coup elle était soulagée. »

Contrairement à ce qu'on a aussi écrit, Meghan n'a jamais voulu accoucher dans l'aile Lindo de l'hôpital St. Mary de Londres, là où Kate a eu ses trois enfants, où Diana a eu William et Harry, et la princesse Anne, Peter et Zara. Elle voulait un endroit moins connu.

Portland est une maternité américaine prisée par les célébrités et les expatriés américains de Londres. C'est là que sont nées Beatrice et Eugénie, par exemple. La qualité des soins y est excellente, et le bâtiment a une porte souterraine où entrent et sortent régulièrement des SUV aux vitres teintées. Harry et Meghan, que personne n'a vu arriver, ni quitter Portland, n'avaient mis aucun de leurs amis ni de leurs conseillers dans le secret.

Les seules personnes au courant étaient Doria et les médecins qui suivaient Meghan, dont Penelope Law, une des meilleures obstétriciennes de la maternité, qui par ailleurs est comtesse (épouse du septième Earl of Bradford), même si elle se fait appeler « Dr Penny ». En dépit de sa réputation de « médecin pour les riches » privilégiant les césariennes de confort, elle défendait l'accouchement naturel. Quant à Meghan, elle n'a pas eu de césarienne, même si le couple n'a jamais donné le moindre détail sur l'accouchement. Elle a simplement « suivi les conseils » des médecins qui passaient tous les jours à Frogmore Cottage la dernière semaine, dira une source. C'est ainsi que le lundi 6 mai, à 5 h 26, est né Archie Harrison Mountbatten-Windsor, qui occupe le septième rang dans l'ordre de la succession au trône britannique. Le bébé pesait 3,100 kilos.

« Archie est né très éveillé – les yeux grands ouverts, témoigne une amie. La première fois qu'elle l'a pris dans ses bras, Meghan a parlé d'"extase […] de bonheur absolu et de plénitude". » « Comme toutes les mamans, vous ne savez pas à quoi vous attendre tant que vous n'avez pas vécu l'expérience », ajoute une confidente.

Harry et Meghan avaient déjà choisi le prénom du bébé parce qu'ils savaient que c'était un garçon, mais, à en croire une source, ils avaient finalement opté pour Archie la dernière semaine. Ils voulaient que ce soit un prénom classique qui en impose assez pour ne pas avoir besoin de titre. Archie, qui veut dire la force et la bravoure, était idéal. « À un moment, ils ont pensé à Archibald, dit une amie en riant. Mais on l'aurait appelé toute sa vie par le diminutif Archie. » (Mountbatten-Windsor est le patronyme de tous les descendants de la reine et du prince Philip ; cela dit, les membres de la famille royale l'utilisent très rarement.)

Harry et Meghan – qui ont déclaré leur fils sous la double nationalité – ont renoncé à son titre pour en faire un simple citoyen jusqu'à ce qu'il ait l'âge de choisir. À en croire une source, ils ne voulaient pas que leurs enfants héritent automatiquement du titre de prince ou de princesse le jour où le prince de Galles deviendrait roi. Ils en avaient parlé à Charles qui leur avait promis qu'une fois sur le trône, il publierait une nouvelle lettre patente (un décret écrit, émis par un monarque régnant) qui reviendrait sur ce point. « Ne pas avoir de premier rôle dans la famille royale tout en ayant un titre, c'est un fardeau », a expliqué un conseiller.

Harry a tout de suite appelé et envoyé des SMS à ses amis (notamment Skippy dont il s'était rapproché) et à sa famille pour leur annoncer la naissance d'Archie. Il a d'abord téléphoné à la reine et au prince Philip, qui ont été les premiers à apprendre la naissance de leur huitième arrière-petit-enfant. Puis il a envoyé un texto avec une photo à son frère et à son père, avant de prévenir d'autres proches, dont la fille de la princesse Anne, Zara, et son mari, Mike Tindall, joueur de rugby légendaire, grâce au groupe WhatsApp réservé aux cousins de la famille royale. Il a aussi tenu à prévenir lui-même la famille de Diana : ses deux tantes, lady Sarah McCorquodale et lady Jane Fellowes, et son oncle, Charles Spencer. Il n'a pas non plus oublié Tiggy, qu'il voulait pour marraine de son fils ou sa fille depuis toujours, bien avant d'être père.

Doria a envoyé un message à Thomas, comme le lui avait demandé sa fille. Meghan ne voulait pas qu'il apprenne la nouvelle après les autres, cela dit, ça ne l'intéressait pas de savoir s'il avait répondu à sa mère.

Enfin, Harry devait annoncer la naissance aux conseillers de Kensington, dont Sara Latham, ce qu'il a fait à 9 h 30, au moment où ils repartaient pour Frogmore Cottage. C'était quelques heures à peine après la naissance, mais le Dr Penny avait donné son autorisation, et Meghan préférait être suivie par les médecins chez elle.

Elle qui était restée si peu de temps à la maternité, elle a envoyé des SMS à ses amies pendant que le bébé dormait pour leur dire qu'elle était grisée, mais fatiguée et un peu submergée. « Ç'a été un moment de folie », a-t-elle avoué à une copine.

Elle était émerveillée par le calme du nourrisson. « Il a à peine chouiné, dit-elle à une amie. C'est un ange. »

« Si mon fils arrivait à la cheville de tes enfants, je serais contente », déclara-t-elle à une autre super-copine.

Quant à l'annonce officielle, Harry tenait à s'en charger personnellement. « Il ne voulait pas que ce soit son bureau qui transmette l'info aux journaux. Il préférait être responsable de cet instant précieux, explique une source proche. Il tenait à ce que les gens l'apprennent directement de sa bouche, sans déclaration ni annonce officielles […] juste lui, spontanément, avec candeur. » C'est Sara qui a tout organisé.

Debout devant les écuries du château de Windsor, alors que deux chevaux pointaient la tête à la porte de leur box, Harry a donc simplement dit : « Je suis très heureux de vous annoncer que Meghan et moi avons eu un petit garçon ce matin, un petit garçon en pleine forme. La maman et le bébé vont très bien. C'est une expérience inimaginable. Comment les femmes arrivent à faire ce qu'elles font, ça dépasse l'entendement. Nous sommes tous les deux ravis et reconnaissants pour l'amour et le soutien de vous tous ici. C'était incroyable. »

Harry a avoué que c'était la « première naissance » à laquelle il assistait avant d'ajouter : « Ce petit bout de chou est à mourir. Je suis sur un nuage. »

Deux jours plus tard, Archie a fait ses débuts officiels au château de Windsor à l'occasion d'une conférence de presse limitée à deux photographes, un journaliste d'agence et trois caméras vidéo pour les organes de presse de la planète.

Les heureux parents sont entrés dans le St. Gorge's Hall où ils s'étaient mariés un an plus tôt tandis que les appareils crépitaient pour photographier le bébé royal, enveloppé dans un châle G. H. Hurt & Son, suivant la tradition familiale (le prince George, la princesse Charlotte et le prince Louis avaient aussi été présentés dans un châle en laine de cette marque).

Contrairement à leurs photos de fiançailles, là c'est Harry qui a eu un mot d'encouragement pour sa femme avant de se retirer. « Tu es magnifique », a-t-il déclaré. Meghan avait choisi une robe sans manches Wales Bonner, des escarpins à talons hauts Manolo Blahnik et un de ses colliers préférés, en or et turquoises, signé Jennifer Meyer. Elle portait également la bague de fiançailles qu'elle ne pouvait plus enfiler depuis plusieurs semaines. Elle venait d'ailleurs de reconnaître qu'elle était épuisée, mais ravie de partager son bonheur.

À l'origine, la petite famille devait poser sur les marches situées derrière le château de Windsor pour rappeler les photos de mariage prises avant la réception, mais comme il pleuvait légèrement, le palais a opté pour le « scénario temps humide ». Harry, Meghan et le bébé ont donc posé au St. George's Hall.

Sara Latham et Julie Burley, secrétaire adjointe à la communication, se sont précipitées pour retirer des poussières malvenues sur le superbe tapis rouge du hall avant de prévenir la petite équipe de photographes qu'ils avaient dix secondes pour prendre des photos, suivies par trois questions approuvées au préalable. Cela dit, le duc et la duchesse ont pris plaisir à rester un peu plus longtemps pour présenter leur fils.

« Je vis avec les deux hommes les plus merveilleux du monde, s'est emballée Meghan, c'est le bonheur. »

Puis à quelqu'un qui lui a demandé quel genre de bébé était Archie, elle a répondu : « Il a un caractère un or. Il est très calme. »

Les jeunes parents se sont volontiers prêtés au jeu des questions sur le bébé, en revanche, ils n'ont pas mentionné son prénom car ils ne l'avaient pas encore révélé publiquement. Ils tenaient à ce que la reine soit la première à l'apprendre et l'approuve. Non pas que ce soit une obligation, mais Harry a un profond respect pour sa grand-mère.

À peine la séance photos terminée, Meghan, Archie et lui ont disparu dans le château de Windsor pour retrouver la reine. Ils étaient tombés par hasard sur un prince Philip tout sourire juste avant les photos, mais là il s'agissait de présenter officiellement leur arrière-petit-fils à la reine et à son époux.

Grand-mère comblée, Doria était évidemment présente aux côtés de la reine Élisabeth II, et ce fut un moment unique, immortalisé par une photo qui a circulé sur les réseaux sociaux : on y voit cinq adultes entourant Archie, le premier descendant métisse de la reine. Le cliché, pris par le photographe personnel du couple, Chris Allerton, avait évidemment une valeur symbolique considérable pour la famille royale. C'était la première fois que les notions de race et d'inclusion s'affichaient au cœur de la monarchie, de façon aussi visible – et nécessaire. « J'étais assez fière », a reconnu Meghan auprès d'une amie.

Doria était venue de Los Angeles pour aider sa fille. « Elle veillait sur Meghan, qui veillait sur Archie », expliquait une amie, ajoutant que Doria participait aux tâches ménagères et à la cuisine afin que la maman puisse consacrer toute son énergie à son fils et l'allaiter.

Harry avait « super envie de participer, a précisé un ami du couple. Meghan adore qu'il soit si serviable. C'est souvent lui qui change les couches d'Archie – il aime bien s'en occuper parce que c'est son job, d'autant que Meghan a plus de trucs à faire ».

Harry est un père très présent, comme son frère, qui participe activement à l'éducation de ses trois enfants, n'hésitant pas à les déposer et aller les chercher à l'école, ni à suivre leurs devoirs. Kate et lui sont des parents modernes, qui se divisent équitablement les tâches. William prépare les repas au même titre que sa femme.

De ce point de vue-là, il poursuit une tradition lancée par leur mère, qui fut une des premières femmes de la famille royale à faire de la cuisine un lieu de vie pour les parents et les enfants. À l'époque, personne dans la famille royale ne mettait les pieds dans la cuisine. Or le jour où William et Kate avaient repris l'appartement 1A, ils avaient décidé d'en faire la pièce centrale, non seulement pour des raisons pratiques, mais aussi symboliques. William était comme sa mère, il voulait que ses enfants aient la vie la plus normale possible, même si son fils aîné était destiné à devenir roi.

De son côté, Harry apprenait tout juste à connaître le sien. Ni Meghan ni lui n'en revenaient de voir à quel point le nourrisson était silencieux. La maman a même confié à une amie qu'il dormait si profondément qu'à certains moments elle avait envie qu'il s'agite pour être sûre que tout allait bien. Le bébé avait évidemment sa chambre, mais il avait aussi un berceau dans celle de ses parents.

En attendant, les cadeaux arrivaient du monde entier et la maison de Frogmore, notamment la cuisine, débordait de bouquets de fleurs. Les Clooney, les Corden, Jacinda Ardern, tous avaient envoyé de superbes compositions florales. Oprah avait offert un cadeau qui lui ressemblait : une vaste bibliothèque de livres pour enfants dont chacun portait la mention « Le club de lecture d'Archie ».

Une des premières histoires qu'Archie a eue sur l'étagère de sa chambre était *L'Arbre généreux*, de Shel Silverstein. Meghan adorait ce livre parce que Doria le lui lisait quand elle était petite. Les Mulroney avaient envoyé un landau dernier cri qu'elle utilisait tous les jours pour promener le bébé dans le domaine de Frogmore, souvent avec ses deux chiens, Guy et Pula.

En dépit des précautions qu'ils avaient prises pour leur cybersécurité, Harry et Meghan ne pouvaient s'empêcher de poster des photos d'Archie, comme tous les parents d'aujourd'hui. Le jour de la fête des mères – que Meghan a inauguré en prenant son petit-déjeuner dans sa chambre avec sa mère et son fils –, Harry a partagé une photo des petons d'Archie dans la main de sa maman sur Instagram.

Les myosotis, les fleurs préférées de Diana, que l'on voit en arrière-plan, étaient évidemment un clin d'œil tendre à sa mère, « plus que jamais présente dans l'esprit de Harry » depuis qu'il était papa.

CHAPITRE 21

@SussexRoyal

Le jour de leur premier anniversaire de mariage, Harry et Meghan ont partagé un dernier déjeuner dominical avec Doria avant qu'elle s'en aille. Elle n'avait pas vu passer ces cinq semaines à Frogmore Cottage, mais elle devait rentrer travailler à Los Angeles.

Meghan lui était profondément reconnaissante d'avoir été là pour la fin de sa grossesse et les premières semaines d'Archie. Comme l'a dit une amie : « La maternité lui va comme un gant, mais la présence de Doria qui vérifiait que tout se passe bien a été d'un grand secours. C'est tellement nouveau pour elle. » Meghan tenait aussi à ce que sa mère assiste aux premiers jours du bébé pour pouvoir partager avec elle les futurs souvenirs de l'enfant.

Le 19 mai 2019, Harry avait une surprise pour celle qu'il avait épousée un an plus tôt : une bague de la joaillière des stars, Lorraine Schwartz, une des créatrices préférées de Meghan. C'était un anneau de diamants (dépourvu de « diamants du sang[1] »), qui était

1. Selon la définition retenue par l'ONU, les « diamants du sang » sont des diamants bruts utilisés par les mouvements rebelles pour financer leurs activités militaires et des conflits armés. (NdT)

un hommage à sa petite famille puisqu'il comprenait sur sa face cachée les pierres de naissance de chacun : un péridot pour Meghan, une émeraude pour Harry et un saphir pour Archie. « Harry voulait une bague sur mesure, dira la joaillière. C'est un homme adorable. Très romantique, très attentionné. » (À tel point qu'il a failli faire reprendre et ajuster la bague de fiançailles de Meghan en intégrant un nouvel anneau de diamants.)

Jamais le couple n'avait imaginé que l'année passerait aussi vite et serait aussi riche en événements. « Ils rêvaient de fêter leur premier anniversaire de mariage avec un enfant, même s'ils savaient que les choses ne se passent pas toujours comme on le veut, dira une source proche. Pour eux c'était une bénédiction. Meghan remerciait Dieu tous les jours de leur avoir donné Archie.

« Ils n'en revenaient pas d'avoir eu ce magnifique petit garçon du jour au lendemain. Ils ont vécu ce moment où ils se regardaient, genre, "Ça n'arrive pas qu'aux autres". Tout à coup ils formaient une famille de trois personnes. »

Les heureux parents ont reçu la visite d'amis du monde entier. Jessica et sa fille, Ivy, sont venues en Angleterre pour faire la connaissance d'Archie. Serena, Alexis et leur fille, Alexis Olympia, se sont invités un après-midi. Charlie van Straubenzee et sa femme, Daisy Jenks, sont également passés. Enfin, Ellen DeGeneres et sa conjointe Portia de Rossi se sont arrêtées un après-midi en août. « C'est un couple trop mignon et super terre à terre », a avoué Ellen plus tard.

La famille paternelle du bébé leur a également rendu visite. William et Kate sont allés les voir huit jours après la naissance, mais sans enfants. Les deux sœurs de Diana, lady Sarah et lady Jane, sont arrivées avec des cadeaux, de même qu'une cousine de Harry plus jeune que lui, Cecilia McCorquodale, et son mari, George Woodhouse. Enfin, le prince Charles, « enchanté », est allé les voir une fois seul et une fois avec Camilla.

Finalement, en dépit de son emploi du temps très chargé, le prince Charles a réussi à voir son petit-fils trois fois au cours des quatre premiers mois. Père et fils avaient beau être plus proches que jamais, ils n'avaient que rarement le temps de se voir très longuement. Le prince Charles avait tendance à privilégier les réunions familiales importantes. « Ce n'est pas le genre de famille où on passe faire un petit coucou ou on envoie un SMS, explique une source. Ils y mettent certaines formes. »

L'arrière-grand-mère que ses petits-enfants Sussex et Cambridge appellent « Gan-Gan » voyait beaucoup plus souvent le petit Archie. Comme elle passait du temps à Windsor (dont les appartements sont à un kilomètre cinq à pied de Frogmore Cottage), elle pouvait y aller plus facilement. Le bébé a aussi eu plusieurs visites d'Eugenie et Jack.

Harry et Meghan avaient décidé de ne pas avoir de nounou à plein temps, mais après le départ de Doria, ils ont embauché une infirmière de nuit pour avoir des horaires plus vivables et un peu d'aide. Malheureusement, ils ont dû la renvoyer dès la deuxième nuit parce qu'elle était peu professionnelle et trop irresponsable.

Une seconde nurse a suivi, beaucoup plus rassurante que la première, mais l'expérience les avait échaudés, et les jeunes parents ne pouvaient s'empêcher de se réveiller chaque nuit pour aller jeter un œil sur Archie. Quelques semaines plus tard, ils ont décidé de veiller eux-mêmes sur le nourrisson, mais ils ont embauché l'infirmière pour étoffer le personnel de Frogmore Cottage, qui ne comprenait qu'une assistante et une femme de chambre, dont ni l'une ni l'autre ne vivait sur place.

Ils s'étaient mis d'accord dès le début pour n'avoir personne résidant à domicile. Ce n'était pas l'option qu'avait choisie William (les Cambridge avaient une femme de chambre et une gouvernante à plein temps à domicile), mais Harry n'en voulait pas. Meghan et lui préféraient rester seuls tous les trois la nuit dans leur petit nid. Douillet et intime.

Le matin, en général, Harry se faisait lui-même son café. S'ils avaient des réunions avec leurs équipes autour de la grande table de cuisine, Meghan préparait souvent une grande théière et mettait du chocolat ou des energy balls sur une assiette pour grignoter.

Elle était officiellement en congé maternité jusqu'à la fin de l'été et faisait juste de brèves apparitions à quelques cérémonies choisies, évitant les grands événements familiaux. Sa première sortie officielle a eu lieu le 8 juin, le jour du Salut des couleurs, le défilé militaire célébrant l'anniversaire de la reine. Quant à Harry, il a renoncé à ses deux semaines de congé paternité et a réduit son emploi du temps à un ou deux engagements par semaine, soit parce qu'ils étaient prévus de longue date, soit parce qu'il s'agissait de causes auxquelles Meghan et lui étaient attachés et qu'il tenait à défendre publiquement. Il en fallait beaucoup pour éloigner les parents de leur fils. Harry a tout de suite compris que les enfants grandissent très vite, avouant ainsi à des amis, « Quand on l'a ramené à la maison, il était minuscule. C'est fou, il a déjà tellement grandi ! »

Le parrainage des enfants défavorisés a d'ailleurs pris davantage de place dans la vie du couple. Dès le 9 mai, Harry est allé aux Pays-Bas pour marquer le début du compte à rebours d'un an précédant les jeux Invictus de La Haye. Cinq jours plus tard, il était à Oxford pour visiter un hôpital pour enfants et un centre pour personnes handicapées de l'association OXSRAD que sa mère avait inauguré en 1989.

Le 24 mai, il fila deux jours à Rome pour participer à un tournoi de polo au profit de Sentebale. Depuis 2006, l'ONG propose des formations sur la santé et l'éducation et un accompagnement psychologique destinés aux enfants confrontés au sida et au VIH dans les pays du sud de l'Afrique. L'ONG possède des clubs, et organise des camps et des sessions pour plus de quatre mille six cents adolescents qui doivent vivre avec le virus. Au Lesotho, ce sont plus de deux mille enfants qui sont ainsi hébergés au Centre pour enfants baptisé « Mahomato ».

Les tournois de polo sont un moyen important de lever des fonds pour William et Harry, qui est un joueur assidu. Il s'était entraîné deux semaines avec son cheval dans le parc de Windsor avant d'aller à Rome. Il a bien fait puisque son équipe a gagné 9 à 6. Le match, et la réception qui a suivi à l'hôtel St. Regis, où il a dormi deux nuits, lui ont permis de lever presque 1 million d'euros.

Le soir même, au cours d'un dîner privé, Harry est revenu sur la mission de l'ONG Sentebale : « Les enfants sont accompagnés et on leur apprend que le VIH n'est plus forcément mortel, qu'ils ne sont pas seuls dans ce combat, qu'ils peuvent grandir et s'épanouir au lieu de survivre. Le but de ce centre est non seulement de leur donner l'assurance et la confiance dont ils ont besoin pour vivre avec le VIH, mais le courage de prendre la parole pour inciter les autres à éviter que le virus ne se propage. »

Interrogé avant le match de polo, l'ambassadeur officiel de Sentebale, Nacho Figueras, un ami et partenaire de polo de Harry, avait insisté sur son évolution depuis qu'il était père : « Il a vraiment l'air heureux. Il était prêt, je sens qu'il adore ça, dit-il. J'ai toujours pensé que ce serait un père formidable parce qu'il a un très bon contact avec les enfants. »

Pour la première fois depuis la naissance d'Archie, Harry, qui partageait les biberons de nuit avec Meghan, avait dormi une nuit complète, a raconté Nacho. Malheureusement, l'entretien a tourné court quand un journaliste lui a jeté : « Je connais peu de pères qui disparaissent à l'étranger deux semaines après la naissance. Qu'en pense la mère, à propos ? »

« Comment ce type ose dire qu'un père qui adore son fils et part vingt-quatre heures pour lever des fonds et aider des milliers de gamins africains démunis… comment il ose dire un truc pareil ? » s'est emporté Nacho sur CNN quelques jours plus tard. Il n'était pas le seul à s'indigner. À Kensington, les conseillers de Harry étaient furieux. Son engagement en faveur de la lutte contre le sida n'était pas seulement placé sous le signe du bien commun. C'était aussi une façon d'honorer la mémoire de sa mère.

« Pendant des années, ma mère et d'autres ont fait campagne pour alerter le public sur l'épidémie, et je crois que nous sommes arrivés à un point de bascule, a déclaré Harry. Soit nous allons au bout de ce qui a été initié et nous surmontons enfin le problème. Soit nous choisissons l'humiliation et la complaisance et nous laissons le virus revenir au moment où nous sommes sur le point de le vaincre. »

Harry y voyait une mission très personnelle – il poursuivait une œuvre que sa mère n'avait pas pu mener à bien. « Nous espérons que cette génération sera celle qui vaincra le stigmate de la maladie, a-t-il poursuivi, une génération qui osera enfin parler de rapports protégés, viendra en aide aux gens qui vivent avec le VIH et empêchera le virus de continuer à se diffuser. »

Pour en revenir aux griefs liés au déplacement de Harry à Rome après la naissance de son fils, ce n'était rien à côté des critiques qu'ont provoquées les voyages de la petite famille au cours de l'été. Tout a commencé parce que le prince, connu pour sa défense de l'environnement, a pris un jet privé pour rejoindre trois destinations différentes en un mois.

La première était un « Google Camp » de trois jours organisé dans une station balnéaire sicilienne la dernière semaine de juillet. Le camp réunissait des entrepreneurs, des mécènes et des personnalités de la trempe de Barack Obama et Leonardo DiCaprio, luttant contre le changement climatique. Le géant du Web invitait tout ce petit monde et payait les frais de déplacement. Harry avait prévu de faire l'aller-retour dans la journée sur un vol commercial mais, une fois sur place, il a accepté de rentrer vingt-quatre heures plus tard avec un jet privé et de rester pour présenter un projet de tourisme durable auquel il réfléchissait.

Puis le 4 août, le jour des 38 ans de Meghan, la petite famille s'est rendue à Ibiza et a logé dans une résidence surveillée de luxe. D'Ibiza, elle a pris le jet privé d'Elton John pour aller se reposer chez le chanteur à Nice.

Le voyage a provoqué des commentaires ravageurs sur l'hypocrisie du prince qui défendait la protection de l'environnement tout en prenant des jets énergivores. Sans compter que les parents avaient refusé d'aller rendre visite à la reine à Balmoral avec Archie sous prétexte que le bébé était trop petit pour voyager. La presse ne s'est pas privée de le rappeler et de parler d'offense à la reine.

Elton John est monté au créneau en expliquant que c'est lui qui avait payé pour le déplacement et la compensation des émissions carbone (une pratique qui permet aux entreprises et aux particuliers d'investir dans des projets tels que des panneaux solaires et des forêts durables, qui absorbent une quantité de dioxyde de carbone équivalente à celle d'un vol dans leur jet privé).

« Je demande à la presse de mettre fin à ces attaques fallacieuses et fabriquées de toutes pièces quasiment tous les jours », a tweeté le chanteur.

Voyant que la polémique était à son comble quelques jours avant de lancer Travalyst, son projet de tourisme durable, Harry s'en voulait de ne pas avoir écouté les conseils de Sara Latham. Elle lui avait dit qu'il risquait de déclencher une tempête médiatique s'il rentrait de Sicile en jet. Heureusement, le prince a eu l'honnêteté de reconnaître qu'il pouvait commettre des erreurs.

Buckingham Palace n'a pas dit un mot, un silence qui confortait Harry et Meghan dans l'idée qu'ils devaient évoluer. Le principal problème était l'impossibilité qu'ils avaient de parler en leur nom. Ils dépendaient de la machine pesante, très lente, de l'institution monarchique. Pour une femme américaine et indépendante comme Meghan, c'était un frein, d'où son excitation quand elle avait annoncé la création de leur compte Instagram @SussexRoyal au printemps.

« Le lancement de ce compte avait quelque chose de libérateur, expliquait un conseiller. Elle était frustrée de ne pas avoir de plateforme privée pour s'adresser directement au public, d'autant qu'elle avait bâti son image en s'appuyant sur Instagram et sur son blog. Avec @SussexRoyal, elle pouvait enfin produire du contenu. »

Harry et Meghan réfléchissaient à leur compte depuis qu'ils avaient annoncé l'ouverture d'un bureau indépendant au sein de Buckingham. Pour le palais, c'était une démarche logique. William, Kate et Harry avaient créé @KensingtonRoyal en 2015, et Meghan y postait régulièrement des informations depuis son mariage. Même la reine partageait la plateforme depuis qu'elle avait posté une photo extraite des archives royales du British Science Museum au mois de mars précédent.

Pour le duc et la duchesse de Sussex, c'était un moyen de toucher une nouvelle génération d'admirateurs de la famille royale.

« Les gens auront des nouvelles de nous directement », avait affirmé Meghan à une réunion avec ses équipes au cours de laquelle ils avaient choisi la couleur dominante de leur compte – un bleu profond, parfait pour leur image sur les réseaux sociaux. Non seulement elle sélectionnait elle-même les photos, toujours encadrées par un liseré blanc, mais au début elle rédigeait aussi les posts. C'est une des tâches qui l'avaient occupée à la fin de sa grossesse.

David Watkins, leur responsable des réseaux sociaux, assistait souvent aux sorties officielles du couple. On le voyait prendre des photos en exclusivité pour alimenter le compte auquel Meghan voulait donner un ton informel et accessible. David était un type astucieux qui venait de chez Burberry. Il lui avait été recommandé par Isabel May, l'ancienne directrice de la communication de Burberry, une de ses amies anglaises les plus proches, que Markus lui avait présentée en 2017. Isabel (ou Izzy pour les intimes) était une des marraines d'Archie et allait souvent à Frogmore Cottage. Au Royaume-Uni, c'était une des rares personnes à qui Meghan pouvait confier « n'importe quoi ».

Harry et Meghan ont travaillé avec un conseiller du palais pour sélectionner une série de photos inédites formant un diaporama qui commençait le jour de leur mariage et s'arrêtait une semaine avant son premier anniversaire. Ils ont adoré revenir sur ces instantanés capturés sur pellicule et redécouvrir les vidéos de leur mariage.

Très vite, leur compte Instagram est devenu le cœur de cible de leur stratégie sur les réseaux sociaux. Ils ont même battu le pape et pulvérisé le record Guiness de l'accumulation la plus rapide de followers, qui est monté à un million en vingt-quatre heures. Ils ont atteint les 2,1 millions vingt-quatre heures plus tard, et ont continué sur le même rythme que William et Kate dont l'adresse est toujours @KensingtonRoyal.

« Ça a pris un peu de temps, mais je commence à reconnaître la marque de Meghan sur plein de choses, dira une amie. Certains de ses posts me rappellent l'époque de *The Tig*, j'adore. Elle a une voix de plus en plus affirmée. »

Le compte de Harry et Meghan est à la fois un moyen d'écrire leur propre récit et de partager des moments privilégiés, comme le jour où ils ont fait la connaissance de Beyoncé et Jay-Z à la première européenne du *Roi Lion* à Londres, le 14 juillet 2019. Beyoncé a pris la main de Meghan en déclarant : « On vous adore », un geste qui montrait que celle-ci avait bien fait d'organiser cette sortie de trois heures en jonglant avec les biberons d'Archie.

La première a également démontré que ce qui se disait sur Harry et Meghan était complètement déformé. Cette fois-ci, il s'agissait d'une vidéo où l'on voit le prince qui discute avec Robert Iger sur le tapis rouge. On entend Harry dire en riant à l'ancien P-DG de Disney : « Tu sais, elle fait aussi des doublages… »

Le prince faisait référence à l'accord qu'avait donné Meghan pour prêter sa voix à un documentaire de Disneynature intitulé *Elephant*. En janvier 2020, quand la vidéo a été publiée, les tabloïds en ont profité pour dire qu'ils « se vendaient » à un producteur d'Hollywood. En réalité, Meghan avait signé ce projet d'enregistrement prévu pour l'automne 2019 en échange d'une donation de Disney à l'association Éléphants sans frontière.

Car Instagram est aussi un moyen de mettre en valeur les activités caritatives et les patronages des Sussex. Au Sommet national pour le mentorat des jeunes organisé par le prix Diana à Londres le 2 juillet, Harry a ainsi déclaré : « Être un modèle et un mentor permet de panser les blessures de son passé et contribue à créer un avenir meilleur pour autrui. Au niveau personnel, il s'agit de changer le cours d'une vie, d'être l'étoile du Nord d'un jeune qui a du mal à trouver sa voie. »

Harry et Meghan étaient contents de pouvoir jouer leur propre partition. « Ils préfèrent contrôler leur récit », a confirmé une source. D'où leur déception le jour où ils ont compris qu'ils n'auraient pas de cour indépendante à Windsor. Ils auraient leur maison, mais au sein de Buckingham.

Harry, qui avait sincèrement envie de changer le monde, était de plus en plus frustré de voir qu'ils avaient rarement la priorité par rapport aux initiatives des autres membres de la famille royale. Ils avaient beau respecter la hiérarchie de l'institution, comment défendre un projet dans de telles conditions ? Chaque fois ou presque, on leur répondait qu'une personne de plus haut rang – le prince William ou le prince Charles – avait une initiative ou une tournée qui devaient être annoncées au même moment. Ils n'avaient qu'à attendre.

Plus leur cote de popularité grimpait, moins ils comprenaient qu'il y ait si peu de gens pour veiller sur leurs intérêts à Buckingham. Ils représentaient pourtant un atout essentiel de la famille royale. La preuve : un article du *New York Times* comparait le succès des Sussex et des Cambridge de novembre 2017 à janvier 2020 et concluait ainsi : « Les recherches associées à Harry-et-Meghan mobilisent 83 % de la curiosité internet mondiale suscitée par les deux couples. »

Régulièrement, ils essayaient de faire part de leur frustration en interne, mais ces conversations ne menaient nulle part, quand elles ne se terminaient pas par des fuites dans la presse. À Buckingham, les personnes sur qui ils pouvaient compter étaient rares : il y avait Sara Latham, James Holt, conseiller en communication, Marnie Gaffey, secrétaire du service communication (à qui la reine a remis, au cours d'une cérémonie en juin 2019, l'Ordre royal de Victoria, une distinction accordée en échange d'un service personnel rendu au monarque ou à un membre de la famille royale) et leur conseillère principale et secrétaire personnelle, Samantha Cohen. Hormis ces quatre personnes de confiance, aucune oreille n'était sûre. Un ami du couple appelait la vieille garde du palais « le nœud de vipères ». Inversement, un employé frustré de Buckingham qualifiait l'équipe de Sussex de « cinquième roue grinçante » du palais.

C'est dans ce contexte tendu que Harry, Meghan et Archie, qui avait 5 mois, ont pris l'avion pour Le Cap à la fin du mois de septembre. Ils partaient pour une tournée royale de dix jours dans quatre pays du sud de l'Afrique.

À peine arrivés dans le township de Nyanga, au Cap, ils ont été reçus à bras ouverts par des artistes et des jeunes qui s'étaient réunis pour discuter, danser et échanger des embrassades avec eux. Enfin, ils étaient à mille lieues des médisances qu'on publiait sur eux depuis le mois de juillet.

Partout où ils allaient, ils descendaient de l'avion très simplement, sans qu'on leur déroule le tapis rouge réservé aux visites royales. C'était une tournée plus libre et plus spontanée. Harry et Meghan s'étaient mis d'accord pour qu'elle laisse sa bague de fiançailles au Royaume-Uni et porte des tenues sobres ou des vêtements qu'elle avait déjà revêtus pour des occasions officielles. Ils voulaient éviter d'impressionner les gens en affichant un train de vie royal, préférant établir un rapport plus proche et plus vrai.

« Je voudrais vous dire que si je suis ici avec mon mari en tant que membre de la famille royale, déclara Meghan en arrivant à Nyanga, de mon point de vue, je suis surtout ici en tant que mère, épouse, femme et femme de couleur, et sœur. »

La tournée était également l'occasion de présenter Archie au monde entier pour la première fois depuis son baptême, le 6 juillet, dans la chapelle privée de la reine à Windsor. La cérémonie avait réuni vingt-deux personnes, dont les Cambridge, Charles et Camilla, Doria, les deux sœurs de la princesse Diana, les parrains et marraines d'Archie, et quelques amis comme Genevieve et Lindsay. Le bébé portait la même robe de baptême que George, Charlotte et Louis : c'était une réplique de celle que la reine Victoria avait commandée pour la naissance de son premier enfant. La robe est en dentelle de coton Honiton, et elle a été portée par soixante-deux bébés royaux – dont cinq monarques – en cent soixante-trois ans !

Le baptême d'Archie avait été gardé secret, une stratégie qui contrariait certains médias habitués à avoir accès à l'arrivée des invités. Plusieurs jours de commentaires ont suivi. On disait que la cérémonie « rompait avec la tradition » et ne respectait pas l'accord tacite liant la monarchie et les contribuables qui participent à son financement. « Nous avons le droit, publiquement, de voir Archie », insistait un expert dans une émission télévisée. Meghan s'en fichait comme de l'an quarante. « Ils n'arrêtent pas de m'injurier et ils voudraient que je leur serve mon fils sur un plateau d'argent ? a-t-elle avoué à une amie. Un enfant qui n'a ni protection ni titre ? Ça n'a aucun sens. Allez dire ça à n'importe quelle mère… »

Voilà pourquoi le couple a écarté les trois cent quatre-vingts journalistes qui suivaient leur tournée africaine le jour où ils ont rendu visite à l'archevêque Desmond Tutu. À près de 5 mois, le petit Archie (que ses parents appellent « Bubba » ou « Arch ») a fait les délices du prélat anglican en gazouillant et riant à qui mieux mieux.

Mais c'était une visite privée, et les parents ont préféré prendre eux-mêmes une photo avant de la publier sur leur compte.

Pour protéger son bébé, Meghan n'a pas suivi Harry partout au cours de la tournée. Elle est restée en Afrique du Sud avec deux conseillers, et Harry s'est rendu seul au Malawi, en Angola et au Botswana. Il a profité de son passage en Angola pour insister sur le problème du déminage et poursuivre l'engagement initié par sa mère en 1997, le jour où elle avait traversé un terrain déminé par le Halo Trust pour rappeler les risques des EEI, les engins explosifs improvisés. Le travail de Diana avait donné lieu à la signature d'un traité international interdisant l'usage des EEI un an après sa mort, et Harry avait fait le vœu de reprendre la mission de sa mère en 2013.

Quant à Meghan, son emploi du temps dépendait des heures de sieste et de biberon du bébé. « C'est compliqué, mais je savoure chaque instant », a-t-elle dit à une amie.

Au début de l'été, le petit Archie avait pris des cours de bébés nageurs (ses parents avaient été impressionnés par des vidéos de YouTube qui montraient des bébés capables de retenir leur respiration sous l'eau) et il a continué à faire des progrès en Afrique du Sud. Au cours de leur séjour chez le haut-commissaire britannique au Cap, il a même réussi à imiter le cri de plusieurs animaux.

Enfin, après avoir parcouru huit mille kilomètres en cinq jours, Harry (qui n'avait jamais été séparé de son fils aussi longtemps) a enfin rejoint sa famille. Il avait accordé quelques vagues remarques aux caméras, mais il était évident qu'il maintenait la presse à distance. La couverture médiatique de sa tournée avait beau être positive, il souriait jaune. Il avait du mal à oublier qu'il était face à des représentants d'organes qui publiaient des propos négatifs, voire fallacieux, sur sa famille depuis deux ans et demi.

Sa tournée a duré dix jours en tout, dont neuf où il n'a pas lâché un mot. Jusqu'au 2 octobre, quand il a fait une déclaration explosive, à laquelle personne ou presque ne s'attendait.

CHAPITRE 22

Un pied dedans, un pied dehors

Le 2 octobre, à 7 h 13, deux jours avant la fin de la tournée triomphale du duc et de la duchesse de Sussex, un message posté par leur équipe de communication est paru sur le groupe WhatsApp #SussexRoyalAfrica. Le fil avait été créé pour que les conseillers puissent mettre à jour la logistique du voyage en Afrique, comme les horaires de car ou les trajets en avion des vingt-cinq journalistes accrédités.

« Bonsoir à tous, pour votre information », commençait le message qui contenait un lien vers un site Web, sussexofficial.uk – qu'aucun des journalistes, dont le rôle était de suivre la famille royale, n'avait jamais vu. Et pour cause, il venait d'être créé et contenait une lettre ouverte signée par Harry, ainsi qu'une plainte contre le *Mail on Sunday*.

« Malheureusement, ma femme est l'une des dernières cibles des tabloïds, qui mènent des campagnes contre des gens sans jamais penser aux conséquences – cette campagne ignoble n'a cessé de s'intensifier au cours des douze derniers mois, y compris pendant sa grossesse et quand elle s'occupait de notre fils nouveau-né, annonçait la lettre.

« Cette propagande incessante a un coût humain, surtout quand elle est sciemment fallacieuse et malveillante. Nous avons fait face courageusement – comme vous êtes nombreux à pouvoir en témoigner –, mais j'avoue que cela a été douloureux. À l'ère numérique, tout ce qu'invente la presse est repris comme si c'était vrai dans le monde entier. Fini le temps où la une d'un jour servait de cornet au *fish and chips* le lendemain.

« Nous n'avons pas réussi à corriger ces images sans cesse déformées – un travers dont certains organes de presse sont parfaitement conscients, ce qui ne les empêche pas de l'exploiter tous les jours, voire toutes les heures.

« C'est pourquoi nous avons décidé de lancer une action en justice, après y avoir réfléchi pendant des mois. »

La guerre était déclarée.

Meghan intentait un procès contre le *Mail on Sunday* pour utilisation abusive d'informations privées, violation du droit d'auteur et de la loi sur la protection des données au motif que le journal avait publié des extraits d'une lettre adressée à son père en août 2018.

Harry ne l'a pas annoncé en même temps, mais il a aussi poursuivi en justice *The Sun* et *The Mirror* pour piratage téléphonique suite à l'écoute présumée de ses messages téléphoniques entre 2001 et 2005. Jusqu'ici, la famille royale s'appuyait sur les avocats du cabinet Harbottle & Lewis, mais Harry et Meghan ont préféré agir en dehors de Buckingham qui leur avait conseillé de ne pas bouger. Ils ont fait appel au cabinet Clintons pour lui, et à Schillings, le cabinet anglais le plus réputé pour les procès en diffamation et la défense de personnages publics, pour elle.

Les avocats de la duchesse (dont David Sherborne, qui avait plaidé pour la princesse Diana) avaient préparé un dossier qui comprenait une longue liste d'articles « fallacieux » et « absurdes » révélant une accumulation de contre-vérités. Les articles étaient truffés d'inexactitudes sur les travaux de rénovation de Frogmore, évoquant notamment la construction d'un court de tennis et d'un studio de yoga, l'insonorisation complète de la maison pour 500 000 £, et l'installation d'une baignoire en cuivre pour 5 000 £. Dans le dossier adressé au tribunal, figurait même la réponse à un papier qui attaquait Meghan sous prétexte qu'elle aimait les avocats ! « Le lien établi entre, d'une part, le fait que la plaignante aime manger des avocats et a préparé un toast à l'avocat pour une amie venue lui rendre visite, et, d'autre part, un soupçon de violation des droits de l'homme, de meurtre et de destruction de l'environnement, est encore un exemple de reproche infondé et délibérément provocateur. »

Ce n'était pas la première fois qu'un membre de la famille royale lançait une action en justice. En 1849, le prince Albert avait fait reconnaître la notion de « relation de confiance » après avoir intenté un procès contre un imprimeur britannique qui avait reproduit illégalement des gravures signées par la reine Victoria, son épouse, et lui. En 1993, la princesse Diana avait créé un précédent en attaquant le *Sunday Mirror* qui avait publié des photos d'elle en justaucorps et legging dans une salle de gymnastique. Le journal avait dû débourser 1,7 million d'euros. Même la reine a eu recours à la justice puisqu'elle avait accusé *The Sun* d'avoir publié une copie clandestine de son discours de Noël en 1992.

Il n'empêche, les procès intentés par Harry et Meghan étaient loin de ce que Buckingham avait connu. Leur façon de s'y prendre était totalement inédite. En général, ce genre d'annonce est publié en accord avec Buckingham, puis hébergé sur royal.uk, le site officiel de la famille royale. C'est ce qu'a fait William en 2012 quand il a attaqué le magazine *Closer* qui avait publié des photos de Kate topless. Or la décision de Harry et Meghan n'avait pas été avalisée par la Firme, si bien qu'ils devaient eux-mêmes prendre les choses en main. Aucun des journalistes qui les suivaient en Afrique ne s'attendait à recevoir une *breaking news* de cette ampleur sous la forme d'un message WhatsApp.

Les médias comprenaient d'autant moins que la nouvelle arrivait au moment où tout le monde se félicitait de leur tournée. En réalité, il y avait une raison à cet étrange timing.

Le 1er octobre, la Haute Cour de justice de Londres devait opérer des changements de procédures : leurs dossiers allaient atterrir dans une division plutôt favorable à la presse. Plusieurs sources l'ont confirmé : les avocats du couple ont précipité les choses de façon que les procès aient lieu fin septembre et soient instruits par une division réellement attachée à la protection de la vie privée. « Ils étaient tous les deux très anxieux, dira une source. Il fallait qu'ils mettent toutes les chances de leur côté. »

Quelles que soient les raisons de ce timing, Harry était déterminé à ce que son annonce déstabilise de nombreux représentants de la presse, y compris ceux qui les avaient suivis en Afrique. Il en avait assez de jouer le « jeu » qui veut que les membres de la famille royale accordent des entretiens aux tabloïds en échange d'un minimum de respect de leur vie privée. Il ne supportait plus l'hypocrisie des médias qui chantaient les louanges de Meghan un jour et la dézinguaient le lendemain.

« La couverture positive de cette semaine africaine trahit un double régime de la part de ces publications. Car ce sont les mêmes qui diffament Meghan quasiment tous les jours depuis neuf mois, écrivait Harry. Pour ces médias, c'est un jeu, mais un jeu que nous refusons depuis le début. J'ai été le témoin silencieux de sa souffrance pendant trop longtemps. Se retirer et ne rien faire serait contraire à nos convictions. »

À en croire un ami, Harry voulait évidemment protéger sa femme et son fils, mais il avait aussi l'ambition de toucher les médias plus honnêtes et plus classiques. Les princes et les princesses n'étaient pas les seuls à être victimes de procédés malhonnêtes. En 2011, l'Angleterre avait été secouée par une affaire de piratage téléphonique révélant que des employés du tabloïd *News of the World* et d'autres journaux britanniques appartenant au magnat Rupert Murdoch écoutaient les boîtes vocales privées de personnalités, de familles de victimes de crimes et de responsables politiques. Ces pratiques journalistiques illégales avaient abouti à l'arrêt de la parution de *News of the World*, un journal fondé cent soixante-huit ans plus tôt, et à une des enquêtes et un des procès les plus chers de l'histoire de la justice britannique.

« Harry est convaincu que la presse de caniveau britannique est un poison de la société qu'il faut avoir le courage d'affronter », a expliqué le même ami.

Peu importe que Meghan puisse être appelée à la barre, elle était déterminée à assigner en justice le *Mail on Sunday*. Personne n'a donc été surpris quand Thomas Markle a annoncé dans le même journal qu'il était prêt à témoigner contre sa fille. Plus tard, les documents juridiques montreront que le journal avait prévu de s'appuyer sur les preuves de Thomas, qui estimait « avoir le droit d'exposer sa version de ce qui s'était passé entre sa fille et lui, y compris le contenu de la lettre ».

Meghan ne reconnaissait plus celui qui l'avait élevée. Et encore moins quand elle a su qu'il avait passé six jours avec les réalisateurs d'un documentaire de 90 minutes intitulé *Thomas Markle. My story*. « Vu ce que j'ai subi, y disait-il, je devrais être remercié. » Ni Harry ni Meghan n'ont regardé le film qui le présente comme s'il avait été lésé par les Sussex. « Il est victime de son comportement », a corrigé un ami du couple.

Avant d'annoncer leurs actions en justice, Harry et Meghan avaient essayé de modifier leurs rapports avec la presse. Ils étaient frustrés par la mainmise du *Royal Rota* (un système de rotation qui permet de désigner les journalistes britanniques présents aux engagements royaux et obligés de partager les informations obtenues) sur les reportages qui les concernaient. « Pour moi, ça n'a aucun sens », répondit Meghan à des conseillers seniors lui affirmant qu'il était exclu que la presse américaine ait les mêmes droits que les journaux britanniques dépendants du *Royal Rota.* Elle était persuadée que ce dispositif dissuadait les médias grand public et étrangers de s'intéresser à leurs activités caritatives. Enfin, l'accès exclusif du *Rota* signifiait que le couple devait partager des photos personnelles avec des journaux britanniques, dont quatre étaient des tabloïds, alors qu'ils auraient préféré en réserver l'exclusivité à leurs réseaux sociaux. Ils déploraient avoir si peu de contrôle sur leur contenu personnel.

« J'en ai marre de ces gens qui suivent les cérémonies officielles et balancent des horreurs sur ce qu'untel ou unetelle porte », s'est plaint Harry à un ami.

Le couple n'avait qu'une solution pour échapper à la règle : financer les événements qu'il organisait, plutôt que de compter sur le Sovereign Grant, la caisse alimentée par le gouvernement et les contribuables pour payer les frais de fonctionnement de la famille royale. « Tu parles, comme si l'argent n'était pas un problème », a fait remarquer Harry. Ils étaient dans l'impasse. Ni Meghan ni lui n'avaient le droit de gagner de l'argent et, en même temps, ils représentaient la famille royale à plein temps.

Ils n'étaient pas prêts à franchir le pas fatidique – quitter la monarchie. Ils ont préféré s'en tenir patiemment au pouvoir qu'on leur accordait, dont l'utilisation de leur compte Instagram, pour fournir du contenu aux médias (par exemple, les photos du bébé). De temps en temps, ils arrivaient à contourner le *Royal Rota* en distinguant engagements « privés » et engagements publics. Ainsi, quand Meghan a rendu visite à la Luminary Bakery de Londres, une boulangerie solidaire qui emploie des femmes défavorisées et leur propose des formations internet, elle a réservé la publication des photos à Instagram et à un seul journal. Les autres étaient furieux, mais pour Harry et elle, c'était une petite victoire sur « le Cartel », comme ils les appelaient pour plaisanter.

S'attaquer aux groupes de presse les plus puissants du monde n'était pas sans danger. « C'est suicidaire, commentait un conseiller supérieur de Buckingham à propos de cette guerre déclarée aux tabloïds. C'est simple, on ne s'attaque pas à la presse britannique. » Harry pensait que sa famille approuverait sa décision, hélas, il s'est heurté à un silence assourdissant. En privé, Charles respectait parfaitement le choix de son fils, mais le prince de Galles dépendait beaucoup de la presse, car le jour où il serait roi, il aurait besoin qu'elle le soutienne.

« Cette décision n'est peut-être pas la plus sûre, mais c'est la plus juste, a déclaré Harry le 2 octobre. J'ai tellement peur que l'histoire ne se répète. J'ai vu ce qui se passe quand un être cher est jeté en pâture au public et n'est plus considéré ni traité comme une personne. J'ai perdu ma mère et aujourd'hui je vois ma femme en proie aux mêmes forces toutes-puissantes. »

Le 15 octobre, l'émotion de Harry était encore plus sensible quand il a pris la parole devant l'assistance des WellChild Awards, une cérémonie organisée par l'association WellChild qui soutient les enfants et les jeunes atteints de maladies graves. « L'année dernière, quand nous étions ici, nous savions que nous attendions notre premier enfant – mais personne n'était au courant, dit-il. Je me souviens que je serrais la main de Meghan de toutes mes forces pendant la cérémonie. Nous pensions tous les deux au jour où nous serions parents, et à tout ce que nous ferions pour protéger et pour aider notre enfant s'il naissait avec un handicap ou s'il tombait malade. »

Bouleversé, Harry a incliné la tête quelques secondes pour se reprendre.

« Aujourd'hui que nous sommes parents, a-t-il poursuivi au milieu des applaudissements du public, ici même, en m'adressant à vous, je sens que je suis touché au plus profond, ce que je n'aurais jamais ressenti si je n'avais pas été père. »

Harry rêvait d'un monde meilleur pour tous les enfants du monde, dont le sien. Il voulait qu'Archie grandisse loin de l'adversité contre laquelle il avait dû se battre.

En attendant, la déclaration du 2 octobre et les procès qui ont suivi n'étaient que le début de la campagne menée par le couple. Le 20 octobre, le monde entier est tombé des nues en découvrant un documentaire sur la tournée africaine des Sussex dans lequel Harry et Meghan lâchaient plusieurs bombes.

« On ne doit pas se contenter de survivre, non ? Ce n'est pas le but de la vie. On doit s'épanouir, être heureux. Honnêtement j'ai fait des efforts pour comprendre cette sensibilité un peu collet monté britannique, mais j'estime qu'elle a des effets très nuisibles, avouait Meghan dans *An African Journey*. Je n'ai jamais pensé que ce serait facile, mais je pensais que ce serait juste. »

Tom Bradby, le journaliste (et ami) d'ITV qui les interrogeait, a demandé à Meghan comment elle supportait la pression. « Je vous remercie de me poser la question, a-t-elle répondu, parce que je n'en connais pas beaucoup qui se demandent si je vais bien. »

Les conseillers du palais l'ont interprété comme un coup de griffe à la famille royale à qui elle reprochait son manque de solidarité alors qu'elle venait d'arriver dans la Firme.

« Il serait donc honnête de répondre, pas très bien ? a rebondi le journaliste. Pour vous, c'est un combat quotidien, non ? »

« Oui », a-t-elle répondu.

Plus loin dans le documentaire, Harry reconnaissait pour la première fois qu'il y avait des tensions entre son frère et lui. « Cela fait partie du rôle, du job de cette famille, d'être sous pression, ça laisse forcément des traces, dit-il. En même temps, nous sommes frères et nous le resterons. Il est évident que nous avons pris des chemins différents, mais je serai toujours à ses côtés, de même que lui, je le sais, sera toujours là pour moi. Nous nous voyons moins qu'avant parce que nous sommes très pris, mais je l'aime profondément et la plupart des histoires qu'il y aurait entre nous sont montées en épingle. Comme tous les frères, il y a des jours avec et des jours sans. »

Le lendemain de la diffusion du documentaire, la réaction du prince William a été révélée par un courtisan de Buckingham : plusieurs médias, dont la BBC et *The Sun*, citaient un conseiller affirmant que William était « inquiet » pour son frère et avait l'impression que sa femme et lui étaient « fragiles ».

Une source proche de Harry ajoutera plus tard : « Ils voulaient justement s'éloigner de ces manigances. Plutôt que de les contacter, un proche de William a raconté à la presse qu'il s'inquiétait pour la santé mentale de Harry. William trouvait lamentable de s'abaisser à s'exprimer comme ça, publiquement. » Un ami du prince nuancera : « Harry trouvait que William et son entourage accordaient trop d'importance à la presse. »

Harry était à la fois sensible et déterminé à protéger sa femme et son fils. Il était épuisé par les contraintes liées au rang de sa famille, qui, d'après une source, « ne peut pas fonctionner comme une vraie famille ». Certes, toute dynamique familiale a un côté politique, mais de ce point de vue-là, William, Harry et la famille royale exerçaient dans une tout autre catégorie.

« Quels que soient la conversation, le sujet, les désaccords entre deux personnes, il ne faut pas oublier que derrière il y a des équipes, explique la même source à propos des conseillers qui ne cessent de s'envoyer des messages entre maisons. Ça crée un environnement très étrange, qui fait que personne ne peut démêler les histoires tout seul. »

Tout le monde savait que le couple était à bout, peu importe qu'il soit responsable ou victime d'une machine impitoyable. « Ils étaient sous pression, confirmait une autre source. Ils avaient l'impression d'être abandonnés. »

Leur seule échappatoire était le petit Archie. Le bébé avait grandi « à la vitesse de la lumière » pendant sa tournée africaine ; il avait déjà deux dents et rampait. Il adorait qu'on lui lise des histoires et avait un faible pour *Is your Mama a llama* ?, un livre de devinettes rimées de Deborah Guarino. Comme tous les jeunes parents, Meghan se faisait une joie de suivre ses premiers pas. Un jour, en octobre, elle l'a même accompagné à un cours d'initiation à la musique à Windsor (avec des officiers de protection à l'extérieur). Les autres ont cru halluciner en voyant la duchesse de Sussex arriver et le petit Archie se précipiter sur un tambourin – il a « adoré », dira la maman.

C'est aussi pour leur fils que les parents voulaient infléchir ce qu'ils appelaient les « forces négatives » de leurs vies. Plus l'automne avançait, plus les tensions avec certains services du palais augmentaient, jusqu'au jour où ils ont décidé d'aller prendre l'air à l'étranger. Noël n'était pas loin, et l'idée de le passer à Sandringham avec la famille royale ne s'annonçait pas de tout repos.

Ils ont préféré s'installer au Canada mi-novembre et y rester jusqu'à la fin décembre. Ils avaient pensé aller aux États-Unis, mais il valait mieux choisir un pays du Commonwealth. Ils n'étaient pas les premiers de la famille à éviter le Noël traditionnel à Sandringham. En 2012 et 2016, les Cambridge avaient fêté Noël avec la famille Middleton dans leur maison du Berkshire. En 2017, Zara, une des petites-filles de la reine, et Mike Tindall avaient passé leurs vacances dans sa famille à lui en Australie. Peu importe, la presse les a littéralement assassinés.

Houspillés par les tabloïds et blessés par le manque de solidarité de la famille royale, ils sont donc allés se changer les idées dans une propriété (estimée à 16 millions d'euros) sur l'île de Vancouver que leur ami Ben Mulroney leur a dégottée grâce au producteur de musique David Foster. Ce dernier était un ami proche du riche investisseur qui avait accepté de la louer à un prix très inférieur à celui du marché.

Le domaine de Mille Fleurs est situé à North Saanich, près de Victoria, en Colombie Britannique, et comprend deux plages privées qui s'étendent sur 1,6 hectare. L'endroit était donc idéal pour que le couple, encore sous le choc, se repose. Doria a eu le plaisir d'y passer le week-end de Thanksgiving avec eux. (Contrairement à ce qu'a raconté la presse, elle n'avait pas abandonné son travail, elle avait juste pris quelques jours de congé.)

En décembre, Harry et Meghan ont surtout goûté à la tranquillité de la vie de famille, seuls, tous les trois. Ils partaient pour de longues promenades avec leurs deux chiens. Ils cuisinaient et profitaient du four à pizza, même s'ils avaient une nounou et une femme de chambre. Ils sont allés dîner deux fois avec des amis au restaurant Deep Cove Chalet. Mais là où la plupart des richissimes résidents de la région se font déposer en hélicoptère, ils sont arrivés à pied dans le fameux cinq étoiles. À part ces quelques escapades, ils quittaient rarement le domaine de Mille Fleurs.

Loin des conseillers et des obligations royales, ils pouvaient enfin réfléchir à tête reposée. Ils pensaient à tout ce qui s'était passé depuis leur mariage et tâchaient de savoir s'ils pouvaient rectifier le tir, et comment, de façon à connaître des jours meilleurs – qu'ils n'envisageaient pas sans un engagement humanitaire encore plus important.

« Je n'ai pas besoin de cette hystérie où tu sors d'une voiture tu agites la main devant des centaines de photographes avant de disparaître dans un immeuble », avouera Harry à un ami à propos des obligations liées à son rôle. L'essentiel, c'est ce qui se passe à l'intérieur. Il vaut mieux se concentrer sur ce qui compte. »

Avant de partir, Harry avait eu plusieurs échanges avec sa grand-mère, son père et plusieurs conseillers à qui il avait reconnu avoir besoin de plus de liberté au sein de la structure de Buckingham pour sa femme et lui. Il avait à la fois l'impression d'être exploité à cause de leur popularité, harcelé par la presse qui en rajoutait face au public fasciné par ce couple royal insolite, et dénigré par le palais sous prétexte qu'il était trop franc et trop sensible. Ni Meghan ni lui ne voulaient se retirer de la monarchie, ils avaient juste besoin d'y trouver leur place.

Ils espéraient mettre à profit leur éloignement pour apporter les dernières touches à la Fondation Sussex Royal qui abriterait leurs activités caritatives, comme la Royal Foundation. Le lancement, prévu en 2020, comprenait la création du site SussexRoyal.com, pour laquelle ils avaient embauché une équipe indépendante de Buckingham, afin de garder le secret. Meghan travaillait à la fois avec Made by Article, une entreprise située à Toronto, qui avait fait le succès de son blog *The Tig*, fermé depuis, et avec une petite équipe de Sunshine Sachs qui s'occupait de ses relations publiques avant qu'elle devienne princesse.

Au Canada, Harry et Meghan ont pris le temps de recevoir quelques amis, dont l'actrice Janina Gavankar, une vieille copine de Meghan qui a pris une photo d'Archie qu'ils ont reproduite sur leur carte de vœux « Sussex Christmas ». Isabel May a aussi passé quelques jours avec eux, notamment pour parler de l'avenir de Harry et Meghan qui faisaient parfaitement confiance à cette experte en relations publiques.

Plus les semaines passaient, plus il leur semblait impossible de revenir en arrière. La décision avait beau être douloureuse, ils en arrivaient inévitablement à la conclusion suivante : ils devaient se retirer de leur rôle de membres actifs de la famille royale – et se passer du Sovereign Grant.

La perspective de gagner leur vie pour financer leurs activités caritatives était à la fois risquée et galvanisante. Harry et Meghan étaient habitués à voir les choses en grand. Harry avait mis sur pied les premiers jeux Invictus en moins d'un an, et les entreprises de Meghan avaient toutes battu des records. Ils étaient décidés à aller plus loin et à leur rythme. Abandonner le cadre professionnel auquel ils étaient soumis leur permettrait de vivre à temps partiel en Amérique du Nord, loin du fléau des tabloïds, mais au sein de l'institution. Le défi en valait la peine.

Ce faisant, ils tenaient à remplir leurs devoirs vis-à-vis de la reine. Ils ne voulaient surtout pas y mettre fin – d'une part, parce que Harry aimait et respectait sa grand-mère, de l'autre, parce que Meghan estimait avoir fait beaucoup de concessions pour se mettre au service de la monarchie. Elle n'était pas du genre à renoncer après avoir signé. À 93 ans, la reine avait besoin du soutien de la jeune famille royale pour asseoir son héritage. Harry et Meghan avaient à cœur de représenter cet héritage et de mener à bien des projets au nom de la monarchie, au Royaume-Uni et dans le Commonwealth. Ils pensaient au cas du prince Michael de Kent. Il représentait souvent la reine à l'étranger et avait assisté à des milliers d'engagements royaux au cours de la décennie précédente. Il ne percevait aucune indemnité de la part du Parlement mais il était rémunéré en tant que président de son cabinet de consultant – on pouvait donc associer travail privé et devoirs.

Ils savaient qu'il y aurait des obstacles, dont celui lié à la sécurité des « personnes jouissant d'une protection internationale » assurée par la Metropolitan Police. Cela dit, ils étaient assez sûrs d'eux pour que, un peu avant Noël, Harry envoie un mail à sa grand-mère et à son père pour leur annoncer qu'ils avaient décidé de travailler autrement – de prendre du recul et de passer plus de temps à l'étranger. Il n'était guère plus précis parce qu'il avait peur d'une nouvelle fuite. Le reste, ajoutait-il, ils en discuteraient de vive voix.

Les deux familles étant prévenues, le secrétariat privé de Charles a été chargé d'organiser une réunion avec la reine dès le retour des Sussex, le 6 janvier. Leur passage à Londres serait bref, mais Harry tenait à ce que les jalons de leur nouvelle vie soient posés avant qu'ils retournent au Canada à la fin de la même semaine.

Il n'avait pas tort de se méfier des fuites. Très vite des détails de son mail ont fini entre les mains d'un journaliste de tabloïd qui enquêtait sur leur projet. Tant pis, c'était le cadet de ses soucis. Malheureusement, en dépit d'échanges avec le secrétariat de son père, il n'arrivait pas à obtenir de rendez-vous avec la reine. La monarque, lui répondait-on, n'était pas disponible avant le 29 janvier. « Il avait l'impression d'être coincé », dira une source proche.

Leur avion Air Canada avait à peine effleuré la piste d'Heathrow à l'aube que Harry et Meghan, sans rendez-vous avec la reine, avaient failli aller directement chez elle en voiture. Ne voulant pas accumuler les problèmes (arriver sans être annoncé en aurait chiffonné plus d'un), ils ont préféré réunir les équipes à Frogmore Cottage. C'est ainsi qu'avec leur conseillère Sara et leur secrétaire personnelle, Fiona Mcilwham, assises en face d'eux, ils ont dévoilé les détails de leur projet devant leurs équipes. Ont-ils agi trop vite ? En tout cas ils étaient plus décidés que jamais. « Ils estimaient avoir abordé le sujet suffisamment souvent devant des membres de la famille royale au cours de l'année. Ils en avaient assez de ne pas être pris au sérieux, dira une source proche. Chacun avait eu l'occasion de leur tendre la main, mais personne n'avait bougé le petit doigt. »

Il est rare que les informations confidentielles ne circulent pas entre les maisons royales, si bien que les grands projets des Sussex annoncés dans le premier mail de Harry étaient au cœur de toutes les conversations des conseillers et de la famille royale. Comme il avait peur de ne plus maîtriser la situation, Harry a contacté sa grand-mère pour lui expliquer son point de vue, et elle a accepté qu'ils signent une déclaration commune. Le couple hésitait à impliquer les autres maisons parce qu'il n'y avait pas que des amis, mais il a bien voulu que les conseillers se réunissent pour accorder leurs violons.

Le lendemain, Harry et Meghan sont allés à une réception organisée par Janice Charrette, haut-commissaire du Canada au Royaume-Uni, bavardant tout sourire avec des dignitaires et goûtant des barres Nanaïmo. Mais au moment où ils la remerciaient, elle et son équipe, pour l'accueil chaleureux dont ils avaient bénéficié au Canada, ils se demandaient comment la situation allait tourner. Ils avaient vu un brouillon de la déclaration que Buckingham comptait publier après la leur. L'« absence de chaleur » de la réponse en cours de rédaction montrait que tout le monde n'était pas favorable à leur décision.

Ils n'ont pas eu beaucoup de temps pour réfléchir. À peine avaient-ils quitté la Maison du Canada que le site du *Sun* a publié un article sur leur projet de rester au Canada. Le papier n'était pas très détaillé, mais c'était évident : le tabloïd avait été briefé par un rond-de-cuir de Buckingham. L'accusation a été balayée par une source royale, accusant le couple lui-même de cette fuite, et affirmant qu'ils « étaient frustrés par les discussions qui n'en finissaient pas à Buckingham [...]. Ils voulaient précipiter la décision et crever l'abcès ». Ce que le couple a toujours nié.

Trop tard, la nouvelle s'était répandue et les groupes de presse de toute la planète ont contacté le palais pour avoir des précisions. Il fallait publier une déclaration au plus vite. Le 8 janvier, le couple a donc fait part de sa décision au monde entier dans un communiqué publié sur son compte Instagram.

« Après de nombreux mois de réflexion et de discussions internes, nous avons décidé d'opérer une transition dès cette année et de bâtir un rôle à notre mesure au sein de l'institution. Nous pensons renoncer à notre statut de membres seniors de la famille royale et travailler pour être indépendants financièrement, tout en soutenant sans réserve Sa Majesté la Reine, lisait-on. Grâce à vos encouragements, surtout depuis quelques années, nous sommes prêts à nous adapter à ce changement. Désormais nous partagerons notre temps entre le Royaume-Uni et l'Amérique du Nord tout en continuant à honorer la reine, le Commonwealth et nos œuvres de charité. »

Cette déclaration accompagnait le lancement de leur site SussexRoyal.com, qui n'était plus seulement la page de renvoi de leur fondation, mais une feuille de route détaillée du « nouveau modèle de travail » qu'ils espéraient mettre en place. Le site confirmait leur volonté d'être indépendants financièrement, ce qui signifiait non seulement avoir plus de liberté de travail, mais couper l'herbe sous le pied des tabloïds qui estimaient avoir un droit sur leur vie. Bénéficier d'argent public signifie que vous êtes une propriété publique.

Irrités, les fonctionnaires de Buckingham ont publié un communiqué laconique un quart d'heure après celui des Sussex : « Les discussions avec le duc et la duchesse de Sussex en sont à leurs débuts. Nous comprenons leur volonté d'emprunter un chemin différent, mais ce sont des questions compliquées qui sont longues à régler. »

Les conseillers, notamment le secrétaire personnel de la reine, Edward Young, étaient furieux. « Les secrétariats privés n'apprécient guère ce genre de comportement, confirmait un courtisan. C'est extrêmement malsain et déplaisant. »

Mais il y avait pire : la réaction de la famille à propos du site qu'ils venaient de lancer. « Le côté surprise, le fait accompli imposé à la reine, pour les personnalités qui veillent scrupuleusement sur le protocole, c'était très perturbant, a expliqué un membre haut placé de la maison. Plusieurs personnes de la famille disaient que la reine et le prince Philip étaient "dévastés".

« La famille est très réservée. [Meghan et Harry] ont tout livré au public alors qu'on leur avait demandé de s'abstenir, ce qui a heurté la reine. Cela revenait à expliciter ce qu'ils voulaient dans un communiqué sans avoir consulté la reine – or elle est à la tête de l'institution. »

Le palais se démenait pour savoir si tous leurs desiderata pouvaient être satisfaits du point de vue logistique, y compris leur « future autonomie financière permettant de travailler en externe ». C'était beaucoup plus que l'idée de passer plus de temps à l'étranger et cela entraînait des questions de sécurité, d'argent, d'impôts et de visas. Du point de vue juridique, par exemple, pouvaient-ils lancer des entreprises commerciales en continuant à représenter la reine ? « Un véritable sac de nœuds », a lâché un conseiller, exaspéré.

Une source proche du couple reconnaissait que Meghan et Harry étaient parfois « impulsifs et impatients », même s'ils avaient longuement réfléchi à cette transition.

« Ils foncent, poursuivait la source. Les réactions du moment n'ont rien à voir avec celles qu'on a un mois ou quelques semaines plus tard. »

La reine ne s'est pas laissé démonter. Elle regrettait de ne plus pouvoir compter les Sussex parmi les membres actifs de la famille royale, mais elle comprenait qu'ils aient besoin de se séparer de l'institution. Personne ne devait être contraint à agir contre son gré. En revanche, si Harry pense obtenir tout ce qu'ils demandent publiquement, « il se trompe gravement », dira un courtisan haut placé. « La reine était consciente des difficultés auxquelles ils se heurtaient, mais les règles étaient les mêmes pour tout le monde. » Buckingham a donc publié une nouvelle déclaration pour dire qu'une réponse aux requêtes de Harry et Meghan serait apportée « dans les jours suivants, et sans attendre plusieurs semaines ».

Après trois jours d'échanges entre les maisons royales et des représentants du gouvernement, y compris celui du Canada, la reine a convoqué Harry à Sandringham pour qu'il s'entretienne avec Charles, William et elle-même.

Le « sommet de Sandringham », comme l'appelait la presse, était prévu pour que tous les quatre scellent l'avenir de la famille Sussex une bonne fois pour toutes.

CHAPITRE 23

Réunion au sommet

La Range Rover a pris l'allée qui conduit à Sandringham House, mais Harry n'en menait pas large. La propriété où la reine séjournait et où il avait tant de souvenirs de Noël, devenait soudain le cadre de la réunion la plus importante de sa vie.

Et la plus douloureuse. Lui qui voulait juste que sa femme et lui puissent vivre à leur manière, il se retrouvait à couteaux tirés avec sa famille. S'opposer au protocole ancestral de la monarchie était un pari risqué. De son point de vue, c'était pourtant la seule façon de « bien faire les choses pour sa petite famille, dira une source proche du couple. Il est écartelé. Il aime profondément la reine, mais sa femme est blessée et il est fou de son fils. Archie est tout pour lui. C'est un père extraordinaire. »

C'était le 13 janvier, Meghan était rentrée au Canada où elle avait laissé Archie avec Jessica et sa nounou. De son côté, Harry arrivait avec sa secrétaire personnelle, Fiona, et Samantha Cohen, qu'il appelait « Sam ». Celle-ci avait quitté Buckingham en octobre après vingt ans de bons et loyaux services pour devenir directrice générale du Commonwealth Enterprise & Investment Council et coprésidente du conseil d'administration de Cool Earth. Mais son avis était toujours apprécié par l'institution – elle avait été l'une des conseillères les plus proches de la reine et avait dirigé le bureau des Sussex. C'était une des rares personnes à connaître toutes les parties présentes à la réunion et Harry faisait confiance à son bon sens.

Fiona, Samantha et lui avaient passé la matinée à revoir tous les points qu'il voulait aborder, même si Harry aurait préféré s'entretenir seul avec les siens. Il l'avait fait savoir. Son but était d'éliminer les risques de fuite en éloignant ceux qui n'étaient pas directement concernés une fois les préliminaires évacués. Pour la Firme, c'était une réunion professionnelle, mais pour lui, c'était une réunion privée dont il voulait préserver l'intimité.

Intimité ou pas, il avait face à lui la reine, Charles et William pour la première fois depuis que Meghan et lui avaient annoncé leur projet au monde entier. (On comptait sur la participation active du prince Philip, mais il avait été appelé par les responsables de la ferme qu'il possède à Sandringham juste avant que la discussion s'engage.)

Après le lancement de SussexRoyal.com, les conseillers de Buckingham avaient fini par surmonter leur désarroi pour réfléchir et sortir de l'impasse le plus vite possible. Cela dit, le modèle de royauté hybride que proposaient Harry et Meghan semblait impossible à mettre en place pour la plupart. « Le drame et les divisions vont laisser des traces », a avoué une source.

Ils avaient assuré à Harry que la reine était prête à les aider à trouver une solution, même s'ils n'obtenaient pas tout ce qu'ils demandaient. Mais Harry n'était qu'à moitié rassuré et ne savait plus vraiment qui croire. Il se consolait en se disant que sa grand-mère serait sensible à son point de vue.

Ce jour-là, Charles, William et Harry ont donc rejoint la reine dans la bibliothèque, une des pièces les plus agréables de la maison. C'était une ancienne salle de bowling qui avait été reconvertie en 1901, une décision que la reine Alexandra (qui considérait Sandringham comme sa résidence privée jusqu'à sa mort en 1925) avait regrettée toute sa vie. Meghan était en stand-by à Vancouver, prête à se joindre à eux en visioconférence. Harry a proposé de l'appeler, mais on lui a répondu que c'était inutile.

La réunion s'est déroulée suivant une « approche pratique très professionnelle », à en croire une source, car le but de la famille royale était d'arriver à un accord. Harry avait l'impression que Meghan et lui étaient mis sur la touche par l'institution qui ne comptait plus sur eux pour son avenir. Il suffisait de voir les photos affichées dans la Green Drawing Room de Buckingham le jour du discours de Noël de la reine retransmis à la télévision. Il y avait des photos des Cambridge et de leurs enfants, de Charles et Camilla, du prince Philip, et un cliché noir et blanc du roi George VI, le père d'Élisabeth II. L'absence de photos de Harry, Meghan et de leur bébé crevait les yeux. Les conseillers du palais s'étaient justifiés en disant qu'ils avaient privilégié la ligne de succession directe. Peut-être. Mais, pour Harry et Meghan, c'était un signe de plus qu'ils devaient tracer leur propre chemin.

La réponse de Charles a été très claire : Meghan et lui faisaient évidemment partie de l'avenir de la famille royale, quelles que soient les propositions de « monarchie allégée » avec moins de membres actifs. Mais William serait toujours prioritaire dans la hiérarchie en vertu du droit d'aînesse, même s'il n'envisageait pas l'avenir sans ses deux fils.

William n'avait pas apprécié l'annonce du projet de son frère, mais le sort de Harry dépendait de la reine, laquelle avait conscience que ce qu'ils décideraient lors de cette réunion établirait la norme pour les futures générations.

Finalement, la souveraine a affirmé sans hésiter que l'idée de royauté à temps partiel ne fonctionnait pas. « C'était intenable, a confirmé une source du palais. Si Harry et Meghan étaient des membres de la famille royale à temps partiel, il faudrait imaginer une forme de surveillance de tout ce qu'ils feraient de leur côté, créer un comité pour approuver tous leurs événements et leurs contrats. »

À peine la réunion terminée, Harry a débriefé ses conseillers avant d'envoyer un SMS à Meghan. Plus tard dans la soirée, la reine a fait une déclaration exceptionnellement personnelle et bienveillante : « Ma famille et moi-même approuvons la décision de Harry et Meghan de mener une nouvelle vie. Nous aurions préféré qu'ils soient membres de la famille royale à plein temps, mais nous respectons et nous comprenons leur volonté d'avoir une vie plus indépendante tout en restant au cœur de ma famille. »

Le communiqué officiel précisait que Harry et Meghan ne souhaitaient plus bénéficier de fonds publics pendant la période de transition au cours de laquelle ils se partageraient entre le Canada et le Royaume-Uni.

« Ce sont des questions compliquées que nous devons résoudre en famille et auxquelles nous devons réfléchir, ajoutait la reine, mais j'ai demandé que l'on parvienne à une solution définitive dans les jours qui viennent. »

« Nous devons réfléchir » : c'était un euphémisme. Harry a enchaîné pendant plusieurs jours des réunions et des visioconférences avec les conseillers les plus haut placés des trois maisons royales, Buckingham Palace, Kensington Palace et Clarence House, sous la houlette du secrétaire personnel de Charles, Clive Alderton. Quant à William, il était soulagé de pouvoir s'en remettre aux experts. Le *Sunday Times* le citait avouant à un ami : « J'ai soutenu mon frère toute notre vie, c'est fini. Désormais, nous sommes deux entités séparées. »

La remarque valait aussi pour Kate et Megan. Les deux duchesses avaient essayé de dépasser la distance polie qui présidait à leurs relations depuis leur première rencontre. Un an plus tôt, cette courtoisie un peu empruntée avait d'ailleurs frappé les gens lors du King Power Royal Charity Polo Day. Les deux mamans avaient été photographiées l'une à côté de l'autre avec leurs enfants, mais elles avaient à peine échangé un mot.

Heureusement, il y aurait aussi de bons souvenirs puisque des conseillers ont proposé que les deux jeunes femmes se rendent ensemble à Wimbledon trois jours plus tard. Ça tombait bien puisque chacune avait prévu d'y aller : Meghan, parce qu'elle voulait soutenir son amie Serena en finale dames, Kate parce qu'elle était marraine de l'All England Lawn Tennis Club. Assises dans la loge royale du court central, les deux belles-sœurs, que Pippa est venue rejoindre, ont ri et bavardé pendant tout le match. Voyant que Serena perdait, Kate a même passé une main amicale dans le dos de Meghan pour la consoler. « Elles ont passé un moment merveilleux, dira une source proche de la duchesse de Cambridge. La journée a été parfaite. »

Les relations entre Kate et Meghan étaient évidemment le reflet d'un enjeu beaucoup plus grave : le conflit qui opposait Harry et l'institution. À force d'enchaîner les réunions, le prince avait l'impression d'être face à un peloton d'exécution. « Il y a eu beaucoup de reproches dans les deux sens à cause des fuites, dira un conseiller. C'était très malsain. »

C'était exactement ce que voulait dire Harry quand il regrettait de ne pas avoir été soutenu par les siens. Au sommet de Sandringham, ils lui avaient tendu la main, mais après ils l'avaient laissé se défendre et négocier seul avec leurs conseillers – c'était justement ce qu'il voulait éviter. « Il a le sentiment d'avoir raté beaucoup d'occasions où l'institution et la famille auraient pu les aider, les soutenir, se montrer solidaires, en vain », a confirmé une source.

Les courtisans estimaient que ses desiderata étaient irréalistes. C'était bien joli de renoncer au financement du Sovereign Grant, mais derrière il fallait tout revoir. « L'argent a été le pire sujet d'empoignade, comme toujours », dira une personne habituée aux négociations. Au passage, un conseiller a proposé en riant que Meghan lance une ligne de produits de beauté.

Le couple espérait gagner sa vie en donnant des conférences, en signant des contrats de production et en lançant des entreprises commerciales sociales et solidaires. Mais il fallait être très précis. S'ils participaient à des cérémonies officielles, ils devraient séparer les dépenses privées – les coûts liés à leur bureau, à leur sécurité et à leurs tenues vestimentaires, par exemple – et les dépenses bénéficiant d'allègements fiscaux. « Ç'a été un casse-tête sans nom pour tout le monde », a déploré un conseiller, épuisé par ces cinq jours de réunion.

Mais les déclarations d'impôts n'étaient pas le pire, les blessures et les rancœurs de chacun apparaissaient au grand jour. Même les proches de Harry et Megan reconnaissaient que leur démarche (surtout l'ouverture du site dont ils n'avaient parlé à personne, ni à leurs proches ni à leurs équipes) « créait beaucoup de mauvaise volonté de la part de la maison, en particulier dans la famille ».

« Ils auraient obtenu un accord qui leur aurait permis d'avoir une vie plus proche de celle qu'ils souhaitaient s'ils avaient agi avec plus de discrétion et de dignité », a expliqué un conseiller haut placé de Buckingham. Un autre a ajouté : « Ils sont allés un peu vite en besogne. Ils pensaient envoyer leurs conditions à Charles, négocier par mail, foncer à Londres, signer un préavis de trois mois et rentrer au Canada. »

Harry et Meghan avaient l'impression d'être traités avec condescendance par les équipes et la famille depuis trop longtemps. On leur avait fait plaisir en écoutant leurs doléances parce qu'on ne pensait pas qu'ils prendraient des mesures aussi radicales. Leur réaction explosive était liée à leur impatience croissante. Si leurs proches et les courtisans des trois maisons avaient pris leurs demandes au sérieux, jamais ils n'en seraient arrivés là.

« Les courtisans en veulent à Meghan, ainsi que plusieurs membres de la famille », a confirmé la source.

Les journalistes s'imaginaient que la décision de prendre le large revenait à Meghan, mais ils étaient peu à savoir tout ce qu'elle avait sacrifié. En larmes, elle l'avait confié à une amie en mars : « J'ai tout abandonné pour cette famille. J'étais prête à faire ce qu'il fallait. Et voilà où on en est. C'est trop triste. »

Les médias britanniques accusent souvent les épouses royales, sauf que Harry était sur la même longueur d'onde que sa femme : lui aussi voulait s'éloigner de la vie publique. Ce qui explique qu'il penchait vers les militaires, fuyait la pompe (autant que faire se peut) et refusait de donner un titre à son fils. Il rêvait de vivre à l'abri des regards indiscrets depuis toujours. Meghan lui a donné le courage de passer à l'acte. Quoi qu'il arrive, elle le soutenait. « Fondamentalement, il voulait larguer les amarres, confirmera une source proche du couple. Dans son for intérieur, il a toujours lutté seul dans ce petit monde. Elle lui a ouvert la porte. »

Le soir, après des heures et des heures de réunion, Harry était épuisé. Pendant ce temps-là, au Canada, Meghan tâchait de s'occuper. Le 11 janvier, elle a même pris un avion pour aller à Vancouver et visiter un refuge pour femmes et enfants dans Downtown Eastside, un quartier d'une extrême pauvreté. Le travail lui permettait de tenir et elle avait à cœur de contacter les associations de femmes proches de leur nouvelle résidence. Quand Harry, brisé de fatigue, l'appelait pour lui donner des nouvelles, elle se sentait impuissante. Elle essayait de lui remonter le moral en lui envoyant des photos et des films d'Archie, dont une vidéo du jour où il avait découvert la neige.

Enfin, cinq jours interminables après la réunion de Sandringham, la reine a publié une déclaration affirmant qu'ils étaient arrivés à une solution « constructive et solidaire pour aider mon petit-fils et sa famille », qui devait prendre effet au printemps 2020.

Un communiqué de Harry et Meghan a suivi peu après. Les deux textes précisaient les termes du contrat stipulant que le couple se retirait entièrement de ses obligations royales. Ils ne seraient plus membres actifs de la famille royale et ne pourraient plus utiliser leurs titres d'altesses royales, ni même le mot « royal » dans leurs entreprises. Harry perdait également ses titres militaires et son rôle d'ambassadeur du Commonwealth Youth.

Mari et femme avaient le droit de conserver leurs patronages privés, mais ils ne pouvaient plus représenter la reine officiellement, même s'ils « feraient tout pour continuer à honorer les valeurs de Sa Majesté ».

Quant aux finances, ni l'un ni l'autre n'auraient plus accès aux fonds publics pour leurs obligations royales. Le couple allait même plus loin en déclarant : « Le duc et la duchesse de Sussex ont fait part de leur volonté de rembourser le Sovereign Grant pour les travaux de rénovation de Frogmore Cottage, qui demeure leur résidence familiale au Royaume-Uni. »

Il s'agissait des 2,8 millions d'euros du contribuable qui avaient rendus furieux une partie des Britanniques quand la somme avait été confirmée en juillet, au moment de la publication du Sovereign Grant Report. Les articles à répétition sur ces travaux avaient alimenté la rancœur. Autant laisser l'affaire derrière eux. Rembourser soulignait leur volonté de couper les ponts. En privé, le prince Charles promettait de les aider en puisant dans sa caisse personnelle s'ils en avaient besoin, mais c'était la décision d'un père aimant, pas celle du prince de Galles.

Le mot le plus significatif a peut-être été celui de la reine quand elle a déclaré : « Je reconnais les défis qu'ils ont dû affronter depuis deux ans où le moindre de leurs mouvements a été scruté, et je comprends leur volonté d'avoir une vie plus indépendante. »

Sensible à la détresse du couple, la reine a tenu compte des besoins de son petit-fils. Son geste comptait beaucoup pour Harry car il prouvait qu'elle l'avait entendu quand il avait dit et redit sa colère de voir que personne à Buckingham ne comprenait ce que Meghan et lui subissaient.

Réconforté par la bienveillance de sa grand-mère, il a été cependant été mortifié d'être privé de ses titres militaires qui lui avaient été remis en tant que membre actif de la famille royale. Désormais à la retraite, il pouvait porter ses médailles, mais pas son uniforme de capitaine général de la Marine royale, ni celui de commandant honoraire de la base de la Royal Air Force d'Honington, ni celui de Commodore en chef Small Ships et Diving Operations de la Royal Navy. « La pilule a été dure à avaler, et ça a été douloureux pour Meghan d'être témoin de cela, a confirmé une source proche. C'est pour ça qu'il était à fleur de peau. »

Son émotion était visible le 19 janvier, le lendemain de la publication des communiqués, quand il a pris la parole au cours d'un dîner au profit de Sentebale. Il a avoué sa « tristesse » de ne plus être un membre actif de la famille royale, une décision que Meghan et lui n'avaient pas prise « à la légère ». Cela dit, il n'« abandonnait » pas ses engagements, notamment auprès de l'ONG Sentebale, et « continuerai[t] à œuvrer pour créer des effets durables en faveur des plus vulnérables ».

« Nous avons eu le privilège de vous servir et nous continuerons à mener une vie au service des autres, a poursuivi Harry dans son discours, également publié sur leur compte Instagram. J'aurai toujours le plus grand respect pour ma grand-mère, qui est mon commandant en chef, et je lui suis extrêmement reconnaissant, ainsi qu'aux miens, pour le soutien qu'ils nous ont apporté, à Meghan et moi, ces derniers mois. Je suis et je reste un homme qui aime son pays et consacre sa vie aux œuvres caritatives et aux communautés militaires qui lui tiennent à cœur. Ensemble, vous m'avez donné une leçon de vie. »

Sa dernière phrase reprenait ce que sa mère avait dit en décembre 1993, un an après l'annonce de sa séparation avec Charles et Diana par le Parlement. La princesse avait pris la parole au cours d'un déjeuner de bienfaisance (au profit de la Headway National Head Injuries Association, dont elle était la marraine) pour dire qu'elle se retirait de la vie publique.

« Pendant douze ans, un de mes plus grands plaisirs a été de collaborer avec des personnes comme vous, avait dit Diana. Ça a été l'occasion pour moi de rencontrer des milliers de personnes merveilleuses, ici et dans le monde entier – les soignants et les patients. Au public plus largement je me permets de dire que je me suis fait des amis. J'ai pu partager vos idées et vos rêves, vos déceptions et vos joies. Vous m'avez donné une leçon de vie. Grâce à vous, j'ai plus appris sur la vie et le vivant que dans les livres et sur les bancs de l'école. »

Les ressemblances entre les deux allocutions n'étaient pas un hasard. Avant de rédiger son discours, Harry s'était renseigné pour savoir ce qu'avait dit sa mère quand elle avait renoncé à une vie qu'elle avait eu le privilège de connaître, mais dont les contraintes l'avaient piégée.

Harry avait 36 ans, presque l'âge de sa mère à sa mort, et il avait bénéficié de la même « leçon ».

CHAPITRE 24

En route vers la liberté

Le 31 mars exactement, Harry et Meghan ne seraient plus membres actifs de la famille royale, mais, d'ici là, ils tenaient à honorer les engagements qu'ils avaient pris avant leur déclaration de janvier. Il était important pour Harry et Meghan de ne laisser tomber personne. De plus, c'est quand ils travaillaient qu'ils donnaient le meilleur d'eux-mêmes.

Ils étaient plus ou moins installés au Canada, mais leur agenda comprenait une série de sorties officielles au Royaume-Uni. Le coronavirus commençait à menacer l'Europe, et ni l'un ni l'autre n'avait envie d'y aller avec le petit Archie. En outre, ils préféraient lui épargner les vols longue distance. Ils se sont donc mis d'accord pour que Meghan reste au Canada et rejoigne Harry une semaine plus tard.

Le 25 février, Harry a débarqué au Royaume-Uni et il a tout de suite été rappelé à la réalité. À peine arrivé à Heathrow, il a pris le train pour l'Écosse avec les deux officiers de protection qui l'accompagnaient dans l'avion. Mais dès la gare de Waverley, à Édimbourg, il a été pris d'assaut par trois photographes et il a grimacé en entendant le crépitement des appareils. « Ok, les gars, vous n'en avez pas marre ? » a-t-il répondu à un paparazzi qui lui demandait de sourire. Il a serré les dents et filé jusqu'à la Range Rover qui l'attendait à l'extérieur. Un retour au pays auquel il devait s'attendre…

Il était venu à Édimbourg pour défendre son projet de tourisme durable, Travalyst, qu'il avait lancé l'été précédent avec des partenaires de haut vol : Tripadvisor, Visa, Booking.com et Skyscanner. Le but était de passer à l'étape suivante au cours d'une réunion où il comptait dévoiler un système de notation en ligne qui permettrait aux voyageurs de savoir dans quelle mesure leur séjour était écoresponsable, et de les aider à avoir un impact positif sur les destinations qu'ils visitaient. L'idée venait de ses nombreux séjours au Botswana : comme il l'a expliqué aux auteurs de ces lignes, chaque fois qu'il y allait, il se félicitait de son expérience en tant que touriste, mais la communauté africaine qui l'accueillait en tirait très peu de bénéfices. « J'ai été surpris de voir que les gens sur place gagnaient aussi peu, a-t-il dit. Vous avez d'énormes entreprises qui tirent profit du tourisme, mais les habitants n'ont presque rien. L'argent du tourisme doit alimenter les collectivités que les gens découvrent. »

Le lendemain, Harry était confiant quand il a pris la parole devant une centaine de représentants de l'industrie du tourisme et du voyage. Finis les conseillers du palais et les hordes de photographes accrédités qui l'attendaient pour le mitrailler. Il n'avait que deux assistants avec lui : James Holt, l'ex-responsable de la communication de la Royal Foundation qui continuait à le seconder à titre privé, et Heather Wong, son ancienne secrétaire adjointe personnelle qui travaillait pour Travalyst. « Ça fait du bien de se concentrer sur le travail, dit-il, c'est ça qui compte. »

(Plus tard, en mars, lors d'une réunion, Harry a assigné une nouvelle mission à Travalyst pour réagir à la crise du coronavirus. Comme plus personne ne se déplaçait, il a prédit un « tournant fondamental » dans le tourisme. Son projet – désormais indépendant de la monarchie et à but non lucratif – devait contribuer à améliorer la planète et permettre aux clients d'aider les communautés défavorisées le jour où ils recommenceraient à voyager. « Nous avons l'occasion d'améliorer les règles », a-t-il annoncé.)

Son passage en Écosse a été un succès, comme pour rappeler tout ce qu'il avait à offrir alors qu'il avait tant perdu. Ce qu'il souhaitait transmettre commençait à prendre forme, indépendamment de la famille royale. Malheureusement, quand il est rentré à Frogmore Cottage juste après, l'atmosphère était loin d'être aussi chaleureuse que du temps où il y vivait avec Meghan et Archie. La maison était pleine de leurs affaires, mais elle était vide et glaciale. Le superbe parc qui l'entourait était caché par le manteau de l'hiver et le printemps semblait très loin. « Il y a eu tellement de changements depuis qu'on est partis », a-t-il confié à un ami.

Harry était surtout là pour rencontrer des conseillers du palais et finaliser leur accord, mais il a pris le temps de voir sa famille. Il avait à peine aperçu son frère depuis le sommet de Sandringham, mais il avait été heureux de discuter plusieurs fois au téléphone avec son père, dont le secrétaire personnel, Clive Alderton, supervisait les derniers détails de la transition de Meghan et Harry. La frontière entre famille et institution était plus floue que jamais, mais le jour où la reine l'a invité à déjeuner, le 1er mars, il n'y avait aucun doute sur qui faisait quoi, même si c'était pour un simple déjeuner dominical. « Sans titres, avait précisé un conseiller. Juste une grand-mère et son petit-fils. »

Assis dans la salle à manger de l'appartement de la reine à Windsor, Harry avait l'impression de revenir en arrière. À l'époque où il était célibataire, il attendait avec impatience les moments où il serait seul avec sa grand-mère le temps d'un repas ou d'un thé. Peu importe l'étrange dynamique de la famille royale, que beaucoup de gens ont du mal à comprendre, il avait une grande affection pour elle. Il n'avait plus beaucoup de respect pour certains côtés de l'institution, voire pour certains membres de la famille, mais la reine était une des femmes les plus importantes de sa vie.

Or ce jour-là, en commençant le rôti du dimanche, la souveraine lui a affirmé qu'elle le soutiendrait, quelles que soient les décisions qu'il prendrait. Une période d'essai de douze mois lui avait été promise, mais elle a précisé que si Meghan et lui voulaient reprendre leurs rôles, ils étaient les bienvenus.

« Il a été très clairement dit qu'ils pouvaient revenir quand ils le voulaient, quand ils seraient prêts », a confirmé une source qui participait aux négociations.

Deux jours après ce tête-à-tête, Meghan avait rejoint Harry (Archie était resté à Vancouver avec sa nounou et Jessica était venue de Toronto pour aider) et ils invitaient les quinze membres de leur équipe de Buckingham à déjeuner à l'hôtel Goring, un des restaurants préférés de la reine et, dit-on, un des meilleurs bœufs Wellington de Londres. C'est sans doute une des dernières fois qu'ils se sont retrouvés avec tous leurs conseillers privés et leurs secrétaires de communication dans la même pièce. Ils avaient beau apprécier le soutien de la petite troupe, s'expatrier et se priver du Sovereign Grant signifiaient qu'ils ne pouvaient plus poursuivre avec cette équipe. Ils ont donc pris le temps de remercier chacun d'eux pour tous les services rendus, surtout en « ces temps difficiles et éprouvants », a précisé Meghan.

Le lendemain soir, ils étaient attendus à la soirée des Endeavour Fund Awards, qui a été une superbe occasion de rappeler leur pouvoir de séduction au monde entier. Daniel Martin (qui, en prévoyant les différents looks de Meghan pour la semaine avait lancé en riant : « Vas-y avec une frange ! ») s'était occupé du maquillage de Meghan, et George Northwood, de sa coiffure.

La cérémonie avait lieu en l'honneur des anciens combattants blessés et des soignants qui avaient lancé des compétitions sportives ou des jeux dans le cadre de leur réhabilitation. Les sublimes photos du couple arrivant sous un grand parapluie sont devenues virales en quelques instants. Les paillettes de pluie n'étaient évidemment pas prévues, mais l'entrée de Meghan moulée dans une robe bleue Victoria Beckham avait été soigneusement orchestrée.

À l'intérieur, la cérémonie était plus simple puisque c'était un hommage aux anciens combattants dont chacun a eu un mot élogieux pour le duc – qu'ils appelaient le capitaine de Galles. Sa mission qui consistait à encourager les hommes et les femmes de l'armée n'avait pas changé depuis sa nouvelle vie entre le Royaume-Uni et l'Amérique du Nord. Sa première décision avait d'ailleurs été de rapprocher l'Endeavour Fund et les jeux Invictus, deux événements qu'il avait contribué à mettre sur pied. « Il est très attaché à ces deux causes, a confirmé un ami. Il a peut-être perdu ses titres, mais ça ne change rien à sa vocation. »

Son engagement envers les forces armées lui tenait tellement à cœur que le festival de musique Mountbatten auquel il a assisté trois jours plus tard au Royal Albert Hall a été un moment douloureux. Il portait son uniforme de capitaine général de la Marine royale pour la dernière fois. En arrivant, il a confessé en aparté au major général Matthew Holmes : « Je suis désespéré d'avoir à me retirer. »

« Franchement, ce n'était pas utile, confierait Meghan plus tard à une amie. Il ne perd pas seulement des titres, il perd toute la corporation des vétérans. Toi aussi, tu as vu à quel point ils comptent pour lui. Alors pourquoi ? Malheureusement, le pouvoir [de l'institution] est plus fort que moi. »

Le festival était un hommage aux forces armées britanniques, et ce serait l'occasion de saluer et de remercier le prince pour sa générosité vis-à-vis de la communauté militaire. Au moment où Harry et Meghan sont entrés dans la loge royale, les invités du Royal Albert Hall se sont levés pour les applaudir, alors qu'en général ils réservent leurs applaudissements pour la fin du concert. Harry et Meghan sont restés debout, les larmes aux yeux, écoutant ces adieux spontanés et affectueux en se tenant la main.

Plusieurs jours ont suivi où ils ont continué à alterner sorties officielles et privées. Le 8 mars, l'arrivée surprise de Meghan dans une école du East End de Londres a ravi les enfants ; comme c'était la Journée internationale des femmes, elle a pris la parole pour souligner le rôle des hommes dans l'émancipation de leurs alter ego. De son côté, Harry est allé aux studios Abbey Road pour écouter Jon Bon Jovi enregistrer « Unbroken » avec la chorale des jeux Invictus, un tube qui devait servir à lever des fonds pour la Fondation Invictus.

Chacun a également assisté à plusieurs engagements officiels classiques, dont l'inauguration par Harry d'un musée immersif de la Moto au circuit de Silverstone avec le champion de Formule 1 Lewis Hamilton. (« Il n'y a rien de mieux que d'inaugurer un musée déjà ouvert », a dit le duc en riant puisque le musée avait ouvert ses portes en octobre 2019.)

Et le 8 mars, il a tenu à assister avec Meghan à une cérémonie en l'honneur d'un jeune aspirant de la Marine royale mort en Afghanistan treize ans plus tôt. La reine, qui n'avait pas revu Meghan depuis leur déclaration explosive, était présente et elle a été très chaleureuse, s'adressant à elle comme si elle était sa petite-fille, et non comme à une transfuge. Le jeune aspirant à qui l'on rendait hommage s'appelait Benjamin Reddy ; il avait 22 ans et appartenait au Commando 42 qui avait été pris sous les tirs d'activistes dans la province de l'Helmand le 16 mars 2007. Une plaque a été inaugurée à sa mémoire ce jour-là, et Harry portait la cravate du Corps des Royal Marines. Benjamin Reddy était un de ses anciens camarades de service militaire, dont le père avait longtemps été jardinier de la reine.

Quant à Meghan, son émotion était à son comble le lendemain, lorsqu'elle a rencontré les vingt-deux étudiants qui avaient obtenu une bourse de l'Association of Commonwealth Universities dont elle était la marraine – succédant à la reine – depuis 2019. Ce jour-là, elle a fait le vœu de poursuivre son patronage en dépit de son retrait, d'autant qu'elle était vice-présidente du Queen Commonwealth's Trust et ancienne boursière de l'ACU.

La réunion avait lieu dans la salle 1844 de Buckingham, une des pièces les plus importantes des 775 que comprend la résidence, puisque la reine et la famille royale y reçoivent des visiteurs très prestigieux, du couple Obama au président chinois Xi Jinping en passant par Angelina Jolie. C'est aussi là que le discours de Noël de la reine est filmé.

Meghan a fait l'effort d'être attentive à chaque étudiant qu'on lui présentait. Debout sur le côté, la secrétaire générale de l'ACU, Joanna Newman, veillait sur la réunion. Elle commençait à connaître la duchesse en vertu de ses nombreux engagements aux côtés de l'ACU et elle se réjouissait que leur collaboration se poursuive, car elle avait conscience du pouvoir de Meghan. « Les journaux n'ont pas parlé de ce qu'elle portait, ni de l'heure à laquelle elle est arrivée et repartie après avoir bu une tasse de thé, expliquait Joanna. Ils ont rappelé ce que nous faisons et pourquoi nous le faisons, et quel est le but de l'ACU. Meghan défend le travail des universités avec ferveur. »

Le temps passait et il était l'heure d'assister à un service religieux en l'honneur du Commonwealth à l'abbaye de Westminster. Harry s'est discrètement faufilé dans la salle 1844 pour saluer tout le monde et Meghan s'est retournée pour embrasser les dernières personnes présentes, dont l'un des auteurs de ce livre.

La salle d'apparat était vide. Il ne restait plus que quelques visages familiers quand la duchesse a éclaté en sanglots. Elle a pris dans ses bras plusieurs personnes de son équipe dont le dévouement sans égal – pour promouvoir les engagements du couple, lancer leurs projets phares et surmonter les crises quasi quotidiennes déclenchées par les tabloïds – devait prendre fin de façon si abrupte. « Je n'arrive pas à croire que ça y est », a-t-elle avoué à une jeune conseillère dont elle était devenue proche. La Team Sussex avait beau être une équipe plus modeste que les immenses secrétariats de Clarence House et de Kensington Palace, en un an c'était devenu une vraie petite famille.

Enfin, Harry a rejoint Meghan et l'a embrassée avant qu'elle aille se changer pour le service en l'honneur du Commonwealth. « Ce sera mon dernier chapeau avant un bail, les amis ! » s'est-elle exclamée en souriant après avoir ravalé ses larmes.

Quelques instants plus tard, ils étaient dans la voiture qui les conduisait à leur dernier engagement en tant que membres actifs de la famille royale. S'ils avaient besoin d'être confortés dans leur décision de se retirer, les intrigues qui avaient eu lieu avant le service à Westminster étaient un très bon rappel. Alors que jusqu'ici ils faisaient partie du cortège des membres seniors qui entraient dans l'église aux côtés de la reine, ce jour-là ils en ont été exclus. La décision avait été prise sans qu'on les consulte et ils en avaient été informés bien après l'impression des deux mille ordres de service destinés aux invités, sur lesquels ne figuraient pas leurs noms. Seuls le duc et la duchesse de Cambridge, le prince de Galles et la duchesse de Cornouailles entreraient dans l'abbaye avec la monarque. Ce n'était pas un hasard. « Harry était profondément déçu, dira un ami. Il l'a dit mais c'était trop tard. »

Pour ne pas en rajouter, les Cambridge ont accepté de s'asseoir en même temps que les Sussex et le prince Edward et Sophie, comtesse de Wessex, mais leurs regards en disaient long. Harry et Meghan les ont accueillis avec des sourires, mais William et Kate ont à peine réagi alors que c'était la première fois qu'ils se revoyaient depuis janvier. « Salut, Harry », a murmuré William en hochant la tête, sans un mot pour Meghan. Une longue minute a suivi avant que la reine arrive. William et Kate étaient assis devant eux, et ne se retournaient que pour bavarder avec Edward et Sophie, assis à côté des Sussex. Meghan a essayé de croiser le regard de Kate, mais celle-ci l'ignorait.

La naissance d'Archie avait un peu rapproché les deux familles, mais leurs relations s'étaient de nouveau tendues en janvier quand il avait fallu négocier le nouveau statut de Harry et Meghan. William leur en voulait de laver leur linge sale en public, a expliqué un conseiller de Kensington : « Ce n'est pas de la colère. Il est blessé. »

« C'était le moment ou jamais pour que la famille royale fasse un geste et affiche publiquement son soutien, a ajouté une source proche. Ils les ont volontairement exclus du cortège en restant de marbre. C'était très déplaisant. » Un porte-parole de Buckingham a balayé l'incident en affirmant que le cortège ne suivait « aucun protocole fixe ».

Meghan est rentrée au Canada juste après – elle avait réservé le premier vol disponible pour retrouver le petit Archie. « Elle avait envie d'être chez elle », dira une amie, ajoutant qu'elle était épuisée nerveusement et bouleversée. « Elle s'est juré de ne plus remettre les pieds à une cérémonie royale. »

De son côté, Harry a passé trois jours supplémentaires au Royaume-Uni pour assister aux dernières réunions consacrées à leur séparation et discuter avec sa nouvelle équipe, qui comprenait James Holt et Heather Wong. Il n'a pas cherché à revoir son frère ni sa belle-sœur. « Ils vont mettre du temps à réparer les dégâts, a commenté un ami de Harry. Ils n'ont pas la même vision des choses. Ce qu'ils ont vécu pendant deux ans les a amenés à avoir deux points de vue différents. William a besoin de temps pour accepter la décision de son frère. Ils sont fâchés, mais au fond, comme Harry l'a dit, le lien entre frères est plus fort que tout. »

Une fois réunis sur l'île de Vancouver, Harry et Meghan ont pu respirer. Au début, ils voulaient préparer immédiatement des annonces pour le lendemain du retrait officiel de leurs fonctions, le 31 mars. Mais, comme l'a dit une amie : « Ils ont compris qu'ils avaient besoin de ralentir. Ils se sont accordé un peu d'espace et tout de suite ils se sont sentis plus heureux, plus détendus. » Il valait mieux profiter du petit Archie que se précipiter pour organiser les choses. Harry a avoué à des amis que tout ce qui s'était passé ces deux dernières années lui pesait, même si le fait d'être au Canada, loin du vacarme de Buckingham, était un soulagement.

Leur nouvelle immersion dans le superbe cadre de Mille Fleurs – la fraîcheur printanière ne pouvait mieux tomber après la frénésie de leurs derniers jours à Londres – était une aubaine. Chaque chose en son temps. Malheureusement, l'épidémie de covid s'étendait au monde entier et les frontières seraient fermées pendant plusieurs mois. Il fallait qu'ils accélèrent leur projet de passer l'été en Californie. Depuis janvier ils évoquaient une éventuelle installation aux États-Unis, mais leurs déclarations mentionnaient simplement l'« Amérique du Nord » pour leur laisser la liberté d'y aller quand ils voulaient. La crise sanitaire les a obligés à avancer leur départ. Vivre en Californie, près de Doria, semblait plus sage s'ils ne pouvaient plus bouger pendant des mois.

Du jour au lendemain tout a changé. Le couple a commencé à s'organiser avec son équipe anglaise, dont James et Heather. Les briefings du matin avaient lieu à 10 heures pile par visioconférence (ils préféraient voir les gens à qui ils parlaient). Les interlocuteurs étaient ravis quand le petit Archie, curieux, débarquait et pointait la tête dans le cadre. La dernière recrue de leur équipe était Catherine St Laurent, chef du personnel et directrice exécutive de leur fondation. Née à Montréal, elle avait travaillé à Londres et Bruxelles et dirigé la communication de la Fondation Bill & Melinda Gates avant de préparer le lancement d'une société d'investissement et d'incubation d'entreprises baptisée Pivotal Ventures, un projet personnel de Melinda. « C'est un plaisir et un honneur de les aider à mettre en œuvre leur vision. Harry et Meghan ont décidé de se consacrer à l'enseignement et à l'écoute des autres tout en étant une source d'inspiration pour nous tous », dira-t-elle.

Autre personnage clé de leur nouvel environnement professionnel, Keleigh Thomas Morgan, une amie proche de Meghan et associée de l'agence Sunshine Sachs qui l'avait représentée deux ans quand elle était comédienne. Très respectée dans le monde de la communication, elle était surtout connue pour représenter Jennifer Lopez et avoir contribué à lancer le mouvement Times Up en 2018. Elle avait aussi aidé Meghan à concevoir le numéro de *Vogue UK* dont elle était rédactrice en chef et participé à l'initiative Travalyst de Harry.

Les tabloïds britanniques ont démoli son agence en disant qu'elle avait représenté Michel Jackson et Harvey Weinstein, mais c'est faux. Sunshine Sachs est basée à New York et comprend essentiellement des chargés de com qui viennent de la politique et du militantisme. « C'est ce qui a convaincu le couple », a confirmé une source proche.

Le coronavirus continuait de se propager quand Harry et Meghan, qui avaient déjà expédié leurs affaires, ont filé à Los Angeles en avion privé, le 14 mars. Ils ont emménagé dans une villa de style méditerranéen qui fait partie d'une résidence surveillée, prisée par des artistes et des industriels de haut rang. La destination était provisoire, mais elle leur convenait parfaitement. Ils étant ravis de se retrouver dans un endroit plus petit et plus proche de la mer. Le temps de s'habituer à cette nouvelle vie, y compris de permettre à Archie d'apprivoiser la piscine de la maison, ils pouvaient réfléchir au passé et à l'avenir : d'où venaient-ils et où avaient-ils envie d'aller ?

La perspective avait beau être excitante, ils ne se faisaient pas d'illusions – leur parcours serait semé d'embûches à la fois personnelles et planétaires, deux dimensions qui ont fusionné dès le 24 mars quand ils ont reçu un appel du palais. Le prince Charles venait d'être testé positif au coronavirus et devait s'isoler. Ce que redoutait Harry. À 71 ans, son père avait des risques de complication, mais deux semaines plus tôt il remplissait toujours ses engagements. Les médecins avaient beau dire qu'il n'était pas trop affecté et avait « bon moral », Harry était inquiet. Il l'a tout de suite appelé à Birkhall, la résidence écossaise où il était confiné, et il a téléphoné régulièrement jusqu'à ce qu'il soit complétement rétabli – ainsi que Camilla, confinée par mesure de prévention. Enfin, avant que la reine intervienne à la télévision à propos de la crise sanitaire, il l'a appelée pour lui souhaiter bonne chance.

Pandémie ou non, la presse de caniveau ne baissait pas la garde. Harry et Meghan avaient trois procès en cours contre des tabloïds – différends qui s'aggravent actuellement –, quand, le 10 mars, le *Sun* a annoncé que Harry avait été victime de canulars téléphoniques par des hackeurs russes qui s'étaient fait passer pour Greta Thunberg et son père. Les appels avaient eu lieu en décembre et en janvier et Harry évoquait ouvertement les tensions entre ses proches et lui. « On est complètement séparés de la famille », reconnaissait-il. Interrogé sur les relations entre le prince Andrew et Jeffrey Epstein, il répondait : « Je n'ai pas grand-chose à dire sur ce sujet. » (Le couple avait toujours évité d'en parler.) En revanche, sur le président Trump, il ne s'était pas privé de dire ce qu'il pensait : « Le fait qu'il soutienne autant l'industrie du charbon est tellement énorme en Amérique [*sic*] qu'il a du sang sur les mains. » Au fond il ne révélait rien d'extraordinaire, mais il était humilié. Et hors de lui quand il a découvert la coquette somme que le tabloïd avait dépensée pour avoir ces enregistrements.

C'est peut-être ce qui explique que Donald Trump, connu pour être soupe au lait, n'a pas hésité à s'inviter dans la polémique liée aux frais de sécurité du couple. Au Royaume-Uni, le débat faisait rage dans les journaux : beaucoup de Britanniques s'insurgeaient contre l'idée que le couple continue à être financé par l'argent du contribuable, y compris pour sa sécurité personnelle. « Je suis un ami proche et admirateur de la reine, a tweeté le président Trump le 30 mars. Mais ils viennent de quitter le Canada pour les États-Unis qui ne paieront rien pour leur protection. C'est à eux de payer ! »

Meghan a levé les yeux au ciel. Ils n'avaient jamais rien demandé au gouvernement américain et avaient toujours prévu de payer leurs frais de sécurité à partir du 30 mars. « Des contrats de sécurité privés ont été signés », a confirmé un porte-parole. Ils avaient enfin la liberté de rectifier les inexactitudes qu'on racontait sur eux, un avantage dont ils ne comptaient pas se priver.

Liberté. C'était sûrement le mot le plus juste pour qualifier leur nouvelle vie – personnelle et professionnelle. Comme ils avaient à cœur de changer le monde, ils comptaient unir leurs forces et lancer des projets main dans la main. Depuis le temps qu'ils voulaient créer une association, ils savaient que tout commencerait en Amérique. Non seulement le paysage associatif américain est beaucoup plus vaste qu'au Royaume-Uni, mais on ne pourrait pas les accuser d'empiéter sur les plates-bandes de la famille royale. C'est eux qui avaient eu l'idée de créer la Sussex Royal Foundation, sur le modèle de la Royal Foundation, après leur départ de Kensington Palace en avril 2019. « Ils étaient sous pression et avaient besoin de créer leur propre organisation, explique une source qui connaissait leur projet. Ils en ont parlé à beaucoup de gens au fil des mois, y compris à des collaborateurs des fondations Obama et Gates. Ils ont compris ce qui les motivait vraiment. Ils ne voulaient pas passer leur vie à lever des fonds alors que d'autres font ça très bien. » Fin novembre 2019, ils ont donc commencé à travailler sur leur nouvelle infrastructure, et début 2020, ils ont lancé une association à but non lucratif qui serait leur principal projet.

Le nom qu'ils avaient choisi leur trottait dans la tête depuis leur mariage : Archewell. « Avant de choisir Sussex Royal, nous avions pensé à *archè*, un terme grec qui signifie “commencement”, a expliqué le couple. Il y avait un lien entre ce concept et l’organisation caritative que nous voulions créer. » Le mot *archè* avait également présidé au choix du prénom de leur fils.

Peu importe qu’ils ne soient plus membres actifs de la famille royale, Harry et Meghan ne renonceront jamais à leurs principes ni à leurs idéaux. Harry s’intéressera toujours à la préservation de l’environnement et aux problèmes de santé mentale, et il sera toujours sensible aux personnes atteintes du VIH et aux anciens combattants. Quant à Meghan, donner plus de pouvoir aux femmes et aux jeunes filles du monde entier est son vœu le plus sincère. « Ils souhaitent que leur héritage ait une dimension moderne et touche les jeunes générations, confirmera la même source. Ils ne veulent pas refaire ce que les autres ont déjà fait et tiennent à ce que leur travail laisse des traces. » Ils sont prêts à attendre. Ils reconnaissent qu’ils sont parfois impulsifs, mais ils sont dans une phase d’écoute et ne lanceront Archewell que quand ce sera « le bon moment ».

Harry et Meghan sont tous les deux curieux et ouverts aux nouvelles idées. Ils ont envie de regarder du côté des nouvelles technologies. D’où leur séjour privé à Palo Alto en janvier 2020 : ils ont discrètement suivi une session de brainstorming avec des professeurs de la Business School et du Centre pour l’innovation sociale de l’université Stanford. Ils ont écouté les conseils des plus grands, comme Barack et Michelle Obama, qui les ont aidés à étoffer leur équipe et leur ont recommandé de nouveaux noms de collaborateurs. Au fond, ils veulent poursuivre ce qui a toujours été leur fil directeur : donner davantage de pouvoir et d’autonomie aux autres. « Accentuer, mettre en lumière, apprendre aux gens à savoir où ils se situent dans le monde, mais aussi par rapport aux communautés qui les entourent », a renchéri une source proche de Meghan.

Le 30 mars, Buckingham Palace a donné à la presse les derniers détails de l’avenir du couple une fois leur transition opérée. C’était la dernière mission de Sara Latham qui les a aidés à fermer le bureau Sussex avant de se mettre au service de la reine pour la conseiller sur ses projets personnels. Ce fut aussi l'occasion de donner leurs nouvelles coordonnées aux médias, puisque, le 1er avril, ils seraient officiellement indépendants.

Enfin, Harry et Meghan ont posté leur dernier message sur leur compte @SussexRoyal. Ils auraient voulu continué à l'utiliser, mais les conseillers ont été très clairs : leur compte ferait partie des archives du Royal Record, ils devaient repartir de zéro. Conscients de la crise mondiale en cours, ils écrivaient : « À l'heure où chacun trouve le rôle qui lui convient dans ce bouleversement mondial et ce changement d'habitudes, nous réfléchissons à ce nouveau chapitre pour savoir comment y contribuer au mieux. Nous serons moins présents au Royaume-Uni, mais nous continuerons à travailler. Merci à cette communauté – pour son soutien, son inspiration et son engagement commun en faveur du bien. Nous sommes impatients de nous reconnecter à vous. Vous avez été formidables ! »

Note des auteurs

Les événements décrits dans ce livre ont eu lieu entre 2016 et 2020 et sont le fruit de plus de deux années d'enquête. Ils s'inspirent de centaines d'heures de conversations et d'entretiens avec plus de cent sources, en plus du temps passé à accompagner, à observer et à interagir avec le duc et la duchesse de Sussex lors de leurs engagements royaux formels et informels. Nous les avons accompagnés en voyage, en Grande-Bretagne comme à l'étranger. Les reportages nous ont fait parcourir le monde, nous amenant notamment en Australie, en Nouvelle-Zélande, aux îles Fidji, aux Tonga, dans différents pays d'Afrique, en France, au Canada, à New York et à Los Angeles. Nous avons parlé avec des amis intimes de Harry et de Meghan, des assistants royaux et des employés du palais (en activité ou non), avec les organismes de bienfaisance et les associations avec lesquels ils ont établi des relations durables, et avec le couple lui-même lorsque la situation s'y prêtait.

Nous avons souvent préservé l'anonymat des sources afin de leur permettre de partager librement des citations sans que leur nom y soit attaché (que ce soit en raison du rôle délicat qu'elles ont joué ou pour protéger leur carrière). De nombreuses personnes nous ont accordé des entretiens informels, nous autorisant à utiliser les informations révélées mais pas à reproduire leurs citations. Quelques conversations étaient strictement confidentielles.

Nous avons parfois été témoins de certaines scènes décrites dans le livre ; d'autres sont fondées sur le récit qu'en ont fait des sources auxquelles nous avons eu accès et qui ont gagné notre confiance. Les dialogues présentés dans cet ouvrage ont été directement extraits des récits de plusieurs sources ayant corroboré la même information. Nous sommes convaincus de la véracité de cette version des événements.

Les auteurs de ce livre sont tous deux des journalistes objectifs et respectueux des faits ; à l'ère de l'« infobésité » et des « pièges à clics », ils ont vérifié toutes les informations de façon stricte et rigoureuse. Par ailleurs, tous les événements relatés dans ces pages proviennent au minimum de deux sources. Lorsque des sources n'étaient pas d'accord avec la version proposée, les deux interprétations ont été indiquées.

L'objectif de ce livre était de présenter les Harry et Meghan authentiques, souvent décrits de manière erronée par des personnes peu scrupuleuses. Nous désirions rétablir la vérité sur des événements déformés, devenus paroles d'évangile à force d'être répétés à l'envi. C'est grâce à la coopération de ces sources que nous avons pu partager ce qui représente à nous yeux la véritable histoire du duc et de la duchesse de Sussex. Nous souhaitons exprimer notre profonde reconnaissance à tous ceux qui nous ont aidés à donner vie à ce livre et à leur histoire.

Les remerciements d'Omid

Comment ne pas commencer par remercier l'incroyable équipe de Dey Street et HarperCollins, qui a permis à ce livre qui me tient tant à cœur de devenir réalité, surtout en ces temps si difficiles pour notre planète. Peter Kispert, Ben Steinberg, Heidi Richter, Kendra Newton, Kelly Rudolph, Ploy Siripant (j'adore notre couverture !), Andrea Molitor, Pam Barricklow, Carolyn Bodkin, Andy LeCount, Christine Edwards – j'ai de la chance de bénéficier d'une équipe si talentueuse dirigée par une éditrice aussi chevronnée que Carrie Thornton. Carrie, merci pour tout ce que vous m'avez appris. Bien sûr, rien de tout cela n'aurait été possible sans Liate Stehlik.

Albert Lee, après toutes ces années, je suis heureux que nous travaillions encore ensemble. Merci d'avoir toujours été là, de m'avoir prodigué de bons conseils, et de m'avoir aidé à franchir les obstacles. Mais ce n'est que le début ! Zander Kim et David Weiner chez UTA, merci pour votre aide précieuse. Rebecca Paley, merci de m'avoir aidé à trouver ma voix. Tu m'as appris tant de choses ; j'ai hâte de t'emmener boire un thé et manger des crumpets ! Et Reena Ratan, merci pour ton soutien et tes incroyables recherches photographiques.

Carolyn, nous avons réussi ! Je suis très heureux d'avoir créé *Harry et Meghan, libres* avec toi.

À tous ceux qui ont contribué à ce livre, que ce soit en prenant le temps de nous rencontrer ou en acceptant d'ouvrir mon cinquantième mail (« Désolé, encore une dernière question »), quelle aventure ! Pour préserver votre anonymat, je me contenterai de dire que sans votre aide, ces histoires n'auraient jamais été révélées. Je ne peux qu'espérer faire preuve de la même obligeance en retour.

Merci à tous mes collègues qui se sont montrés si encourageants tandis que je m'attelais à ce projet en plus de ceux sur lesquels j'ai la chance de travailler. Aux équipes formidables d'ABC News, de *Good Morning America* et d'ABC Audio, merci de rendre mon travail si agréable – je promets de toujours emmener Yoshi avec moi sur le terrain. À ma famille de *Harper's Bazaar*, je suis si fier d'avoir travaillé avec vous – merci de m'avoir aidé à garder la tête froide avec vos « mèmes ». Et à tous ceux qui cliquent, lisent, regardent ou écoutent mon travail, merci de votre soutien indéfectible. Grâce à vous, les longues heures de travail en valent la peine.

Je dois bien sûr remercier mes amis, qui se sont montrés si patients et compréhensifs quand l'élaboration de cet ouvrage a provoqué en moi toutes les émotions possibles et imaginables. Vous serez heureux d'apprendre que vous n'aurez plus à m'entendre évoquer « le livre » !

Et enfin, à ma magnifique famille – merci de m'avoir toujours soutenu et d'avoir toujours cru en moi. Je vous aime plus que tout au monde.

Les remerciements de Carolyn

Je suis extrêmement reconnaissante à Liate Stehlik de HarperCollins et à Carrie Thornton de Dey Street Books d'avoir cru en ce projet ; merci pour vos idées, vos conseils et pour l'habileté avec laquelle vous avez constitué une équipe aussi formidable. Carrie, nous avons eu beaucoup de chance de trouver une éditrice si talentueuse et chevronnée.

Albert Lee, votre soutien inébranlable du début à la fin, votre enthousiasme et votre connaissance du monde du livre ont été très précieux. Rebecca Paley, merci également pour votre créativité et la passion avec laquelle vous avez contribué à donner vie à ce livre. Rien de tout cela n'aurait été possible sans la fabuleuse équipe éditoriale de HarperCollins et Dey Street Books : Andrea Molitor, Peter Kispert, Heidi Richter, Kendra Newton, Kelly Rudolph, Ploy Siripant, Pam Barricklow, Andy LeCount, Christine Edwards, Beth Silfin, Arthur Heard et Carolyn Bodkin. David Wiener, Steve Sadicario et Zander Kim chez UTA, je vous suis très reconnaissante. Je tiens particulièrement à remercier les nombreuses personnes qui ont accepté de parler lors d'entretiens informels et qui nous ont généreusement accordé du temps – parfois de façon répétée lorsque j'avais d'autres questions à leur poser ou besoin de précisions afin de peindre un portrait authentique de la vie de Harry et Meghan.

Brenda Rodriguez, merci d'avoir cru en moi. Peter Hunt, Laura Day, Michael Hager, Mark Miller, Miguel Marquez, Michelle Dodd, Julie Bick, John Green, Santina Leuci, Alexa Miranda, Marc Eisenberg, j'ai beaucoup de chance que vous fassiez partie de ma vie.

Omid, je suis très heureuse que nous ayons créé ce livre si important à nos yeux.

Phyllis McGrady, mon extraordinaire mentor, nous n'en serions pas arrivés là si vous ne m'aviez pas envoyée à Londres, il y a dix-huit ans, pour cette incroyable aventure. Notre amitié m'est précieuse. Mark Robertson, vous ne cessez jamais de m'émerveiller. Merci pour votre gentillesse et votre soutien.

Anne Morris Salinas, vous m'avez toujours encouragée, quels que soient les obstacles. Sans vous, jamais je n'aurais osé m'engager sur cette voie. David et Victoria Wright, merci à vous et à vos trois petites filles d'avoir été là pour moi. Moomer, Phinna et Deanna, grâce à vous, le jeu en valait la chandelle. Karen Trosset, merci infiniment pour le soutien et l'amitié que tu m'as apportés contre vents et marées. Anne Ferguson Foster, je ne pourrai jamais exprimer combien je suis reconnaissante de la générosité sans borne dont Dave et toi avez fait preuve à mon égard l'année dernière.

Table

RÉALISATION : NORD COMPO À VILLENEUVE-D'ASCQ
IMPRESSION : NORMANDIE ROTO S.A.S. À LONRAI
DÉPÔT LÉGAL : SEPTEMBRE 2020. N° 146891 (2001808)
Imprimé en France